元華文創

名教與新經

東晉袁宏《後漢紀》的
史論及其思想

蘇子齊——著

袁宏,「倚馬可待」的東晉才子,
究竟是「玄學殿軍」還是「反玄大將」?
且聽他埋藏於編年史中的「袁宏曰」娓娓道來……

謝　辭

　　一本學位論文的完成，自然是極其不易，這當中必須感謝四學年內的各種助緣以及各階段時的自己。尤其是碩三下至碩四下的這一年，充分具現了「碩士生涯」的各種荊棘，被迫不斷地叩問自己「攻讀碩士的意義」究竟何在。每一天得以作為記憶的座標，從以往稀鬆平常的食衣住行、送往迎來，通通被置換成碩論每一章每一節的草稿與地基，並且在闃然無聲又無人聞問的時空當中，獨自與古典文獻和二手研究來回對話與拉鋸，同時擔負著無法支撐起整本論文架構的風險，努力避免一切的思辨都只是閉門造車的玄想；在擔憂那些風險之餘，又必須以日常的食衣住行、送往迎來，盡力維繫自己身心的健康、正常與完整。只因為對於碩士生來說，這本碩論不單單會成為碩士生涯最終交出的成績單，也象徵了從單調苦悶的生活中，緊壓、榨取、濃縮而成的「自己」，期許它比日常的自己更為精粹。但內心也清楚，它極有可能就在同一年或是往後的日子裡，在形形色色、五花八門的各種碩論中，模糊了原先被賦予的獨特面目。

　　無論最終那個提煉過的「自己」將會如何，所幸「原先的自己」依舊能夠回到人境當中，維持活跳跳的心靈。沒有因為各種晦暗與孤獨，允許自己的內在淪為孤芳自賞或破敗不堪的模樣。在臺大四學年的求學中，最應感謝的是指導教授張蓓蓓老師，在彼此還認識不深的情況下，願意接納我這個從外校來的學生，使我在人生地不熟的臺大從此有了認同與棲身之所。老師從不催逼我的論文進度，又能在我每個徬徨的當口，給與最適切的點撥。老師的話語總是溫和又不失堅毅，對於容易緊張和優柔寡斷的我而言，十分受用也十分感激；同時也感謝從東華大學和中山大學辛苦前來口考的吳冠宏老師與紀志昌老師，讓這本碩論有更臻完善的機會；感謝吳旻旻老師讓我擔任兩年科技部研究計畫的兼任助理，在協助老師研究的過

程中，開拓了不同以往的視野，老師也是在蓓蓓師之外，我最為熟悉也樂於相處的臺大老師；也謝謝同樣擔任老師助理的淇丰與泓嘉，因為你們的陪伴與打氣，讓碩士生活的後半段不顯孤寂。

感謝臺大中文所碩士班的同學們、朋友們，尤其是永遠讓人備感真誠與溫暖的勝葦學長、澤鈞學長、蛋餅（秉泓）與育螢，以及來自中國的「桌遊」玩伴鄭海虹、沈夢原與戴偉潔。此外，還有總是能夠理解彼此的好友依蕙，妳曾在明信片當中說：「不管未來你要去哪裡，別忘了我會在遠方祝福你」，如今我也將這段話回贈給妳。

感謝政大中文系的陳芳汶老師，至今雖已退休多年，卻永遠是我人生與心靈的導師，我也銘記大二和老師初次相識的「漢魏六朝詩選讀」課。感謝政大的朋友們：勝涵學長、祐端學長、從聖、李冀與華喻，你們構成了我得以安放記憶與信賴的保護區，以致於大學畢業後，政大依然在我心目中如此地美好；尤其是和勝涵、李冀與從聖去年暑假開始的碩論讀書會，對於這本碩論的雛型都提出了十分中肯的建議與幫助，相信我們日後會是學術上或人生上最好的旅伴；最後，感謝我的家人，尤其是始終支持我攻讀中文系的父母。因為你們的支持，我的興趣與夢想才能夠在筆直的道路上不斷地蛻變與落實。

無論接下來的求學與求知之路將會通往何處，我堅信最終的意義都來自於人與人之間同在的對話、理解與成長，而這條旅程的起始，正是2008年踏上百年樓階梯的那個高中生所開啟的。他曾經懷有的美好想像，接下來不一定會發生；但他真誠對話與歡迎的對象，也總在意外之處湧現，連同他意想不到的傷害與猜疑，將他沖激、翻攪、淘選成新生的臉孔。至於眼前的這條路，只會不斷延伸至新的地界、新的風景，同時不斷地召喚旅程中的記憶與揚棄，相反相成，方死方生，這也是臺大四學年對我而言莫大的意義。

2016 年夏，於景美，雷陣雨後

張　序

　　民國四十四年，錢穆先生作〈袁宏政論與史學〉一文，表面談的似乎是他的政論和史學，其實隱隱抉發了東晉學者袁宏在中國學術思想史上可有之地位。按，從來學界並未從這一角度來看待袁宏。《晉書》收袁宏於〈文苑傳〉中，完全是以文人視之，故最前曰：「宏有異才，文章絕美。」中間大篇載錄了他的〈三國名臣頌〉（《文選》稱〈三國名臣序贊〉），最後則曰：「撰《後漢紀》三卷及《竹林名士傳》三卷（當作《名士傳》，中有〈竹林名士傳〉一卷），詩、賦、誄、表等雜文凡三百首傳於世。」三百首之數當然可以證明了他的定位之準確。唯此處也點到了袁宏的兩部史著，一是後漢編年史《後漢紀》，一是歷記正始、竹林、中朝共十八名士的雜傳《名士傳》。前者篇幅甚大而至今全存，並且是范曄作《後漢書》的重要參考；後者則名氣不小，然已經與袁宏大部分的文學作品一般亡佚無存了。時至今日，無論研究袁宏的思想價值或史學精神，《後漢紀》都是唯一珍貴的第一手資料。

　　民國一〇三年，子齊來到我的研究室，提出想要研究荀悅《漢紀》的意願。荀悅為漢末重要思想家，且是袁宏的先導，生丁四百年漢運之衰，承獻帝命而記事作論，應該會有比較宏觀的觀察，又富時代意義。我也認可這樣的預設。豈料過了半年，子齊再度出現，詳細說明了他對荀書的讀後感，並轉而稱揚袁宏《後漢紀》的相對優越性。姑不論兩書對前、後漢事的撮敘，就從兩書的史論來比，子齊也以為袁宏的史論大多深遠通透，大勝荀悅的平淡無奇。諸如此類的觀感，與我自己早年研讀兩書的感覺其實相當類似。昔人如明黃姬水說荀文「典麗」、袁文「渾深」；清邵長蘅說悅紀「醇正」、宏紀「放縱」；雖或畸重畸輕，其實也都從讀者的立場

作了頗為一致的衡評。

　　經過這番周折，終於子齊擇定了袁宏《後漢紀》的史論作為學位論文的研究對象。這番「驀然回首」，似乎使他眼界大開，無怨無悔，而更擇善固執。是故這本論文呈現出鮮活的主觀、深入的分析、明確的論斷、有力的筆觸，既從一個側面展露了子齊的個性，也是他更上層樓的標竿。

　　本書上承錢穆先生的角度，專研袁宏的學術思想定位。其第一個值得注意的特色，是把《後漢紀》上擬於子，甚至上擬於經。這在袁宏自序中本已有此自期，所謂「弘敷王道」、「扶明義教，網羅治體」。若用民初蜀儒劉咸炘的話來說，荀、袁二紀的史論，已經不盡是「史家之要義」，而更似「子家之嘉言」。若用錢穆先生的話來說，司馬遷《史記》推崇《春秋》，已自許「以史代經」，欲發明「先王之所以迹」，可知經、史本通，「經即舊史，史即新經」，而袁宏仍能得此宏旨。這樣一來，袁宏的史論無論是在推陳義理或指點政治方面，就都能「先立乎大」、「取法乎上」，而有原原本本的論述。子齊一方面把五十五條史論全都列表考察，証明其「論理」遠重於「評史」；另一方面又列表表明，袁宏引用《易》、《書》、《禮》、《左傳》、《論語》等經典凡五十次，可見他對經籍的重視；甚至子齊也統計了袁宏的書寫策略，他總是從「三代聖王」的美好擘畫說到「末世陵遲」的混亂失序，痛陳名教大義的差池與失墜，訴求合乎民情的調節與安頓。這些在在顯示出，袁宏的自許，已經遠遠超過了普通的史家。

　　讀袁宏思想很容易陷入一個泥淖，即是順理成章地把袁宏列入魏晉玄學家之林，把他的名教觀說成是對王弼「名教本於自然」理論的復歸，而他就是無所突破的東晉玄學之最後殿軍。遠在唐代，劉知幾的《史通》已經批評袁宏史論「務飾玄言」，則這般的聯想可謂其來有自。子齊此書的第二個特色，正是對這一思路的積極廓清。子齊把袁宏最滋疑議的「道明其本，儒言其用」（章帝建初八年論）之說整個細加疏通，指出袁宏肯定六家九流皆為聖王之道的分支，而尤以儒、道為大宗；然兩者為用各異：通物教化宜以儒，人君自處宜以道；故曰：「居極則玄默以司契，運通則仁愛以教化」。這裡的道、儒關係，毫無玄家本與末、體與用的主從意味。

另如袁宏對「為道者」、「為德者」、「為仁者」、「為義者」的分判（桓帝延熹九年論），以及對「情名教」、「利名教」的分判（靈帝建寧二年論），都各有其立言的語脈，完全沒有道、玄兩家鄙薄仁義名教的意思；子齊也都能梳理清楚，解析詳盡。而袁宏大篇引用嵇康〈聲無哀樂論〉（明帝永平三年論），也不是嚮往所謂「簡易之教」與「無為之治」，而是因為嵇說點到了「先王用樂之意」，和他自己「末世制作不達音聲之本」的論述正合。凡此章節，子齊寫來，都頗有犁庭掃穴、緊追不捨的勁道。

　　至於袁宏最具儒家精旨的名教觀，其實是將嵇康〈釋私論〉所創、富含負面意味的「名教」一詞，改成了上承「天地之性」、「自然之理」，下開一切治道教化禮樂刑政的關紐（可參拙文〈名教探義〉）。如此一來，「名教」的正當性得以貞定，「名教」的失調也知所述修。這真是借玄通儒的偉大改造。難怪錢穆先生要說此義不啻〈中庸〉所說的「天命之謂性，率性之謂道，修道之謂教」。子齊於此擇取了多條史論，一一敷說名教的創建過程與正當性來源、名教的多面性、靈活性與側重點，並分析袁宏以史家立場對漢末人物李膺、荀彧的評論，藉以反觀袁宏的名教精神。名教大義的確立，正是袁宏得以稱為東晉賢儒的主要立足點。子齊對袁宏的定位，是昭昭無可懷疑的。

　　如上所述，子齊以數百個日子的沈潛、二十萬字的篇幅，把袁宏如其本然地安放在中國學術史、尤其是東晉學術史裡。袁宏雖是他書的主角，書中更有許多縱向、橫向的比較，涉及更多人物與學說，足以開廣讀者的視聽。或許東晉還不宜說是儒學禮教大興的時代，或許袁宏還不宜說是完全反玄的人物，但把袁宏說成是那個時代的一道強光，把周遭都照亮了，應該是恰如其分的吧！做為子齊的導師，我期望子齊將來仍能繼續走在學術史研究的大道上，本其湛明的眼光、開通的心胸，繼續給讀者帶來更多的美好收穫。

　　　　　　　　　一〇七年十月張蓓蓓序於臺大中文系十八研究室

吳序：如何在失落的學術國度中重新召喚經史的力量？

　　蘇君子齊政大中文系畢業後，考入臺大中文系碩士班就讀四年，完成《名教與新經——東晉袁宏《後漢紀》的史論及其思想》這本碩士論文，由臺大中文系漢魏六朝的學術專家張蓓蓓教授指導，我當時為口考委員，曾詳讀過子齊的論文，因此對他立基於紮實文獻的考辨分析，又承張蓓蓓教授嚴謹的治學作風以重探袁宏史論的學術關懷，並有越出轉精的表現給予正面的肯定與稱賞，在目前魏晉研究人才逐漸凋零萎縮之際，看到子齊以優異的資稟、認真的態度，投注這一塊迷人卻不易突破的園地，不僅覺得難能可貴，也深盼他能持續精進，如今尤欣見這一本從「名教與新經」的視域深究袁宏之史學與思想的專著得以出版，故樂為之薦，因為我打從心底深深期待有志同道合的年輕人能在此踵事增華，以承繼臺灣六朝研究的學脈。

　　本書的優點不少，尤其對於相關於袁宏史論之前後文獻以及當代為數可觀之研究成果的搜羅、吸納及反省，子齊皆下了極深的工夫，在目前講究速成的學習風尚下，願意栽入如此浩瀚的歷史材料中來慢工出細活，若非有極高的學術熱情與誠意，如何可能！更何況費心統整史料而根柢紮實者，也未必能有效表述其「觀點」，子齊所要闡述的「觀點」，固然前有所承，如錢穆的「經即舊史、史即新經」、張蓓蓓的「名教」考釋、龔鵬程的「一個失落的東晉儒者」……等，但這些觀點的雛型與線索，在子齊步步為營的推擴與論證下，才得以由點而線，由線而面，最後全方位地具現在袁宏的史論上。

　　這看似承繼前輩並加以述而廣之的路數，其實仍帶有以隱代顯之挑戰性的意義，畢竟他必須走出湯用彤之玄學典範論述的框架，也必得撥開當今學術專家江建俊與周大興對袁宏的玄學定位，縱使是史家權威如陳寅恪與余英時對於東晉名教之意義的判讀，他也不得不予以修正轉向，這看似處處有挑戰，卻在此處處展生機，這般宏觀的學術企圖是立基在微觀的材料論據與縝密分析上，故必須不斷地透過各種比較的方法穿梭在多重史料中，如為了證成袁宏的史論特色，他詳檢《後漢紀》的史籍典籍徵引，試圖把袁宏「道本儒用」的精義從王弼體用本末的玄學主流架構中釋出，就必須深入其「自然——居極則玄默以司契」與「名教——運通則仁愛以教化」的脈絡裡，依循袁宏以名教衡人論史的作法，就不能不澄清袁宏在論斷李膺與荀彧的異同得失……可見每一步都佈滿層層待解的疑惑與艱難，但令人高興的是，子齊有如一高明的偵探般，經由他的抽絲剝繭，讓一直陷於膠著的案情終於都有了逐漸柳暗花明的契機。

　　子齊高揚袁宏名教義的多面性、靈活性與側重點，並奮力撥開傳統單向理解的迷障，而還以深刻豐沛的真面目，他何以對袁宏的名教，投注如此多的心力？我見他分殊王弼與袁宏的名教，視前者為消解型，後者為建構型，這種援引類型學的分判，是否只是做誰就放大誰的通病使然？東晉袁宏的名教論述，值得被重估，但反觀歷史上仍有很多有待重新觀看的人物與論述，把失落的袁宏之歷史圖像重新拯救回來，充其量也只是個「個案」罷了！沒有錯，湯用彤的玄學分期，沒有理由繼續以觀念論的高姿態獨霸或壟斷我們看待魏晉玄學史的視域，不過這樣的轉變，可否能簡化為立足於文獻的史學對於哲學觀念的反撲？這樣的費心苦索，難道仍無法跳脫經史與哲學之學術版圖的爭奪？

　　我在作者力揭袁宏「名教之益萬物之情大也」、「名教之本，帝王高義」、「百姓安、君位安」……的諸多論述中，甚至在全書最末的「現代人學術建構下的一種無心遺棄」的字眼裡，彷彿看到作者經營這塊學術處女地背後的本始初衷，他與我深藏在心頭的隱痛，正傳響著共振的頻率，不禁使我探問：我們是否繼續以哲人圓教的思維模式，安頓著充滿「自然

與名教」之衝突的時代困局？或者當重新召喚經史的力量以走出這失落的學術國度？身處在看似偏安承平之際的我們，如何讓聖人與經典的精神得以真正被傳承、發揚與落實下去，這絕不是無關痛癢的牢騷，也不僅是鞭辟入理的玄談，每思及此，我不禁膽戰心驚，但那閃爍在暗夜裡的微光，仍催促著有心人的步伐，勇敢地繼續向前。

一○七年十月吳冠宏序於花蓮東華文 A413 研究室

作者序

　　如舊版〈後記〉所述，這本書由我2016年在臺大中文所碩士班的畢業論文修訂而成（張蓓蓓教授指導），於2020年8月交付致知學術出版社出版。因為一些緣故，若干月後旋即絕版，現在轉由元華文創接手負責。

　　元華文創的欣芳主編希望我能修訂著作內容，以便與致知學術出版社的舊版相互區別，我索性將一些相關文獻再補進本書，共計十餘條，如2020年10月對岸出版錢婉約整理的《錢穆致徐復觀信札》，再次顯現錢穆對於袁宏學術思想史地位的重視與洞見；或是宋代葉適的皇極觀、明代王廷相的人性論、日本江戶時代荻生徂徠《辨名》對聖人創立名教的推崇，其思維方式、價值取向都頗有和袁宏「名教」思想相互發明之處。不過增補內容並不算多，結論與立場也未改易，權且當作碩士班畢業後，在浩如煙海的文獻與研究間，持續的思索與自我叩問吧。然而我現今大部分的心力，實已轉向晚清民國學人的漢魏六朝學術建構了。

　　十分感謝元華文創提供了新出修訂版的機會，以及欣欣編輯的聯繫與辛勞，也感謝致知學術出版社一開始慨允出版的美好因緣。在回頭翻修與校對文章的過程中，像是提醒我要莫忘初衷一般，尤其是在「人文學科」與「學術研究」這條視野廣袤卻無盡綿延的顛簸路上。同時深刻感謝在我2018年，心靈處於極其幽暗與孤絕之時，向我伸出過援手的一切人事物，特別是家人與陳芳汶老師。以及後來有幸在兩間學校擔任大一國文講師時，結識了一些窩心或好學的學生，時時觸發我的感受與省思，使我能夠學習在一段嶄新的人倫關係中，真切體認作為一名教師的責任與喜悅。

　　更加感念的則是在博士班的中後期，擁有相互嘴砲與論學的好夥伴：
秉叡與昀儒，我們剛好一個喜愛荀學，一個深研理學，一個崇尚心學，總
是激盪出不少有趣而深具意義的火花。願我們都能順利畢業，早日完成我
們的夢想與抱負。

蘇子齊

2021年4月8日記於政治大學達賢圖書館湖濱悅讀小屋

摘　要

　　袁宏，字彥伯，東晉人，時有「一時文宗」之譽，史才亦為當世所推重，現存最完整的作品為編年體史書《後漢紀》，記載東漢一朝自「光武帝崛起」至「曹丕代漢」的史事。《後漢紀》的內容，依性質可粗略分為「史事敘述」與「史論」兩部分，關於袁宏「史事敘述」所保存的史料價值、展現的特色，前人多與南朝宋范曄《後漢書》相較，已論之甚詳，殆無可議。至於探討其「史論」者，大多認為袁宏受到了「魏晉玄學」影響，但在理論上無所推進，再次證明了「東晉玄學」難有代表作品，以及西晉郭象確為「玄學思想」的最終代表。亦顯現東晉學術思想的單薄與陳陳相因。然而，實際根據袁宏《後漢紀》五十五則「史論」（含徵引華嶠《漢後書》史論四則）可以發現，其與「玄學」的關係並不緊密，而是對於古代聖王與《五經》多所措意，不但主張「名教」有益於萬物，更致力闡發「名教」背後的「聖王」作意，屢屢徵引《五經》以證其說。期許後世的王者與士人，能把握聖王創制名教的原初精神，以避免「名教」的僵化與墮壞。比起以「玄學家」視之，他更像是一位好古敏求的「儒者」。遂與龔鵬程視東晉為「失落的儒學史」的說法有所呼應，亦可檢證過往以「魏晉玄學史」框架套用在「東晉」一代的有效性。

　　本書聚焦在闡發袁宏《後漢紀》五十五則「史論」所展現出的思想內容及其性質，首先揭示其「史論」在體式上的特色：一方面證明其「史論」具有劉咸炘所謂「子家之嘉言」的特色：「說理」的篇幅甚於「評史」。因此無論在「性質」還是「篇幅」上，都與過往作為「史事敘述」附庸的

「史論」有別。另一方面，整理其「史論」對於聖王的推崇和《五經》的徵引，顯現與玄學家之關懷大異，亦可見錢穆「史即新經」的讚譽當非虛美之詞；其次，從「史論本文與玄學的關係」、「袁宏與當時玄談的思想差異」與「後人對袁宏的玄學論證」三方面切入，試圖廓清論者將《後漢紀》史論歸於「玄學」而得出的泛泛評價；最後，正面探討作為袁宏史論思想主幹的「名教」思想。並依據其「史論」論述的名教作意與人物批判，闡發其「名教」思想的特性，以及後人奉行「名教」的梯階與準繩。透過以上各方面的探討可知，袁宏《後漢紀》的史論及其思想，足以視作東晉一代「儒者」，在面臨主弱臣強的當代困局，以及「魏晉玄學」長久以來的「自然」與「名教」論述下，重拾「發話權」並且回應過往質疑的一種嘗試。

目　次

表目次

第壹章

緒論：如何在東晉發現了袁宏？

第一節　研究緣起

　　過往的魏晉學術思想研究，幾乎以「魏晉玄學」作為此一時期的思想概括，同樣的現象也出現在學者對於「東晉學術思想」的探討上，這樣的進路其實具有賦予「東晉學術思想」歷史定位的用意；另一方面，則試圖在過往魏晉學術思想史只注重何晏（字平叔，195-249）、王弼（字輔嗣，226-249）、嵇康（字叔夜，223-263）、阮籍（字嗣宗，210-263）、郭象（字子玄，252-312）的情況下繼續進行開拓或延伸，致使學術思想的發展不斷於西晉而讓東晉呈現空白，[1] 如樓宇烈的〈袁宏與東晉玄學〉、[2] 蔡珮汝的碩論《東晉名教與自然思想之發展——以袁宏、張湛為例》、[3] 周大興的《自然・名教・因果——東晉玄學論集》、[4] 陳慶元的《東晉士人玄佛道思

---

[1]　過往的思想史、哲學史在魏晉的部分確實都只聚焦在以上諸家的思想論述，且幾乎止於西晉的郭象，之後即以域外傳來的佛學作為主要的論述對象，如勞思光：《新編中國哲學史》（二）（臺北：三民書局股份有限公司，2015 年 10 月）、許抗生：《魏晉思想史》（臺北：桂冠圖書股份有限公司，1992 年 12 月）、王邦雄（主編）：《中國哲學史》（臺北：里仁書局，2009 年 9 月），上冊。許抗生雖在郭象後論及張湛思想，但篇幅僅止一小節，而且是歸在〈向秀、郭象的玄學崇有派哲學思想——玄學發展的的三階段〉一章底下。唯獨章政通在郭象之後特闢一章論述南朝范縝（字子真，450-510）的「神滅論」思想，但也直接跳過了東晉，參見氏著：《中國思想史》（臺北：水牛圖書出版事業有限公司，2005 年 9 月），上冊。）

[2]　樓宇烈：〈袁宏與東晉玄學〉，《國學研究》第一卷（1993 年 3 月），頁 67-92。

[3]　蔡珮汝：《東晉名教與自然思想之發展——以袁宏、張湛為例》（臺中：私立靜宜大學中國文學研究所碩士論文，胡森永先生指導，2001 年 7 月）。

[4]　周大興：《自然・名教・因果——東晉玄學論集》（臺北：中央研究院中國文哲研究所，2004 年

想與文化》等等，[5]都可以算是這種意圖的具體嘗試，然而可以發現，若以「玄學」作為檢視東晉學術的切入點，所做出的結論都大同小異，並沒有辦法真正凸顯出「東晉學術思想」的價值究竟何在。[6]再者，這樣進路的預設，實際上就是以「玄學」作為一切魏晉學術思想的發展核心，「東晉」既然作為西晉王朝的延續，自然也不外於此；再不然便如湯用彤（字錫予，1893-1964）的《魏晉玄學論稿》，將「東晉」時期的思想直接畫歸為「佛學時期」，[7]或如羅宗強《玄學與魏晉士人心態》、余敦康《魏晉玄學史》所說，東晉一代盛行的是「玄釋合流」、「佛玄合流的思潮」，[8]故也有論者轉而對「佛學」進行研討。而在史學家唐長孺（1911-1994）看來，東晉的學術大勢實為「禮玄雙脩」，[9]余英時在〈名教危機與魏晉士風的演變〉

---

11 月）。

5　陳慶元：《東晉士人玄佛道思想與文化》（臺北：文津出版社有限公司，2013 年 4 月）。修改自氏著：《東晉士人階層玄佛道思想與文化研究》（臺中：東海大學中國文學研究所博士論文，唐翼明先生指導，2008 年）。

6　如周大興：「東晉玄學的發展，在儒道之間調和折中的結果，只能重複王弼、郭象的玄學論述，難有新穎的創獲；而玄佛之間格義交涉的過程，則開啟了另一個宗教終極關懷的道路。」參見氏著：《自然・名教・因果——東晉玄學論集》，頁 12。陳慶元：「東晉玄學中關於名教與自然之辨的命題，雖然仍有重自然、嚮隱逸之說，但主流論述依然延續西晉郭象以降的說法，主張自然與名教為一。但由於時空環境的不同，東晉士人似乎只能保持表面的自然，實際上已漸漸向名教靠攏。自此之後，自然只能轉向文化層面的展現，實際用於政經社會之論述，則又回到了名教獨大的情形。在群體一向壓過個體的中國社會，這也是必然的發展。要若說東晉玄學為此命題作了總結，還不如說這是名教自然之辨難以避免的宿命。」參見氏著：《東晉士人玄佛道思想與文化》，〈東晉玄學思潮〉，頁 101。

7　湯用彤：「關於魏晉思想的發展，粗略分為四期：（一）正始時期，在理論上多以《周易》、《老子》為根據，用何晏、王弼作代表。（二）元康時期，在思想上多受《莊子》學的影響，『激烈派』的思想流行。（三）永嘉時期，至少一部分人士上承正始時期『溫和派』的態度，而有『新莊學』以向秀、郭象為代表。（四）東晉時期，亦可稱『佛學時期』。」參見氏著：《魏晉玄學論稿》（北京：生活・讀書・新知三聯書店，2009 年 12 月），〈魏晉思想的發展〉，頁 133。

8　羅宗強：《玄學與魏晉士人心態》（天津：天津教育出版社，2006 年 1 月）。余敦康：《魏晉玄學史》（第二版）（北京：北京大學出版社，2016 年 1 月）。

9　唐長孺：「正因為東晉以後名教與自然的關係已有較一致的結論，所以在學術上的表現便是禮玄雙脩，而這也是以門閥為基礎的士大夫利用禮制以鞏固家族為基礎的政治組織，以玄學證明其所享受的特權出於自然。當時著名玄學家往往深通禮制，禮學專家也往往兼注三玄。」參見氏著：《魏晉南北朝史論叢》（北京：中華書局，2012 年 3 月），〈魏晉玄學之形成及其發

亦祖述其說，但同樣也沒有逸出東晉「自然」與「名教」已然和諧一統的
解讀。單從這方面來看，可以說唐長孺、余英時和前面諸文殊途而同歸，
但余英時的關注視角從「玄學」轉往「禮學」，[10]故能比起其他文章引證更
為詳實，避免片面只從「玄學」看待與評價「東晉學術思想」的問題。

　　「魏晉玄學史」的成立從湯用彤《魏晉玄學論稿》開始奠定規模，[11]其
後繼承與推闡其說者不乏其人，本書無意於質疑與顛覆其學術意義和價
值，然而透過前面諸文實際的嘗試可知，在「玄學」的視角下，「東晉」
一代實則難以找出具有代表性的思想家與理論開創，自然也連帶衝擊了「東
晉」被賦予的學術思想史的角色，不禁使人推想：這樣的困境極有可能來
自於研究視角本身。當研究者在面對「東晉學術」的材料前，便已經預設
曹魏至東晉皆是「玄學」大盛的時代，則對於學術思想家的揀擇與評價就
不可能脫離王弼「貴無」、郭象「崇有」作為評量的尺度，如一般玄學史
著作中的韓康伯（名伯）《周易注》、張湛（字處度）《列子注》都是如
此；[12]或是必須借重概念上的附會來試圖拉抬東晉人的地位，如樓宇烈筆下

展〉，頁 325。

10　余英時：「情禮衝突的真正解決不能單靠玄學家的清談，更重要的，還要靠禮學家的革新。玄
　　學和禮學的合流便是在這樣的歷史背景下產生的。唐長孺先生說東晉以後的學風是禮玄雙修，
　　玄學家往往深通禮制，而禮學專家則往往兼注三玄。這是一個不可動搖的論斷。不過禮玄雙修
　　之風並不完全是名教、自然合一說流行的結果，從另一個角度看，它的興起正是由於名教與自
　　然合一之說還沒有完成。名教與自然合一的全面完成有待於情與禮在實際生活中獲得協調。因
　　此我們必須把注意力從玄學轉移到禮學。」參見氏著：《中國知識階層史論（古代篇）》（臺
　　北：聯經出版事業股份有限公司，2010 年 3 月），〈名教危機與魏晉士風的演變〉，頁 357-358。

11　北京三聯版《魏晉玄學論稿‧出版後記》：「湯用彤先生於 1936 年在北京大學開始講授『魏
　　晉玄學』。當時學術界都感到這一歷史時段的思想型態獨具特色，但是還沒有形成固定名稱。
　　有人稱為『清談之學』，也有人稱為『思辨之學』等等。而用『魏晉玄學』概括這一時段的思
　　想學術特色，則始自湯用彤先生，遂被廣泛採用。抗日戰爭爆發後，湯用彤先生生活顛沛流離，
　　計劃中的《魏晉玄學》未能成書。但是陸續刊發的一系列論文和多次撰寫的講課題綱中可以清
　　楚地看出，湯先生的《魏晉玄學》已經有了一個基本的體系框架。這是他對於中國當代學術的
　　一個重要貢獻。」參見湯用彤：《魏晉玄學論稿》，頁 285。

12　許抗生：「張湛一面講『忽爾而自生』，以明無不能生有；一面又講『忽爾生，不能自生』，
　　以明『有之為有』必須『恃無以生』，『以無為本』。前者講的是郭象思想，後者講的是王弼
　　思想。張湛就是要把崇有與貴無兩者思想揉合在一起。」參見氏著：《魏晉思想史》，〈向秀、
　　郭象的玄學崇有派哲學思想—玄學發展的的三階段〉，頁 212。康中乾：「張湛《列子注》的

的韓康伯、袁宏（字彥伯，小字虎，328-376）與陶淵明（一名潛，字元亮，
365-427）。

　　而在探討「東晉學術思想」的一系列文章中，唯獨與眾不同的是龔鵬
程的〈失落的儒學史：東晉名教論〉，他在文中率先指出了上述「以魏晉
玄學來概括魏晉」的問題，可以說是掘發「東晉學術思想」真相的先聲，
這也是他之所以將「東晉」稱作「失落的儒學史」的背景所在：

> 宋齊梁陳的情況，其實與魏晉甚為不同，應另行處理。西晉、東晉
> 也不一樣。過去的哲學史思想史論著，都未細予檢別，大抵只敘列
> 了何晏、王弼、阮籍、嵇康、裴頠、郭象等人而已。東晉或完全未
> 談，或草草附及於西晉玄風之後，不甚討論其有何思潮、有何論題，
> **更不曾發現東晉其實根本就不是個玄學的時代，儒學傳統在此一時**
> **期不僅未中斷或衰微，反而甚為強勁有力。**
> **東晉，恰好與大家想像的相反，乃是個強調儒學禮教的時代。**儒者
> 不僅興學、議禮，還本著儒家義理，經世理政，進行社會風俗批評，
> 或討論儒佛關係、重定老莊地位、以名教衡人論史。[13]

文中詳細透過「倡禮教以正風俗」、「據儒學以議時政」、「敦孝義而定

出現標志著魏晉玄學理論的終結和思想轉向。一方面，《列子注》自身沒有也不可能提出新的、
更高的玄學理論，它想講『獨化』論，卻發掘不出其真正的哲學實質，看不到其所應有的本體
論的意義和價值，所以又想在『獨化』論外講『無』本論；它想講『無』，也的確看到了『無』
的抽象性的性質，但卻無法從『無』的抽象性出發建構起一個『一以貫之』的『無』本論體系，
又不得不偏向於『無』的能動性，從而向郭象的『獨化』論靠攏。張湛的『至虛』（或『至無』）
論就是這樣，在王弼的『無』本論和郭象的『獨化』論這兩大玄學理論之間擺動不定。」參見
氏著：《魏晉玄學》（北京：人民出版社，2008 年 9 月），〈東晉玄學〉，頁 314。陳慶元：
「韓康伯的《周易注》在宇宙本體論上幾乎完全襲自王弼的本無理論，就連遺詞用字都與王弼
看齊，我們似乎可以說，這是王弼學說在東晉的復生！」參見氏著：《東晉士人玄佛道思想與
文化》，〈東晉玄學思潮〉，頁 74-75。

13 龔鵬程：《儒學新思》（北京：北京大學出版社，2009 年 1 月），〈失落的儒學史：東晉名
　　教論〉頁 216。該文原名為〈東晉名教論〉，收入《第五屆魏晉南北朝文學與思想學術研討會
　　論文集》（臺北：里仁書局，2004 年 11 月），頁 963-1000。

制度」、「轉虛玄而重名教」和「合仙佛以契周孔」五大章節，論證東晉是「強調儒學禮教的時代」，說服力甚強，可以說正面點出了「東晉玄學」這樣的視角幾乎難以找出代表作家與作品的根本癥結。

　　而在龔鵬程所舉證的諸多例子中，袁宏《後漢紀》是頗值得注意的作品，尤其是能夠直接代表袁宏思想的〈後漢紀序〉與他穿插在「史事敘述」中的五十五則「史論」。其因在於，龔鵬程依據袁宏《後漢紀》的序言，加上孫盛（字安國，302-373）的〈老聃非大賢論〉與〈老子疑問反訊〉，[14]指出東晉「史家」對「名教」的重視，並且以此作為反駁學界「以東晉為老莊玄言時代」的其中兩個例子。[15]然而事實上在龔鵬程之前，注意到袁宏《後漢紀》的序言與史論者早已是不乏其人，如前文所舉諸篇文章，但幾乎和龔鵬程做出了相反論調、逕將袁宏視為「玄學家」。他們證明袁宏為「玄學家」的材料，也都不出《後漢紀》序言與史論的範圍。[16]最後在這樣「魏晉玄學史」視角的探討下，如同「東晉玄學」在整體「魏晉玄學史」中無足輕重的地位一般，袁宏《後漢紀》的史論僅僅被視為王弼思想、「名教本於自然」說的復歸，而且再次驗證了「東晉玄學」少有代表作品、難

14　此二篇可見於〔唐〕道宣，劉林魁（校注）：《集古今佛道論衡校注》（北京：中華書局，2018年10月），頁34-42、42-49。

15　龔鵬程：「可是我們過去講魏晉玄學的朋友，對孫盛、袁宏這些言論卻視而不見，一味地說魏晉是個玄風大盛的時代，時尚老莊、儒學或微，禮教大廢，人以放誕為高。東晉這一段，要不就略過不談，如劉法【汝】霖《漢晉學術編年》只編到愍帝建興四年，東晉完全不提；要不就一帶而過，牟宗三、任繼愈論魏晉也只談到裴頠、郭象為止，或以《列子》為東晉哲學之代表。東晉其實整個是被忽略的。有少數論者注意到了東晉，但基本上也是以『老莊玄言的時代』為之定性。如狩野直喜論郭璞，就只談及他的遊仙詩，且將之與老莊清談、老莊學昌盛合論；談李充、袁宏、孫綽、殷仲文、謝混等，也都說是江東偏安，耽於老莊，人乏勇往之氣象，偏好自然云云。王葆玹《玄學通論》情況相仿。它由王導提倡嵇康學講起，不知王導雖善言『言盡意』、『聲無哀樂』等，乃是善於論聲無哀樂的道理，且能以其理通之於其他事物，非提倡嵇康破佚禮法之學，何況言盡意也非嵇康之說。於王導以後東晉禮法名教之談，都不措意，偏搜一二談玄之文獻，以證正史玄風猶暢於江左，豈不謬哉？樓宇烈先生〈袁宏與東晉玄學〉（國學研究1卷）甚且因袁宏曾作正始以來名士傳，便云為袁宏乃玄風之鼓吹者，對袁宏的名教史學，也可說是完全無知了。」詳見氏著：《儒學新思》，〈失落的儒學史：東晉名教論〉，頁236-237。

16　《後漢紀》三十卷為袁宏現存最為完整、篇幅最長的作品，關於其著述與存佚考論，參見程章燦：《世族與六朝文學》（哈爾濱：黑龍江教育出版社，1998年），〈陳郡袁宏及其時代：袁宏考〉，頁135-160。

有理論突破的現象，[17]也回頭證明了西晉的郭象理所當然作為「魏晉玄學」最終的完成階段、思想理論的極致。換言之，學者對於「東晉玄學」的嘗試探索，反倒得出了「東晉玄學」缺乏價值的結論，形同無功而返、退回最初的起點。不過，在龔鵬程之前也有人做出大異於「玄學家」的解讀，而認為袁宏具有不同於「玄風」的「儒家」性格。此說較為早期的代表應為錢穆（字賓四，1895-1990）〈袁宏政論與史學〉，[18]之後還有張蓓蓓的「儒家本色」、江建俊的「尊儒抑道」之說，[19]無異於都導引或呼應了龔鵬程舉袁宏為例、以「儒家名教」定調「東晉」一代學術的說法。

　　本書認為，這是個十分特異的現象：諸位學者同樣都依據了東晉袁宏《後漢紀》的序言與史論，卻做出南轅北轍的解讀，且尚未有人對這樣莫衷一是的情況進行探究與釐清。但可以確定的是，在「魏晉玄學史」所衍生出的「東晉玄學」框架下，作為其中一個代表的袁宏，其評價根本就遠遠遜於曹魏至西晉的「玄學家」，因此他值得被探討的價值、被提出的必要性就令人備感質疑。除此之外，實際透過《後漢紀》五十五則的史論可以發現，袁宏真正與「玄學」的關係並不緊密，[20]但由於袁宏曾有為西晉放達之士王衍（字夷甫，256-311）辯說、撰作三卷魏晉《名士傳》的歷史事實，[21]加上唐代史家劉知幾（字子玄，661-721）在《史通・論贊》批評袁

17　周大興：「東晉玄學的發展，在儒道之間調和折中的結果，只能重複王弼、郭象的玄學論述，難有新穎的創獲；而玄佛之間格義交涉的過程，則開啟了另一個宗教終極關懷的道路。」參見氏著：《自然・名教・因果——東晉玄學論集》，頁 12。

18　錢穆：《中國學術思想史論叢（三）》（北京：九州出版社，2011 年 5 月），頁 121-143。

19　張蓓蓓：《魏晉學術人物新研》（臺北：大安出版社，2001 年 12 月），〈袁宏新論〉，頁 202。江建俊：《于有非有，于無非無——魏晉思想文化綜論》（臺北：新文豐出版股份有限公司，2009 年 8 月），〈玄風中的反玄〉，頁 390。

20　「玄學」的定義，可以參見湯一介之說：「魏晉玄學是指魏晉時期以老莊思想為骨架企圖調和儒道，會通『自然』與『名教』的一種特定的哲學思潮，它所討論的中心為『本末有無』問題，即用思辨的方法來討論有關天地萬物存在的根據的問題，也就是說表現為遠離『世務』和『事物』形而上學本體論的問題。」參見氏著：《郭象與魏晉玄學》（第三版），〈論魏晉玄風〉（北京：北京大學出版社，2009 年 11 月），頁 10。

21　以上二事皆可見於《世說新語》，〈文學〉篇第第九十四章載：「袁彥伯作《名士傳》成，見謝公（案：謝安）。公笑曰：『我嘗與諸人道江北事，特作狡獪耳！彥伯遂以著書。』」〈輕詆〉

宏史論「務飾玄言」，[22]以及民國史家陳寅恪（1890-1969）認為袁宏史論
以「自然」和「名教」作為「自高聲價之詞」，[23]凡此種種，都無形之中成
為了後世學者將袁宏視為「東晉玄學家」一員的助緣。細言之，無論是基
於「史學」立場施以抨擊，抑或基於「魏晉玄學史」的立場授予定位，都
此起彼落地暗示、助長、確立了袁宏作為「玄學家」的學術判斷。因此，
本書認為，透過直接面對、分析袁宏《後漢紀》五十五則史論，除了能嘗
試釐清諸位學者「又玄又儒」的矛盾，亦能對袁宏於東晉一代所扮演的角
色進行重新評估，進而反思「魏晉玄學史」框架被過度放大使用的問題，
同時檢證龔鵬程「失落的儒學史」的革新之說。

　　而關於「魏晉玄學史」的研究角度，其中一項重要議題就是「名教」
與「自然」之爭，湯用彤視此為魏晉玄學的「中心問題」，[24]余敦康亦然，

篇第十一章載：「桓公入洛，過淮泗，踐北境，與諸僚屬登平乘樓，眺矚中原，慨然曰：『遂
使神州陸沈，百年丘墟，王夷甫（案：王衍）諸人，不得不任其責！』袁虎（案：袁宏）率爾
對曰：『運自有廢興，豈必諸人之過？』桓公懍然作色，顧謂四坐曰：『諸君頗聞劉景升不？
有大牛重千斤，噉芻豆十倍於常牛，負重致遠，曾不若一羸牸。魏武入荊州，烹以饗士卒，于
時莫不稱快。』意以況袁。四坐既駭，袁亦失色。」參見：〔南朝宋〕劉義慶，龔斌（校釋）：
《世說新語校釋》（上海：上海古籍出版社，2012 年 11 月），頁 546、1612。關於〈輕詆〉
篇該事，余嘉錫箋疏說：「然則宏（案：袁宏）亦祖尚玄虛，服膺夷甫者。」「服膺夷甫」或
許有之，「祖尚玄虛」卻未必然，其說參見氏著：《世說新語箋疏》（北京：中華書局，2011 年
3 月），下冊，頁 981。

22 劉知幾：「必尋其得失，考其異同，子長淡薄無味，承祚懦緩不切，賢才間出，隔世同科。孟
堅辭惟溫雅，理多愜當。其尤美者，有典誥之風，翩翩弈弈，良可詠也。仲豫義理雖長，失在
繁富。自茲以降，流宕忘返，大抵皆華多於實，理少於文，鼓其雄辭，誇其儷事。必擇其善者，
則干寶、范曄、裴子野是其最也，沈約、臧榮緒、蕭子顯抑其次也，孫安國都無足採，習鑿齒
時有可觀，若袁彥伯之務飾玄言，謝靈運之虛張高論，玉卮無當，曾何足云！」參見氏著，〔清〕
浦起龍（通釋）：《史通通釋》（上海：上海古籍出版社，2013 年 1 月），頁 76。

23 陳寅恪：「此節（案：指袁宏史論 51）言自然名教相同之義尤為明暢，蓋天地父子自然也，尊
卑君臣名教也，名教元是準則自然而設置者也。文中『末學膚淺，不達名教之本，牽於事用，
以惑自然之性』等語，乃指斥主張自然與名教不同之說者，此彥伯自高聲價之詞，當時號稱名
士者所不可少之裝飾門面語也。然則袁宏之意以自然為本或體，名教為末或用，而阮瞻對王公
之問亦當如是解釋，可以無疑矣。」參見氏著：《金明館叢稿初編》（北京：生活‧讀書‧新
知三聯書店，2015 年 7 月），〈陶淵明之思想與清談之關係〉，頁 214。

24 湯用彤：「魏晉時代『一般思想』的中心問題為：『理想的聖人之人格究竟應該怎樣？』因此
而有『自然』與『名教』之辨。」參見氏著：《魏晉玄學論稿》，〈魏晉思想的發展〉，頁 125。

且更進一步將此論題作為魏晉玄學三階段發展差異的概括，分別是何晏與王弼的「名教本於自然」、嵇康與阮籍的「越名教而任自然」、郭象的「名教即自然，自然即名教」，先後展現了魏晉玄學在「自然」與「名教」關係上「正、反、合」的過程。[25]而袁宏《後漢紀》之所以被學者注意到的其中一項原因，就在於他頻繁使用了「名教」和「自然」二詞，[26]可以說是探究魏晉「名教」與「自然」之爭甚好的材料。然而，本書並不贊同袁宏可以因為這樣的情況就被置放到魏晉玄學史的脈絡底下。其因在於，袁宏對於「名教」和「自然」實有個人特殊的定義，[27]與玄學三階段的用法不能一概而論；換言之，即便袁宏涉及「名教」與「自然」的思想，也不足以作為他就是玄學家的如山鐵證。而在這樣的反思下，透過對於袁宏「名教」與「自然」觀的探討，形同在「魏晉玄學史」的框架與量尺之外，窺見東晉士人對此議題獨到的關懷。總之，袁宏《後漢紀》史論除了提供對各種不同結論抽絲剝繭的機會，他的思想也讓人看見在魏晉玄風之外的另一種可能。錢穆在〈袁宏政論與史學〉一文中所謂「尚論魏晉學術思想，此（案：指袁宏《後漢紀》）尤卓然成一家之言，不當忽而不顧也」，[28]當非溢美之詞。

---

[25] 余敦康：「玄學的主題是自然與名教的關係，道家明自然，儒家貴名教，因而如何處理儒道之間的矛盾使之達於會通也就成為玄學清談的熱門話題。……就理論的層次而言，玄學家關於這個問題的討論，經歷了一個正、反、合的過程。正始年間，何晏、王弼根據名教本於自然的命題對儒道之所同作了肯定的論證，這是正題。魏晉禪代之際，嵇康、阮籍提出了『越名教而任自然』的口號，崇道而反儒；西晉初年，裴頠為了糾正虛無放誕之風以維持名教，崇儒而反道，於是儒道形成了對立，這是反題。到了元康年間，郭象論證了名教即自然，自然即名教，把儒道說成是一種圓融無礙、體用相即的關係，在更高的程度上回到玄學的起點，成為合題。」參見氏著：《魏晉玄學史》（第二版），〈魏晉玄學與儒道會通（代序）〉，頁 1。

[26] 根據統計，袁宏 55 則史論中出現「自然」一詞者有 5 則，共 10 個用例；出現「名教」一詞者有 6 則，共 16 個用例，加上序言的「通古今而篤名教」，即張蓓蓓指出的「十七處用例」，詳見氏著：《中古學術論略》（臺北：大安出版社，1991 年 5 月），〈「名教」探義〉，頁 38。

[27] 關於袁宏「自然」的用例分析，詳見本書第參章第三節中的〈史論 46「情存乎名教」與「利名教」之分的用意〉；「名教」的用例分析，詳見本書第肆章第一節〈「名教」的創建與正當性〉。亦可分別參見張蓓蓓〈袁宏新論〉與〈「名教」探義〉。

[28] 錢穆：《中國學術思想史論叢（三）》，〈袁宏政論與史學〉，頁 143

第二節　研究回顧

前人對袁宏的研究，大多聚焦在他的編年體史書《後漢紀》，[29]乃因此書為袁宏現存最為完整的作品，其他作品幾乎亡佚，或是僅存局部的殘文，難以像《後漢紀》及其五十五條史論能直接展現他的貢獻與思想。而這些研究大致從三方面探討或定位袁宏《後漢紀》史論的學術史、思想史意義：「史學」、「玄學」與「儒學」，以下回顧即依此三方面分別論述，至於無法簡單歸類者，亦附論於後以供參考。

一、袁宏《後漢紀》與史學：東晉史家的關懷

袁宏《後漢紀》在體制上粗略來分，主要有「史事敘述」和「史論」兩大部分。以「史學」角度探討袁宏《後漢紀》最顯著的特色在於，會整全地探究《後漢紀》「史事敘述」與「史論」兩部分的價值與特色，而不同於「玄學」與「儒學」視角僅僅以「史論」作為論述的材料，且對於《後漢紀》「史事敘述」背後隱藏史家對史事的揀擇與安排皆付諸闕如。不過依舊可以發現，在「史學」角度的研究中，主要以「史論」探討袁宏史學地位或特色者同樣也為數頗多，這就呼應了周一良（字太初，1913-2001）認為：

> 古人修史，基本史實的敘述大體因襲前人著作為多。如袁宏《後漢紀》成書於范曄《後漢書》之前，而所記史事與范書無大異同，說明出自同一來源，而且取捨大致相近。又如范書中〈光武本紀贊〉有「系隆我漢」字句，及〈章帝八王傳〉中所謂「本書」，皆沿用《東觀漢記》舊文之明顯證據。甚至論贊某些詞句，亦沿襲舊史，如章懷注指出范本出於華嶠《後漢書》者即有多處。沈約《宋書》亦多本於徐爰等之舊史，故百卷之巨帙一年而成書。但是，**除去體**

制編排之外，紀傳體史書仍自有最能體現作者特色的地方，就是序
或論部分。[30]

其實，不單單是「紀傳體史書」，「編年體史書」的「論」同樣也能「體
現作者特色的思想」，而且袁宏《後漢紀》的「史事敘述」一樣也是承襲
前人史作而來，這在他的〈後漢紀序〉已有清楚的交代。[31]另一方面，袁宏
《後漢紀》作為編年體史書，其史論的篇幅已大大勝過以往的編年史，且
受到其「論理性」較強的影響，甚至可以抽離史書單獨成文，恐怕只有東
漢荀悅（字仲豫，148-209）《漢紀》的史論可以與之比肩，[32]而這樣的情
況並非編年體史書的常態，[33]這或許是周一良此處專說「紀傳體」而不說「編
年體」的原因所在。但他認為「『論』最能體現史書作者特色」的觀點，
完全可以幫助我們理解為何諸位學者談論袁宏，無論其視角為何，對其「史

---

[30] 周一良：《魏晉南北朝史論集》（北京：北京大學出版社，2010 年 6 月），〈略論南北朝史
學之異同〉，頁 366。

[31] 袁宏〈後漢紀序〉：「予嘗讀後漢書，繁穢雜亂，睡而不能竟也。聊以暇日，撰集為《後漢紀》。
其所綴會《漢紀》、謝承《書》、司馬彪《書》、華嶠《書》、謝忱《書》、《漢山陽公記》、
《漢靈獻起居注》、《漢名臣奏》，旁及諸郡耆舊先賢傳，凡數百卷。前史闕略，多不次敘，
錯謬同異，誰使正之？經營八年，疲而不能定。頗有傳者，使見張璠所撰書，其言漢末之事差
詳，故復探而益之。」周天游認為文中的「《漢紀》」為「《漢記》」之誤，後者為《東觀漢
記》，而與東漢荀悅記載西漢的編年體《漢紀》無涉，此外「謝忱」為「謝沈」之誤。參見氏
著：《後漢紀校注》（天津：天津古籍出版社，1987 年 12 月），頁 1。

[32] 清代譚獻（字仲修，號復堂，1832-1901）曾在《復堂日記》卷七比較過荀悅《漢紀》、袁宏《後
漢紀》的史學價值與文字特色，並以「一醇一肆」之別評價二者：「閱荀悅《漢紀》三十卷。
仲豫通《春秋》，《申鑒》之作粹然儒者。《漢紀》裁割《漢書》，一以治要為立言宗旨，所
以陳蕃座、正史裁。著論數十，大義所繫，陳善閉邪，可謂因事納忠矣。好簡之過，未免失班
書旨趣。不特情事曲折之未周也。王鉷序言不當以班書校（子齊按：此處譚氏於句下自注：所
紀間有《漢書》所無）。閱袁宏《後漢紀》。文有氣勢，殆過仲豫。荀氏生東京之末造，文法
即於平夷，奉召修書，故溫然而不敢放。袁氏所見群書今悉不可考。采擷既廣，出以自運，又
不似荀之不出班書。一醇一肆，義法自殊爾。」參見〔清〕譚獻，范旭侖、牟曉朋（整理）：
《譚獻日記》（北京：中華書局，2014 年 4 月），頁 142。

[33] 胡寶國：「漢晉時期還有另一種類型的史論，它往往脫離了歷史本身，而更接近於子書中的議
論。這種史論的代表人物是東漢末年的荀悅與東晉末年的袁宏。」「荀悅、袁宏的史論比較特
別，不具有普遍性。」參見氏著：《漢唐間史學的發展》（修訂本）（北京：北京大學出版社，
2014 年 10 月），〈史論〉，頁 95-96、109。

論」重視與運用程度都更甚於「史事敘述」的根本成因。

　　而以下的回顧主要分為兩部分，首先是賦予「袁宏史論」特殊地位的史學研究談起，進而論及以「史論」或「史事敘述」為材料的史學研究。這兩部分的差別在於，前者以「袁宏史論」作為研究對象，在「史論」的發展脈絡下來談論其價值，劉咸炘（字鑒泉，號宥齋，1896-1932）和胡寶國是先後重要的代表；而對後者來說，「袁宏史論」或「袁宏史事敘述的安排」，只不過是探討某個思想、價值觀或時代特色的材料，對於袁宏有別於以往「史論」的特色並不在意，此一進路，詳細界別還可分為兩種：其一，目的在探討袁宏本身，如卓季志、葉霞、王娟、田亞瓊、王有珍、張銳；其二，目的在描摹整個時代風氣或某個共同議題，如余英時、雷家驥、陳俊偉，因此對於袁宏《後漢紀》的重視程度和評價也就或重或輕，難以一概而論。

　　近現代以來，最早以「袁宏史論」作為探討對象並且給予特殊讚許者，應為劉咸炘《史學述林》的〈編年二家論評〉，寫於 1929 年。[34]該文認為荀悅《漢紀》、袁宏《後漢紀》兩者的史論有別於過往史論，皆具有「子家之嘉言」的性質，且袁宏史論「用觀子之法觀史，以兼包各盡為主，尤見宗旨，非獨編年諸家之所無，抑亦馬、班以後之僅見」，[35]因此比起荀悅史論更為特出。而在袁宏史論中，劉咸炘尤其對袁宏歷舉戰國至東漢四種風氣一段（史論 45）甚為欣賞，該文可以說已初步點出袁宏史論獨特的性質與地位。隨後在 2003 年，胡寶國於《漢唐間史學的發展》的〈史論〉一文讚賞了劉咸炘的說法，[36]並且表示荀悅《漢紀》與袁宏《後漢紀》都是

34　劉咸炘，黃曙輝（編校）：《劉咸炘學術論集》（史學編）（桂林：廣西師範大學出版社，2007年 7 月），〈史學述林・編年二家論評〉，頁 549-556。

35　劉咸炘：《劉咸炘學術論集》（史學編），〈史學述林・編年二家論評〉，頁 549。

36　該書首次出版為 2003 年，後於 2014 年增加了〈讀《南史》、《宋書》推論正史與雜史的關係〉、〈《史記》的命運與史學的變化〉兩篇文章重新出版。胡寶國：「本篇寫作過程中，獲讀蒙文通《經史抉原》一書，其中〈中國史學史〉一篇引劉鑒泉氏（案：劉咸炘，字鑒泉）觀點。劉氏說：『荀書（案：荀悅《漢紀》）為斷代編年之祖，其論已繁於《左氏》，多是子家之嘉言，而非史家之要義。』這是我所見到的對荀悅史論特點最精彩的概括。」須注意的是，在劉咸炘〈編年二家論評〉的脈絡中，「子家之嘉言，而非史家之要義」也是用來形容袁宏史

「特別的史論」，「往往脫離了歷史本身，而更接近於子書中的議論」，[37]
但他比起劉咸炘更進一步，將這兩個近於子書的特別史論，放在漢晉撰寫
子書的風氣下進行理解，增加了劉咸炘之說的說服力道。[38]同時也表示：「漢
晉諸子多持儒家思想，而荀、袁二家史論也是如此。在漢晉諸子與荀、袁
史論之間似乎存在著因果關係。」[39]並且在其他節徵引了蒙文通（原名爾達，
1894-1968）之說：「玄者重名理，史人崇災異，災異固兩漢以來天道說也。
玄者以虛無為天道，史家以災候為天道以抗之」，並認同「經史之學」與
「玄學」兩者在價值取向上根本衝突。[40]可以說是檢討以「玄學」角度看待
袁宏史論的先聲。最重要的是，劉咸炘與胡寶國二人先後奠定了袁宏史論
可以形同子書類材料研究的基礎。

　　在劉咸炘與胡寶國的角度之外，以袁宏《後漢紀》「史事敘述」和「史
論」來論述袁宏思想或東晉時代特色的研究較多。承前所述，倘若以「研
究目的」來分，可以區分為「袁宏本身」或「整個時代風氣或某個共同議
題」兩類。先就前者來說，2006 年卓季志的碩士論文《《後漢紀》與袁宏
之史學及思想》應為最早的代表，[41]也是兩岸的學位論文中，以「史學」角
度研究袁宏《後漢紀》的先驅之作，所用材料囊括了「史事敘述」與「史
論」，主要從「所載的史事價值」、「編纂與體例」、「史論中的思想」
三方面來探討《後漢紀》，是取材較為全面又能夠彰顯袁宏《後漢紀》整

論的話。胡寶國該段參見氏著：《漢唐間史學的發展》（修訂版），〈史論〉，頁 101。

[37] 胡寶國：《漢唐間史學的發展》（修訂版），〈史論〉，頁 95-96。

[38] 胡寶國：「史書中出現了類似子書的議論，可能與這一時期興起的著作子書的風氣有關。《隋
書‧經籍志》子部收錄與政治、學術有關的私人著作甚多，從數量上看，東漢魏西晉人所作最
多，東晉以後明顯減少。」參見氏著：《漢唐間史學的發展》（修訂版），〈史論〉，頁 103。

[39] 胡寶國：《漢唐間史學的發展》（修訂版），〈史論〉，頁 107。

[40] 胡寶國：《漢唐間史學的發展》（修訂版），〈史論〉，頁 114。須注意的是，蒙文通原文雖
然指出了「經史之學」與「玄學」的衝突，但認為袁宏是唯一一個「以清談言史」的人，但這
樣的說法已經遭受到胡寶國的質疑與商榷。蒙文通之說可見於氏著：《中國史學史》（上海：
上海人民出版社，2006 年 5 月），頁 44。

[41] 卓季志：《《後漢紀》與袁宏之史學及思想》（臺中：國立中興大學歷史學研究所碩士論文，
王明蓀先生指導，2006 年），後於 2009 年修改為同名著作出版，參見卓季志：《《後漢紀》
與袁宏之史學及思想》（臺北：花木蘭文化出版社，2009 年 3 月）。

體價值的作品，不過在思想分析上採納了 2004 年周大興《自然・名教・因果——東晉玄學論集》的觀點，非但稱袁宏為「不折不扣的玄學家」，[42]且認為其《後漢紀》乃是「以史明玄」，[43]實有再商討的空間。其後以「史學」角度探討袁宏本身價值的碩士論文還有 2008 年葉霞的《范曄《後漢書》和袁宏《後漢紀》之比較研究——以兩者帝紀材料和史論為例》、[44]2009年王娟的《兩《漢紀》史學思想的比較研究》、[45]2010 年田亞瓊的《袁宏《後漢紀》研究》、[46]2011 年王有珍的《袁宏《後漢紀》史學思想研究》、[47]2014 年張銳的《從《後漢紀》史論看作者袁宏的史學觀念》，[48]可以注意的是，前兩者分別透過袁宏《後漢紀》和范曄《後漢書》、荀悅《漢紀》的比較以顯示其特色，後三者則專論袁宏《後漢紀》。而就「研究的取材」上來說，除了田亞瓊只單純使用「史事敘述」來論《後漢紀》的編撰、史料來源與文獻學價值之外，其他論文都偏重使用袁宏《後漢紀》所夾帶的「史論」五十五則進行探討。

　　再者是第二類：以袁宏《後漢紀》探討「整個時代風氣或某個共同議題」者。其目的並不在彰顯袁宏與《後漢紀》的特色與價值，只是將袁宏《後漢紀》視為反映某種「時代風氣」或「共同議題」的其中一項材料。但這樣的使用過程也形同對袁宏與《後漢紀》賦予了角色定位與價值評判，如前一節〈研究緣起〉提及的，無論是在「東晉清談」脈絡下舉袁宏為證

---

[42]　卓季志：《《後漢紀》與袁宏之史學及思想》，〈《後漢紀》之思想〉，頁 123。

[43]　卓季志：《《後漢紀》與袁宏之史學及思想》，〈《後漢紀》之思想〉，頁 134。

[44]　葉霞：《范曄《後漢書》和袁宏《後漢紀》之比較研究——以兩者帝紀材料和史論為例》（廣州：暨南大學中國語言文學系碩士論文，徐國榮先生指導，2008 年 5 月）。

[45]　王娟：《兩《漢紀》史學思想的比較研究》（濟南：山東大學文史哲研究院碩士論文，張富祥先生指導，2009 年 4 月）。

[46]　田亞瓊：《袁宏《後漢紀》研究》（合肥：安徽大學歷史系碩士論文，張子俠先生指導，2010 年 4 月）。

[47]　王有珍：《袁宏《後漢紀》史學思想研究》（武漢：華中科技大學歷史研究所，李傳印先生指導，2011 年 6 月）。

[48]　張銳：《從《後漢紀》史論看作者袁宏的史學觀念》（石家莊：河北師範大學歷史文化學院碩士論文，董文武先生指導，2014 年 3 月）。

的陳寅恪，或是在「東晉名教」脈絡下抬出袁宏以駁舊說的龔鵬程，都是
屬於這種情況。不過此二人分別切近於「玄學」和「儒學」的觀點，茲不
贅述。從「史學」角度出發者則有余英時、雷家驥和陳俊偉。余英時在 1979
年發表的〈名教危機與魏晉士風的演變〉，[49]徵引了袁宏《後漢紀》史論 51，
茲以證明「東晉時代士大夫是把家族秩序放在比政治秩序更為基本的位置
上」，[50]其脈絡乃是為了修正陳寅恪在〈陶淵明之思想與清談之關係〉中，
只將「名教」限縮在「以官長君臣之義為教」、「入世求仕」的解釋，而
擴大到包含了「君臣」與「父子」兩種「人倫秩序」的基礎。但細究袁宏
史論 51 原先的脈絡，其實並不是在說明「家族秩序」比起「政治秩序」
更為重要，真正主旨乃在訴求皇家父子之序反映在「昭穆制」與「皇位繼
承」秩序的正確樣態。至於袁宏史論 51 所說「尊卑莫大於父子，故君臣
象茲以成器」只不過是對於「君臣關係」的正當性說明，全篇毫無涉及「臣
下的家族」。可以見得余英時為了佐證自己的「名教」論述與呼應東晉時
期「門閥政治」，轉化使用了袁宏《後漢紀》的史論。[51]嚴格來說，余英時
該文僅僅使用了一次袁宏史論，很難視為「袁宏的研究」，不過由於他將
袁宏該論放在「東晉門閥政治」的脈絡下理解，且作為反思陳寅恪「名教」
定義的切入點之一，對於袁宏的定位勢必會造成影響，故仍有回顧的必要。
而 1990 年雷家驥在《中古史學觀念史》中的〈魏晉史家理念的發揮：史
家經世性的表現〉一章，則以孫盛、習鑿齒（字彥威，？-383）、袁宏、常
璩（字道將，291-361）等人為東晉「批判史學」的代表，凸顯權臣桓溫（字
元子，312-373）對於當世懷抱「經世扶衰」的史家們所造成的衝擊。[52]揀

49　余英時〈自序〉：「最後一篇〈名教危機與魏晉士風的轉變〉（案：書中篇名「轉變」作「演
　　變」）則是最近寫成的，發表於《食貨月刊》復刊第九卷第七、八期合刊（一九七九年十一月）。
　　這次彙集成書，多篇均經修訂增刪，但基本論旨並無改變。」參見氏著：《中國知識階層史論
　　（古代篇）》，頁 1。

50　余英時：《中國知識階層史論（古代篇）》，〈名教危機與魏晉士風的演變〉，頁 332。

51　關於余英時此篇「去脈絡化」使用袁宏史論的問題，詳細的反思可參本書第貳章第一節〈《後
　　漢紀》「史論」與「史事敘述」的關係〉與第肆章第一節〈「名教」的創建與正當性〉。

52　雷家驥：「桓溫先後幕僚，人才皆極名士一時之選，《晉書》列傳可考知，即有王珣、謝安、
　　謝玄、王坦之、郗超、范汪（范寧父）、孫盛、袁瓌及其子方平（名史家袁山松祖及父，袁宏

擇的材料包含了「史事敘述」與「史論」，可以說在取材和論述上，都對
袁宏《後漢紀》的「撰作意義」與「史學定位」有較為持平而清晰的解讀。
除此之外，雷家驥之作有兩個值得注意的觀點：其一，依據袁宏在曹丕代
漢之後的史事書寫，認為袁宏無異於想表現出人心猶思漢、蜀漢為正統的
主張，[53]而這樣的主張確實可以從袁宏史論 54 與 55 中尋得佐證；[54]其二，
依據袁宏史論 2 對光武帝的批評，推論袁宏對「劉備自立為天子」一事應

的從祖和從父）、袁宏、常璩、伏滔、羅含、顧愷之等。他們大都玄儒雙修，而當時最知名的
幾位史家──孫盛、習鑿齒、袁宏、常璩，皆在羅致之列。值得留意的是，上述四名史家皆先
隨桓溫，後則疏遠而反對之，與除郗超、伏滔以外的其他名僚，態度相同。他們身居世變，故
常針砭時代風教，他們也厭惡桓溫覬覦非望，故常從行政程序或文字言論制衡反對之。這兩種
趨勢的結合，遂造成了這時期的史學特色；其中又以孫盛、鑿齒、袁宏表現最突出，或許與他
們身居桓溫幕府，備受其禮敬倚重者有關。」又說：「史家在責任感的驅使下，遂再轉而追究
導致這種衰變（案：指時代、國家的衰變）的背後因素──權臣篡奪的黑暗政治；而這個因素
亦即『王跡所興』的問題，為正統問題的關鍵所在。這時期，東晉出現了若干研治國史的名家，
如撰《後漢書》及《晉書》的謝沈，《後漢書》的袁山松，《後漢紀》的張璠和袁宏，《漢晉
春秋》的習鑿齒，《魏氏春秋》及《晉陽秋》的孫盛等。據零星史料的顯示，他們對王跡之興
大多注意，或並加以評論。但是他們擁有一共同的政治背景，即承受身為晉臣及桓氏家族勢盛
的雙重壓力，逼使他們論述之時具有危機感，前述桓溫警告孫盛、作色於袁宏，即可知之。本
著史家的良知及經世扶衰的精神，他們大多透過以史論史──論漢魏三國，或以冒險直述當代
的方式，進行研治，其中表現較佳者應為孫盛及袁宏，較劣者似為習氏矣。」參見氏著：《中
古史學觀念史》（臺北：學生書局股份有限公司，1990 年 10 月），〈魏晉史家理念的發揮：
史家經世性的表現〉，頁 321、334。

53 雷家驥：「蓋建安二十五年曹丕受禪之歲，亦即東漢告終的時間。東漢既終而曹魏繼興，則《後
漢紀》全書亦應完畢，不必再書。然而袁宏在曹丕受禪後，連記陳群之『義形于色』，及楊彪
之辭魏官曰『若復為魏氏之臣，於義既無所為，於國亦不為榮也』兩事，接著即以『明年，劉
備自立為天子』為結尾。如此結束，無異說明漢亡而不應亡，而人心猶思漢，與及承認蜀漢繼
東漢而起。這是有意貶魏而排之於序運之外，而讓劉備復敘漢統也，亦即與習氏的〈晉承漢統
論〉大旨相呼應。」參見氏著：《中古史學觀念史》，〈魏晉史家理念的發揮：史家經世性的
表現〉，頁 346。

54 袁宏史論 54：「漢自桓、靈，君失其柄，陵遲不振，亂殄海內，以弱致弊，虐不及民，劉氏之
澤未盡，天下之望未改。故征伐者奉漢，拜爵賞者稱帝，名器之重，未嘗一日非漢。」史論 55：
「漢自桓、靈，君道陵遲，朝綱雖替，虐不及民。雖官豎乘間，竊弄權柄，然人君威尊，未有
大去王室，世之忠賢，皆有寧本之心。若誅而正之，使各率職，則二祖、明、章之業，復陳乎
目前，雖曰微弱，亦可輔之。時獻帝幼沖，少遭凶亂，流離播越，罪不由己。故老後生未有過
也。其上者悲而思之，人懷匡復之志。故助漢者協從，背劉者眾乖，此蓋民未忘義，異乎秦漢
之勢。魏之討亂，實因斯資，旌旗所指，則以伐罪為名；爵賞所加，則以輔順為首。然則劉氏
之德未泯，忠義之徒未盡，何言其亡也？」參見：《後漢紀校注》，頁 846、862-863。

具有相同的微詞，[55]意在針砭渡江成立東晉政權的晉元帝司馬睿（字景文，276-323）。[56]分析可謂鞭辟入裡、別具隻眼。至於 2012 年陳俊偉的碩士論文《兩晉史家之敘述觀點與三國前期歷史建構》中，[57]特別關注陳壽（字承祚，233-297）、袁宏、司馬彪（字紹統，？-306）、張璠、常璩、孫盛、裴松之（字世期，372-451）、習鑿齒等兩晉史家對於「前三國時期」的書寫，[58]選材方面包含了「史事敘述」與「史論」。不同於某些兩晉史家受制

---

[55] 但這樣的微詞並不影響袁宏對於光武帝劉秀和蜀漢昭烈帝劉備的認同，尤其是前者，他在史論中對於光武帝不乏讚許之詞，如史論 4：「夫帝王之道，莫大於舉賢。舉賢之義，各有其方。夫班爵以功，試歷而進，經常之道也。若大德奇才，可以光昭王道，弘濟生民，雖在泥塗，超之可也。傅巖磻溪之濱，頃居宰相之任，自古之道也。卓公之德，既已洽於民聽，光武此舉，所以宜為君也。」史論 16：「然東海（案：東海王，光武帝之子，原太子劉彊）歸藩，謙恭之心彌亮；明帝（案：光武帝之子，劉莊，原名劉陽）承統，友于之情愈篤。雖長幼易位，興廢不同，父子兄弟，至性無間。夫以三代之道處之，亦何以過乎！」參見《後漢紀校注》，頁 77-78、197。

[56] 雷家驥：「劉備實因義而起，以劉氏之胄而繼統，其理本如光武。然而曹丕廢逆，勤王之師不至；獻帝尚存，備君臣亦因私慾而遽即自君，循名責實，道未盡人一如光武，袁宏以評論貶光武於前（案：即史論 2），復以敘述貶昭烈於後，而此二君具為後世所稱，卻為袁宏其所未正也。筆者特別指出一點，上述史家皆對篡逆作批判，而有匡正世道之志。大體上，因為篡逆則必然指王跡所興，根據散見史料，孫盛和鑿齒皆全力為東晉爭正統，不惜妄引他們所不全信的災異圖讖以作證據，致有荒誕曲解的傾向。袁宏《後漢紀》的斷限不及於晉，但其批判光武和昭烈，無異即影射與二帝相類似的東晉元帝。」於「無異即影射與二帝相類似的東晉元帝」一句下，雷氏加注說明：「西晉兩京危阨之際，屢詔元帝（案：時為瑯琊王）勤王，元帝卻坐視不救，乘亂南渡坐擁江東，以宗室名義自居，情況可與光武、昭烈比較。且元帝第一個年號完全和光武一樣，稱為『建武』；又學光武採中興受命、血緣說，作自君依據。若本〈晉承漢統論〉說法，自君之道不正，則臣義盡未義，也就難怪王敦、桓溫覬覦非望了。袁宏論光武，故應有影射元帝的『疏外之意』也。」參見氏著：《中古史學觀念史》，〈魏晉史家理念的發揮：史家經世性的表現〉，頁 350、372。

[57] 陳俊偉：《兩晉史家之敘述觀點與三國前期歷史建構》（花蓮：國立東華大學中國語文學研究所碩士論文，王文進先生指導，2012 年 3 月）之後修改、更名出版，詳見氏著：《敘述觀點與歷史建構──兩晉史家的「三國」前期想像》（臺北：秀威資訊科技股份有限公司，2015 年 11 月）。本書撰寫期間，承蒙作者惠賜其作，特此銘謝。

[58] 陳俊偉：「從朝代的基準出發，黃巾之亂爆發至曹丕代漢為止，這段期間雖應稱之為『東漢末』，卻同時是陳壽筆下三國英雄人物逐鹿天下的動盪時代。除後來曹魏、蜀漢、孫吳政權的實際創業者，還有董卓（？-192）、袁紹（？-202）等列入『開國群雄傳』的漢末群雄活躍著。西元 184-220 年與 220-280 年兩時段，權且稱後者為『朝代三國』，前者則是『前三國』，意指『朝代三國』之前（也就是『前（朝代）三國』），兩者皆屬廣義的『三國』範疇之內。」參見氏著：《敘述觀點與歷史建構──兩晉史家的「三國」前期想像》，〈「三國」釋義與魏

於現存文獻稀少的影響，袁宏《後漢紀》的論述佔了正文一章有餘，其中一章即名為〈袁宏《後漢紀》的人心猶思漢論證與扶漢表彰〉，展現袁宏在「前三國時期」的書寫中，隱含了以蜀漢為正統、主張漢德未衰的撰史態度。其中頗堪玩味的是，陳俊偉注意到袁宏對東漢末年的先祖袁渙（一作袁煥，[59] 字曜卿）的書寫，由於袁渙確實曾在曹操（字孟德，155-220）的帳下效力，因此袁宏《後漢紀》在「批判曹魏君王乃是篡逆者的同時，也考量到了如何才能較妥善地處理祖先定位的問題，避免先祖落入協助權臣篡逆的爪牙之列」，[60] 遂在「史事敘述」上有意凸顯了袁渙作為「漢臣」的角色。[61] 這樣的觀察實具洞見，從前人未發的角度展現了袁宏《後漢紀》的歷史書寫與價值取向。綜合上述各種研究，無論其視角和結論為何，都顯示了袁宏作為「東晉」一代「史家」所具有的特殊表現與關懷。

晉間三國史相關著作概況〉，頁 41。

[59] 《三國志‧袁渙傳》作「袁渙」，參見〔西晉〕陳壽，〔南朝宋〕裴松之（注），〔清〕盧弼（集解）：《三國志集解》（北京：中華書局，2009 年 11 月），冊 3，頁 1067。檀道鸞《續晉陽秋》作「袁煥」，見劉孝標於《世說新語‧言語》第八十三則「江山遼落，居然有萬里之勢」句下注：「《續晉陽秋》曰：『袁宏，字彥伯，陳郡人。魏郎中令煥六世孫也。……』」詳見〔南朝宋〕劉義慶，龔斌（校釋）：《世說新語校釋》，上冊，頁 277。

[60] 陳俊偉：〈敘述觀點與歷史建構——兩晉史家的「三國」前期想像〉，〈袁宏《後漢紀》的人心猶思漢論證與扶漢表彰〉，頁 230。

[61] 值得一提的是，在袁宏被收入《文選》的作品〈三國名臣序贊〉裡，也讚頌其祖袁渙，但為避先祖諱並不直稱其名，而以「郎中」稱之，遂與稱呼其他三國人物字號明顯有別：「郎中溫雅，器識純素。貞而不諒，通而能固。恂恂德心，汪汪軌度。志成弱冠，道數歲暮。仁者必勇，德亦有言。雖遇履虎，神氣恬然。行不脩飾，名迹無怨。操不激切，素風愈鮮。」此篇作品於《晉書‧文苑傳》的袁宏本傳亦載，但題為〈三國名臣頌〉，讚頌袁渙的文字與《文選》所收幾乎一致，唯獨「名迹無怨」作「名節無怨」。此外，袁宏不直呼袁渙名諱，後人卻得以知道該段是在讚頌袁渙的憑藉，除了「職稱」，在《文選》所收〈三國名臣序贊〉的「序」與「贊」之間，有詳細羅列袁宏讚頌對象的姓名、字號，且以《三國志》的歸屬作區分：「《魏志》九人，《蜀志》四人，《吳志》七人。荀彧字文若，諸葛亮字孔明，……袁煥字曜卿，……」再者，唐代李善在注解袁渙該段時也徵引了袁渙的史事，然而，這二十位三國名臣的姓名、字號羅列，在《晉書‧袁宏傳》所徵引的〈三國名臣頌〉卻不見蹤影。參見〔南朝梁〕蕭統（編），〔唐〕李善（注）：《文選》（上海：上海古籍出版社，2013 年 1 月），冊 5，頁 2127-2129。〔唐〕房玄齡 等：《晉書》（北京：中華書局，2003 年 6 月），冊 8，頁 2395。

二、袁宏《後漢紀》與玄學：擴張「魏晉玄學史」的版圖

　　「玄學」角度的袁宏研究都只單方面使用了《後漢紀》的「史論」五十五則的其中幾則，全然不涉及其「史事書寫」與其他東漢史書的差別，這當然是因為「玄學」與「史學」兩種學術關懷的差別使然，也和劉咸炘所謂「子家之嘉言」的性質密切相關。細言之，正因為袁宏史論說理性強、幾乎可以脫離史事敘述單獨成「論」的特質，又多涉及「名教」與「自然」二詞的使用，理所當然容易成為「玄學」研究者嘗試關注和運用的材料。

　　最早將袁宏史論用以探討「東晉思想」者，應為 1945 年陳寅恪的〈陶淵明之思想與清談之關係〉，[62]該文著眼於「魏晉兩朝清談內容之演變」與「陶氏（案：陶淵明）族類及家傳之信仰」兩項議題。關於前者，陳寅恪認為：

> **當魏末西晉時代即清談之前期**，其清談乃當日政治上之實際問題，與其時士大夫之出處進退至有關係，蓋藉此以表示本人態度及辯護自身立場者，非若**東晉一朝即清談後期**，清談只為口中或紙上之玄言，已失去政治上之實際性質，僅作名士身分之裝飾品者也。[63]

可以見得他將魏晉時期「清談」分作兩期：前期在魏末西晉，與政治密切相關；後期則在東晉時代，「清談」已成為「口中或紙上之玄言」，失去了應有的政治關懷。而陳寅恪在文中之所以援用袁宏史論，就是為了呼應他對於「東晉清談」的判斷，認為東晉的袁宏雖然也涉及了曹魏與西晉「名教」與「自然」不相斥的論述，然而只不過是為了呼應時下「清談」風尚的「自高聲價之詞」，以作為一代名士的「裝飾門面語」。可見對袁宏及其史論的評價並不高。然而事實上，透過袁宏史論五十五則分析可以發現，

62　陳寅恪：《金明館叢稿初編》，〈陶淵明之思想與清談之關係〉，頁 201-229。篇後註明「一九四五年哈佛燕京學社在成都出版單行本」，詳見前揭書，頁 229。
63　陳寅恪：《金明館叢稿初編》，〈陶淵明之思想與清談之關係〉，頁 201。

袁宏對於名教制度、聖王作意的闡發不絕如縷，對於儒家典籍的援用也層出不窮，遠勝於前代風行的《老子》與《莊子》，正是基於對治道的深切關懷。因此明代士人黃姬水（初名道中，字致甫，又字淳父，1509-1574）才會在〈刻《兩漢紀》序〉稱揚袁宏《後漢紀》是「言多準經，議不悖聖」，[64]其實並不如陳寅恪認為的「口中或紙上之玄言，已失去政治上之實際性質」。

　　此外必須注意的是，本書將陳寅恪該文歸屬在「玄學」視角的研究，並不是認為「清談」等同於「玄學」。「清談」的內容雖然涉及「玄學」，但在此之外也包含了政治上的議論與人物的品鑒，[65]所以陳寅恪才會以「政治性質」評價前後期「清談」的差別。總之，「清談」與「玄學」兩個概念縱使在魏晉時期密切相關，也絕不能直接畫上等號。不過雖然兩者不能等同，陳寅恪該文對袁宏史論的援用，也無形中開啟了袁宏史論可以被放在「玄學」角度下談論的門徑，因而放在此節的開頭作為回顧。

64　周天游：《後漢紀校注》，〈附錄四：序跋〉，頁 891。在原文脈絡中，此句也是稱讚荀悅《漢紀》之詞。

65　唐長孺〈清談與清議〉：「清談的意義，後世常常認為即是虛玄之談，彷彿清談一開始即是談老莊。例如顧炎武說：『昔之清談，談老莊；今之清談，談孔孟。』錢大昕也說：『魏晉人言老莊，清談也；宋明人言心性，亦清談也。』宋明理學和魏晉玄學是有一定程度的繼承關係的，以之相提並論，自有其理由；但將老莊與清談聯在一起，卻是不全面的，因為沒有從歷史發展的觀點來考慮這個問題；我們至少可以指出魏晉人並不作這樣的瞭解。我們知道當玄學還有沒有興起，老莊之學尚未被重視之先，業已有了清談一辭。所謂清談的意義只是雅談，而當東漢末年，清濁之分當時人就當作正邪的區別，所以又即是正論。當時的雅談和正論是什麼呢？主要部份是具體的人物批評，清談內容也是如此，既非虛玄之談，和老莊自無關係。因為如此，所以在初期清談與清議可以互稱；魏晉之後清談內容主要是談老莊，但仍然包括人物批評。顧炎武很讚美東漢清議之風而斥責清談足以亡國，如果以後來的解釋來講不妨作此區別，但於漢末魏晉間所謂清談一辭卻未免有所誤會。東漢以徵辟察舉之制選拔統治者所需要的人才，而鄉閭清議乃是徵辟察舉的根據；於是人物批評為當時政治上極重要的事情。我們當然應該指出這種批評是往往操在少數人手中的，因而往往成為大族以及實際掌握政權的人所利用的工具。但是不管怎樣，人物批評是頗受重視的，其標準則是依據儒家所宣揚的道德來衡量。東漢末年，現實政治的腐敗，特別是黃巾起義促使統治階級中一部分較為敏感的士大夫開始感覺到依據這個標準所選拔出來的人才不能符合統治階層的要求，於是在怎樣確立選舉標準這個問題上重新加以考慮。玄學是從這一點出發的，清談從清議的互稱轉變為玄談就是玄學形成的過程。」參見氏著：《魏晉南北朝史論叢》，頁 277-278。

　　1993 年樓宇烈發表在《國學研究》第一期的〈袁宏與東晉玄學〉，可以說是學者首次將袁宏明確定位為「玄學家」的文章，文中呼籲除了張湛《列子注》之外，應以韓康伯、袁宏與陶淵明三人為「東晉玄學」的代表。[66]他在探討袁宏《後漢紀》序言與史論的價值時，反思以往「歷史學者」與「研究哲學思想史者」對於袁宏《後漢紀》史論的忽視，同時肯定了陳寅恪〈陶淵明之思想與清談之關係〉一文對袁宏的「始揭之功」。[67]可以發現，陳寅恪透過「清談」前後期變化的視角，將袁宏史論判為「口中或紙上之玄言」一類，本意其實是在批判「清談」精神的變質，卻意外成為了樓宇烈等哲學研究者喜聞樂見的學術論斷，增強了袁宏作為「玄學家」的正當性。其實，不單單是陳寅恪的論斷造成了這樣意外的效果，遠在唐代劉知幾《史通·論贊》中對袁宏史論「務飾玄言」的批判也是一樣的情況，樓宇烈該文就提及了此句批評。除此之外，該文也首次注意到了東晉當時王坦之（字文度，330-375）、韓康伯、袁宏、殷康子對於「公」、「謙」的論爭，並視此論爭為魏晉玄學「自然」與「名教」問題的延續，試圖再次佐證袁宏「玄學家」的角色。[68]同時也有意凸顯了袁宏等人在面對東晉「佛

66　樓宇烈：「東晉時期，佛學蓬勃發展起來，玄學與佛學互相影響，佛學者談玄，玄學者談佛，成為一時風尚。言其合流，固是當時學術發展之大趨勢，但借玄論佛者終究是佛，借佛談玄者終究是玄，所以不論是玄學還是佛學，都不能說已無涇渭之分了。而且，有些玄學家繼承正始以來之玄學流風，並未與佛學合流或援佛以談玄。即淺陋所見，除張湛《列子注》之外，在東晉時期玄學中也還是有一些可觀的作者和作品的，而且有自身的理論特點。在留有一定數量著述可供研究其思想的東晉玄學家中，我認為至少還有三位是值得我們特別關注的：一是韓伯（康伯），二是袁宏（彥伯），三是陶潛（淵明）。」參見氏著：〈袁宏與東晉玄學〉，頁 67-68。

67　樓宇烈：「《後漢紀》全書『論贊』共計五十五條，除去四條是引華嶠的外，袁宏共寫了五十一條。這五十一條『論』中，最短的只有四十餘字，最長的竟達一千餘字，而總計字數則有一萬七千字左右，約佔全書的十二分之一，這個比例是歷來史書論贊所僅見者。順便說一下，著名的王弼《老子道德經注》的全部注文也只有一萬一千字左右，由此可見，袁宏《後漢紀》中『論』的份量並不算少。遺憾的是，過去研究歷史學者對其『論』中的『務飾玄言』很不感興趣，甚至認為其中『多迂腐陳舊之說』，因而很少去認真地研究它。而研究哲學思想史者，則因它是一部史書，也沒有注意到其中『論』部分的思想性及其理論意義，以至使袁宏在東晉玄學史上的地位長期湮沒無聞。……儘管陳先生在舉袁氏《後漢紀》『論』文為例時，並沒有作更深入的研究，……但是，由於陳先生的提示，而促使人們去注意和研究袁彥伯的玄學思想，則其始揭之功當不可減。」參見氏著：〈袁宏與東晉玄學〉，頁 75。

68　本書贊同「公」、「謙」論爭可以視作魏晉玄學「自然」與「名教」論題的另一種表現，但這

玄合流思潮」下，依舊不受外來「佛學」的影響，固守了本土的「玄學」
性格，因而和張湛《列子注》「佛玄合流」的情況有別。隨後，在 2004 年
出版的周大興《自然‧名教‧因果——東晉玄學論集》，收錄了作者早先
於 1993 與 2001 年發表的〈公謙之辯：東晉玄學的主題〉與〈袁宏「道
本儒用」的名教觀〉。此二文幾乎承襲了樓宇烈〈袁宏與東晉玄學〉對袁
宏史論的切入角度與定位，比如「公謙之辯」的討論以及「繼承正始以來
之玄學流風」，再一次明確化袁宏在「魏晉玄學史」扮演的角色。如：「（袁
宏）顯然是要回歸會通孔老、名教以自然為本的正始玄學主流」、「袁宏
道本儒用的名教觀，顯然屬於王弼老學式的綜合」、「袁宏『道本儒用』
的名教觀，可以說是玄學在東晉後期綜合儒道的最後成果，殿軍之作」。[69]
唯一的差別在於，周大興認同「東晉玄學」確實是向曹魏正始以來（包含
西晉）本有的玄學論題回歸，但他認為袁宏紹繼的僅僅是王弼「名教本於
自然」的態度，而非嵇康或是郭象等人。總之，周大興的結論大多與樓宇
烈〈袁宏與東晉玄學〉符同，只是增添了從曹魏至西晉學術發展的論述。
2005 年汪高鑫的〈論袁宏史學思想的玄學傾向〉，[70]雖為探究「史學」思
想的文章，但主要態度乃在彰顯袁宏為「玄化傾向的史學家，援玄入史、
玄儒合一」，[71]重視「玄學」對史學家袁宏的影響。儘管作者很謹慎地使用
了「玄學傾向」、「玄化傾向」等詞，並未如樓宇烈、周大興一樣直呼袁
宏為「玄學家」，但同樣預設了「玄學」在東晉盛久不衰、遍在無礙的滲
透力。[72]且其中一項「玄化傾向」的論證也來自於袁宏史論 28 的「道明其

樣的論據，實則立基於自王坦之〈公謙論〉（現存於《晉書‧王坦之傳》）所設立的「公道體
於自然，謙義生於不足」的架構，而袁宏對王坦之的論難文字已經亡佚，根本無從進一步判斷
他是否真屬於玄學。因此，本書並不認同因為袁宏曾經參與這場論爭，就可以作為被視為「玄
學家」的佐證。詳細的論證和反思，參見本書第參章第二節〈袁宏「謙」論與東晉「公謙之辯」
的關係釐清〉，茲不贅述。

69　周大興：《自然，名教．因果——東晉玄學論集》，頁 205、207、211。

70　汪高鑫：〈論袁宏史學思想的玄學傾向〉，《史學史研究》117 期（2005 年第 1 期），頁 15-22。

71　汪高鑫：〈論袁宏史學思想的玄學傾向〉，頁 15。

72　汪高鑫：「魏晉時代，是一個玄風興盛的時代。玄學作為一種時代哲學思潮，對於這一時期各
種學術思想都產生了重要影響，史學當然也不例外。」參見氏著：〈論袁宏史學思想的玄學傾

本，儒言其用」之說，暗含了「聖人貴名教，老莊明自然」的二分思維，
進而將袁宏拉進魏晉玄學「自然與名教論題」的脈絡之下，可以說和樓宇
烈、周大興的做法一模一樣，大背於史論 28 的宗旨與「道明其本，儒言
其用」的真正意涵。而另兩項「玄化傾向」的論證：「貴在安靜」與「智
者順勢而為」，試圖連結魏晉玄學關於「宇宙本體論」與「人物才性」的
探討，說服力道亦顯不足。[73]

　　至於學位論文方面，除了前文提及「史學」視角的卓季志將袁宏視作
「以史明玄」的「玄學家」外，[74]僅有 2001 年蔡珮汝的《東晉名教與自然
思想之發展──以袁宏、張湛為例》。也採取了以「東晉玄學」定位袁宏
史論的態度，所做出的結論也和樓宇烈、周大興相去無多，不斷強調袁宏
的「道本儒用」說，象徵著「東晉玄學」的特色：「自然與名教的融合」
與「儒道雙修」。[75]然而，此種「融合」與「雙修」並不背於曹魏正始玄風

向〉，頁 15。

[73] 試舉一項為例，汪高鑫在〈為政『貴在安靜』〉一章認為：「袁宏的玄學觀主要是受到了何晏、
王弼『貴無』論的影響。反映在具體政治理念上，則是強調本著道家『自然無為』的精神，以
『貴在安靜』為治政原則。……在袁宏看來，分封制還有一個重要好處，那就是為政『簡易』，
這顯然是從玄學角度而言的。袁宏認為，在分封體制下，天子雖然富有天下，而政事卻不出於
王畿；諸侯雖為政一方，而政刑卻不出於封域。……效法先王政治，最重要的一點就是要以簡
易為治政原則。由此可見，袁宏關於分封制的評述，是蘊含其玄學思想於其中的。」袁宏崇尚
為政「簡易」的思想或許與道家有合會之處，但從史論頻繁化用《周易》的情況看來（尤其是
〈繫辭傳〉），與其說是「玄學」影響了袁宏的思想，不如說是受到「易學」的影響恐怕更為
準確，如《周易‧繫辭傳上》：「乾以易知，坤以簡能。易則易知，簡則易從。易知則有親，
易從則有功。有親則可久，有功則可大。可久則賢人之德，可大則賢人之業。易簡，而天下之
理得矣；天下之理得，而成位乎其中矣。」必須注意的是，受到「易學」影響不等於就接受了
「玄學」的思維，只要比較袁宏史論對《周易》的徵引與王弼《周易注》即可知之（參見本書
第貳章第三節〈「言多準經，議不悖聖」：《後漢紀》史論的典籍徵引〉）；再者，若以「易
簡」的思想為例，南宋陸九淵亦有「易簡工夫終久大，支離事業竟浮沉」之詩句，但難以據此
斷言陸九淵有「玄化」的傾向；其三，將「封建制」的「易簡」與「玄學」的「貴無」思想連
結，恐怕已經不合乎王弼玄學對於「名教」較為戒慎、批判的態度，而有過度引申之嫌。汪高
鑫之說參見氏著：〈論袁宏史學思想的玄學傾向〉，頁 18-19。陸九淵之詩句出自〈鵝湖和教
授兄韻〉，參見氏著：《陸九淵集》（北京：中華書局，2012 年 2 月），頁 301。

[74] 但卓季志同時也視其為史學家。

[75] 蔡珮汝：「此時玄學已加入新義，最大的特色有二，一是佛玄合流，二是儒玄雙修。……從袁
宏主張『道本儒用』的思想，將自然之性解為名教之本，使自然與名教獲得融合，故袁宏的《後

已具備的態度，終究難以使人理解「東晉玄學」的「特色」，以及被拉抬而出的意義究竟何在。

三、袁宏《後漢紀》與儒學：「自然」與「名教」的意義轉向

以「儒學」視角看待袁宏者，所用材料也集中在袁宏《後漢紀》的史論。此視角最早的代表應為 1955 年錢穆發表在《民主評論》二十二期的〈袁宏政論與史學〉。[76]此文共分九節，唯獨在最後一節論述袁宏《後漢紀》的「史學地位」，其餘除了介紹袁宏的生平與作品之外，皆以《後漢紀》的史論闡述袁宏各種「政論」中的思想：「性理即名教之本」、「專本於理字以言治化」、「論法」、「論刑」、「言樂」、「本禮樂而言風俗，別華夷」、「政治上之物質建設」、「論治道之不能以無主」、「論君權轉移」、「論舉賢」、「論任賢」與「綜論上古以迄季漢歷代政治風俗之利弊得失」。[77]同時對於袁宏與「老莊道家」之間的差異多所著墨，與前文重視「史論發展脈絡」、「東晉時代」或「史學特色」的史學研究相比之

漢紀》可以說是儒道調和的最佳代表之作」、「綜言之，袁宏雖倡言『名教』，但強調『名教』是不違自然之理，不背自然之性，實已將儒道合一。故其思想最大的特點有二：一為緣情制禮，二為明言『道家為本，儒家為末』的思想。展現了東晉時人儒玄雙修的思想特色」、「綜言之，東晉之時除了佛教思想外，在玄學上也有很大的思想特色：就是自然與名教的融合。由袁宏主張緣情制禮，及對儒道二家做出明確的定性判別（道本儒之說）；張湛對正始以來，『貴無』、『崇有』及『獨化』等論說試圖從理論上整合。可知不論在宇宙觀、人生觀，或是政治觀上，魏晉以來自然與名教的衝突，到了東晉時期，已獲得調節與融合。」參見氏著：《東晉名教與自然思想之發展──以袁宏、張湛為例》，頁 133、134、168。

76　該文後來收入錢穆：《中國學術思想史論叢（三）》，文末註明：「此稿成於一九五五年，刊載於是年十一月《民主評論》六卷二十二期」，參見前揭書，頁 143。此外，錢穆曾於 1955 年 9 月 16 日寄給徐復觀的信中，寫道：「弟本意接著〈中庸新義〉再寫〈易傳新義〉，經兄表示意見，把弟興趣一時打斷了，但此後必會繼續寫。近寫〈袁宏政論與史學〉，正因袁是接受老莊而重返儒學者。魏晉思想中此一路極該注意。」參見：錢婉約（整理）：《錢穆致徐復觀信札》（北京：中華書局，2020 年 10 月），頁 170。可以注意的是，錢穆在撰寫〈袁宏政論與史學〉一文的過程中，也正是與徐復觀不斷商榷彼此《中庸》詮釋的時期。關於二者此時的《中庸》詮釋論爭，學界似較少論及，可略參拙作：〈「內在和」與「外在和」：錢穆〈中庸新義〉「中和」說的淵源與價值〉，《子衿論衡：中正文哲研究集刊》第三期（2018 年 12 月），頁 53-87。

77　「季漢」即「漢之季世」，指東漢末衰弱之世。

下，反而較契於儒學思想的分析與闡發。

錢穆指出「袁宏」與魏晉盛行的「清談」、「老莊」之間的異同是：[78]

> 宏（案：袁宏）以孤貧自拔，與並世清談學派，風趣標致，多有扞
> 格。蓋宏乃一儒、道兼融之學者，而**確然可謂其承續儒家之大統**。……
> 惟宏乃一衰世人物，又沉浸於當時清談學派之氛圍中，故其思想，
> 多融會莊老道家，而**究不失為以儒術為其思想體系之主幹**。
> 先秦莊老道家，特揭自然的歷史觀，反議儒家，謂儒家主張一切人
> 文建設，皆違逆自然；宏（案：袁宏）變其說，重建一種性理的歷
> 史觀，**為儒家迴護，謂性理即自然；若人文建設一皆本之性理，即
> 無背自然也。**
> 先秦莊老道家，一本其尊重自然之說，於治化、禮樂、法制，皆所
> 輕反，徒游心於有史以前無證之幻想。今宏（案：袁宏）則切據史
> 事，既承繼莊老尊重天性自然之旨，**而一一為治化禮法開陳新義，
> 挽以重反之於儒術。兩漢以來，剴切深明，蓋未有也。**[79]

除了對老莊道家「游心於有史以前無證之幻想」的批評稍嫌過激之外，他
指出袁宏轉變了老莊道家原先用以批判儒家的「自然」之說，反過頭來為
儒家「人文建設」尋求正當性，可以說十分精闢，這應當也是錢穆之所以
判斷袁宏「確然可謂其承續儒家之大統」與「以儒術為其思想體系之主幹」

---

[78] 須注意的是，錢穆〈袁宏政論與史學〉當中所指的「清談」與「玄談」無異，因此和陳寅恪在
〈陶淵明之思想與清談之關係〉所謂「魏末西晉」時與政治密切相關的「清談」有別，反而更
近似陳寅恪批評「口中或紙上之玄言，已失去政治上之實際性質」的東晉「清談」。從錢穆另
一篇〈魏晉玄學與南渡清談〉即可佐證：「向、郭在當時，還有他們的一番理論。及東晉南
邊，大家索性在放蕩上自娛自怡，連像向、郭的理論也沒有了，這就成了東晉之『清談』。清
談家還要講究自己的真性情，而蔑視世俗之偽。他們看不起功利，不肯做一切事前事後的打算，
他們認知如是才算率真。他們僅有一種意境，也懶得組成理論寫文章。我們現在只有由《世說
新語》中，看他們當時朝野名人的行事態度來推想他們的理論或意想。」參見氏著：《中國學
術思想史論叢（三）》，頁 118。

[79] 以上引文見於錢穆：《中國學術思想論叢（三）》，〈袁宏政論與史學〉，頁 121、127、135。

的大本所在。至於同一段所說的「儒、道兼融」與「多融會莊老道家」，錢穆亦有所舉證，其說當然可從。但從袁宏思想的終極目標，以及史論五十五則整體呈現的傾向來看，與老莊道家某些層面的精神偶合並不足以動搖袁宏作為「儒家」的判斷，以及「儒家」精神在袁宏史論當中所佔的首要比例。因此此種「兼融」、「融會」，應當和「玄學」對於「儒」、「道」的調和有所界別，錢穆該文可以說是把捉住這種細緻差別的最早代表。至於袁宏「史學」上的價值與地位，錢穆認為，袁宏以《後漢紀》與史論闡發了聖王與經典的「所以迹」，反映了「經即舊史，史即新經」的精神，因此稱讚袁宏說：「此惟馬、班下迄於宏（案：袁宏），抱此宏旨，而後無嗣響矣！」[80]可以說在司馬遷（字子長，前 135-前 90）《史記》與班固（字孟堅，32-92）《漢書》之後給予了極高的讚譽。

　　繼錢穆之後，還有張蓓蓓 1991 年的〈「名教」探義〉與 2001 年的〈袁宏新論〉，[81]雖非以「儒家」思想的詮釋作為文章的出發點，但皆對袁宏思想中「儒義」的闡發頗有推波助瀾之功。前一篇聚焦於「名教」一詞的意義發展及其產生的時代環境，並且指出袁宏乃是轉化此詞原意的關鍵要角：

> 「名教」的說解轉變，意味亦隨之而轉變。**當嵇康造詞之時，「名教」本是一貶詞。**「名教」不可取，「自然」方可貴。故曰「越名教而任自然」。一經袁宏如此說解，「名教」乃成天經地義，無可置疑。從此「名教」遂變成一美詞。**儒家者流，亦往往以「名教」自信自重。此一轉變亦必須推功於袁宏。**[82]

隨後，作者羅列了東晉以後對「名教」的用例，並且分析了袁宏史論中出

---

[80]　錢穆：《中國學術思想史論叢（三）》，〈袁宏政論與史學〉，頁 143。

[81]　分別見於張蓓蓓：《中古學術論略》，頁 1-48、《魏晉學術人物新研》，頁 155-229。

[82]　張蓓蓓：《中古學術論略》，〈「名教」探義〉，頁 31。

現十七次的「名教」意蘊。無論從「『名教』一詞的使用頻率」、「價值
取向」或是「時間的序列」上來看，張蓓蓓以「袁宏」作為「名教」一詞
轉向的關鍵角色都頗具說服力。總之，「名教」一詞的意義轉變非但反映
了該時代的思想發展，還呈顯出了袁宏在學術思想史上的特殊貢獻。[83]而在
後一篇〈袁宏新論〉中，張蓓蓓主要詳盡論證了袁宏的「生平大概」、「史
學」、「思想及其內蘊」與「文學」，尤其以思想分析為重，且和錢穆〈袁
宏政論與史學〉相同，皆指出袁宏雖然偶爾混有道家思想，其思想的終極
目標仍屬儒家。[84]但張蓓蓓所論更為細緻，且敏銳指出許多袁宏史論思想與
東晉時局間的緊密關係。[85]以致袁宏史論蘊含的思想更為豐富、立體而且符
合實情。而在錢穆、張蓓蓓之外，更直接以「儒家」思想的角度定位袁宏
《後漢紀》者，為 2016 年段宜廷的博士論文《魏晉荀學》。[86]該文以「魏
晉儒學」為關注對象，揀選了建安時期的荀悅與徐幹（字偉長，170-218）、
正始時期的杜恕（字務伯，198-252）與傅玄（字休奕，217-278）、元康時
期的裴頠（字逸民，267-300）與歐陽建（字堅石，？-300）、東晉時期的
袁宏與王坦之作為箇中代表，且認為此八家的思想性格皆可溯源自荀子（名
況，前 313-前 238）。袁宏的思想性格是否歸屬於「荀學」雖非本書關注
的重點所在，然而作者認為袁宏從儒家的角度，對於「名教出於自然」的
思想進行「重定」，[87]可以說更切近了袁宏史論真實透露出的思想基調。

---

[83]　張蓓蓓：「正因其扶會儒義天衣無縫，所以袁宏所作『名教』的新解得以傳述不輟，『名教』
　　同於『自然』之說也再無可議，從此論定；亦正因為此一新解太過精妙，所以後人幾乎以『名
　　教』的初義即是如此，遂幾乎將嵇康原義遺忘淨盡。本文之作，正為指出此一關鍵。」參見氏
　　著：《中古學術論略》，〈「名教」探義〉，頁 31。

[84]　張蓓蓓：「他亦主張『名教』出于『自然』，然其思路實是儒家本位的，見地遂與當時一輩玄
　　學家皆有不同，頗有自己的造至。」參見氏著：《魏晉學術人物新研》，〈自序〉，頁 3。

[85]　詳見張蓓蓓：《魏晉學術人物新研》，頁 184-194。

[86]　段宜廷：《魏晉荀學》（臺北：國立政治大學中國文學研究所博士論文，劉又銘先生指導，2016
　　年）。

[87]　段宜廷：「名教鞏固了社會的安分與穩定，並且還能照顧到人性中的自然（如父子之倫的自然
　　情感），由此可知，袁宏的『名教出於自然』，的確在某個程度上有維持長治久安的可能（是
　　天地之性，自然之理）。而我們也會發現，袁宏似乎有意要將名教從制度的僵化面，翻轉到人
　　情義理的照顧上，成為荀學脈絡下，一禮情兼到的主張」、「綜上所論，可知魏晉時出現的『名

　　錢穆、張蓓蓓、段宜廷的文章，是目前少數專注以袁宏為探討對象、廓清袁宏學術性格與「玄學」有別的作品。在此之外，雖然同樣也有從「儒家」角度看待袁宏、援引其《後漢紀》者，但只是將袁宏史論當作「某個風氣」的短小例證，如江建俊的〈玄風中的反玄〉與龔鵬程的〈東晉名教論〉，前者將袁宏史論劃歸「反玄」陣營；後者則以袁宏《後漢紀》序言與〈三國名臣序贊〉為據，佐證東晉乃是「儒學禮教的時代」。先就前者而論，江建俊在 1998 年發表的〈玄風中的反玄〉中，明確將袁宏定位為「反玄」的代表之一，[88]並且指出其「反玄」的策略與主題是「尊儒抑道」與「崇實黜虛」。但實際透過袁宏史論可知，袁宏確實對於儒家所尊崇的《五經》與聖王多所措意，極力闡發其價值與源頭，可說與老莊玄風絕非同道中人，但袁宏史論五十五則對「玄學」也從未有半點微詞，偶爾還化用了《老子》與《莊子》、大段徵引了嵇康的〈聲無哀樂論〉。除此之外，袁宏曾撰寫了三卷《名士傳》，包含何晏、王弼、嵇康、阮籍、向秀、王衍諸人，[89]又曾當著桓溫之面為西晉放達之士王衍辯駁，看得出多少對玄談

教』與『自然』之爭，在袁宏手上，再度以『名教出於自然』的方式，得到了理解。『名教出於自然』並非袁宏首創，在魏晉玄學中，由王弼『名教出於自然』，至阮籍、嵇康『越名教而任自然』，而後郭象『名教即自然』中，對名教與自然各有不同的理解與批判。我們會發現，玄學家們對於『自然』的定義不盡相同，但仍舊是在道家思想的論述脈絡下去定義的。而袁宏的論述在魏晉卻頗為特殊，他的『名教出於自然』契近於荀學一脈，值得我們多加注意。」參見氏著：《魏晉荀學》，頁 177、179。

88　江建俊於文中詳細羅列了「反玄」名單：「傅玄、李熹、劉頌、任愷、伏義、嵇含、傅咸、杜預、劉寔、裴頠、歐陽建、陳頵、孫盛、應詹、熊遠、庾峻、鍾雅、閭纘、段灼、蔡謨、李充、干寶、袁宏、江淳、何充、王坦之、戴逵、劉琨、陶侃、卞壺、桓溫、庾翼者流，皆站在反虛玄的立場，而大聲疾呼，……」參見氏著：《于有非有，于無非無——魏晉思想文化綜論》，〈玄風中的反玄〉，頁 384。

89　《世說新語・文學》第九十四條「袁彥伯作《名士傳》成」句下，劉孝標注：「宏以夏侯太初、何平叔、王輔嗣為正始名士。阮嗣宗、嵇叔夜、山巨源、向子期、劉伯倫、阮仲容、王濬沖為竹林名士。裴叔則、樂彥輔、王夷甫、庾子嵩、王安期、阮千里、衛叔寶、謝幼輿為中朝名士。」參見〔南朝宋〕劉義慶，龔斌（校釋）：《世說新語校釋》，上冊，頁 546。程章燦：「《舊唐書》卷四十六〈經籍志〉上、《新唐書》卷五十八〈藝文志〉二並著錄袁宏有『《名士傳》三卷』。結合《世說新語》所載，則《名士傳》實包括《正始名士傳》、《竹林名士傳》及《中朝名士傳》三部分，全書三卷，估計每一部分各為一卷。至於《晉書》本傳稱《竹林名士傳》三卷，恐怕是以偏概全，將《竹林名士傳》與《名士傳》混為一談了。」參見氏著：《世族與

之士具有同情的理解並且有所揀擇。因此，若說袁宏是為了「反玄」才做出《後漢紀》的史論，實在難以讓人信服。[90]換言之，即便袁宏確實屬於「儒家」而與「玄學」大異，也不能就與「反玄」畫上等號，「非玄學」並不意味著「反玄學」。江建俊視袁宏《後漢紀》為「反玄」的說法，反倒不如錢穆、張蓓蓓認為，袁宏在時代的薰陶下摻和、化用「道家」思想，最終仍匯歸於「儒家」來得細緻而圓融。另外值得注意的是，江建俊論證袁宏「反玄」的主要根據來自於袁宏史論 28 的「道明其本，儒言其用」之說，和周大興〈袁宏「道本儒用」的名教觀〉取材一樣，卻做出了南轅北轍的結論，而事實上這兩者的說法都並不符契袁宏史論 28 的真正用意。[91]

　　至於 2004 年龔鵬程發表的〈東晉名教論〉，後經修改，題名為〈失落的儒學史：東晉名教論〉，收入 2009 年出版的《儒學新思》。[92]該篇雖然只徵引了袁宏《後漢紀》的序言與收於《文選》的名作〈三國名臣序贊〉，但由於對東晉時代風氣的舉證十分詳實，使其對袁宏的學術性格的判斷顛撲不破，因而和先前錢穆、張蓓蓓認為的「承續儒家大統」、「儒家本色」之說遙相呼應、相輔相成，同時對於試圖將「東晉」納入「玄學史」版圖的做法提出了有力的質疑。

　　在這些學者的研究下，可以注意到袁宏轉化了道家「自然」說的內容，藉以說明儒家倫理秩序得以建立的道德情性；[93]又將「名教」從原先嵇康〈釋

六朝文學》，〈陳郡袁宏及其時代：袁宏考〉，頁 157。

[90] 關於「以袁宏為反玄」的說法，張蓓蓓已提出質疑，其根據《太平御覽》收錄的袁宏〈七賢序〉殘文中，對阮籍、嵇康和山濤的稱許和惋惜，故而推論：「可知他（案：袁宏）並不持狹隘的儒家正統觀點，而頗能認識到名士所面臨的當道壓力；然則他之提倡名教絕非針對名士，他之學術態度立場亦不宜簡單以『反玄』目之，已可不言自明。」參見氏著：《魏晉學術人物新研》，〈袁宏新論〉，頁 218-219。

[91] 關於進一步的論證，參見本書第參章第三節中的〈史論 28「道本儒用」說的真相──兼反思「袁宏反玄說」〉。

[92] 龔鵬程：《儒學新思》，〈失落的儒學史：東晉名教論〉，頁 216-244。

[93] 但須注意的是，這並不代表袁宏認為「自然情性」的內容全都是符合社會規範與價值的，此從史論 37 所說的「夫萬物之性，非能自止者也。上之所為，民之準也」即可知之，否則，訴諸於萬民因任自身的「自然情性」即可，「名教」的重要性與必要性相對而言就可有可無。換言之，袁宏的「名教」觀，等於是將萬民「自然情性」中較為美好的一面透過「實際制度」（名

私論〉「越名教而任自然」的批判視角下抽離而出，轉變為天經地義、安頓民性的必然施設，以致成為後世不斷使用的「美詞」。完全可以視作東晉一代「儒者」，在面臨主弱臣強的當代困局，以及「魏晉玄學」長久以來的「自然」與「名教」論述下，重拾「發話權」並且回應過往質疑的一種嘗試。

四、其他

　　除了以上三小節提及的研究外，尚有一些研究無法逕行歸類：1992 年曹道衡的〈論袁宏的創作及其《後漢紀》〉，探討《後漢紀》史論與其他文學作品反映出的思想異同，總體來說，認為「從袁宏的詩賦和史學著作看來，他不論早年和晚年，都是有志於用世，並不忘情於政治的」。[94]曹道衡該文切入袁宏思想異同的門鑰，是〈三國名臣序贊〉與《後漢紀》史論對於曹魏謀士荀彧評價的差異：前者認為荀彧「既明且哲，名教有寄」，後者則認為「劉氏之失天下，荀生為之也」。作者認為這樣看似矛盾的差異正好反映了袁宏的思想變化，簡言之，前者對「荀彧」的讚頌其實是「隱喻了自己入桓溫幕之心」；[95]後者對於「荀彧」的極力批判則是「針對桓溫一些心腹而發」，如桓溫的黨羽郗超。[96]曹道衡不但觀察到了袁宏先後對於「荀彧」判若雲泥的態度，所提出的解讀也十分合理。

　　1998 年程章燦《世族與六朝文學》中的〈陳郡袁宏及其時代：袁宏考〉，[97]對於袁宏生平與作品有詳細的考論，是瞭解袁宏生平、家族世系、其作〈三國名臣序贊〉、「作賦三軼事」、與桓溫關係、經史子集著述的方便之門。

　　教）明確化、具體化，讓萬民有得以學習、反思、守序的憑藉，以致在與其他個體遭遇到物質需求、資源分配的問題時，能夠和平相處；同時又藉此安頓、節制萬民「自然情性」中可能會衝擊、破壞道德與群體和諧的負面區塊。

[94] 曹道衡：〈論袁宏的創作及其《後漢紀》〉，《遼寧大學學報》114 期（1992 年第 2 期），頁 26。

[95] 曹道衡：〈論袁宏的創作及其《後漢紀》〉，頁 28。

[96] 曹道衡：〈論袁宏的創作及其《後漢紀》〉，頁 28-29。

[97] 程章燦：《世族與六朝文學》，〈陳郡袁宏及其時代：袁宏考〉，頁 135-160。

　　2000 年楊曉菁的碩士論文《袁宏之生平與學術研究》，[98]從「家世與生平」、「名士的分期觀」、「名教思想」與「玄學與文學」四方面探討袁宏的生平與學術，避免了偏頗與孤證之弊。然而，作者認為：「袁宏既是一個史學家，也是一個玄學家，更是一個文學家，因此他可算是體現文史哲不分家的典型人物。」[99]實有再商討的空間。本書贊同如史料當中顯示，袁宏的「史學」與「文學」確實為當時人所稱道，[100]但並不認同袁宏可以因為曾經撰寫過為名士「分期」的《名士傳》，以及對王坦之的〈公謙論〉提出辯難，就逕被視為「玄學家」，這和本書反對江建俊的「袁宏反玄說」並不衝突，總之一切的論斷都必須緊扣於現存的史料記載與袁宏作品方能立論，更何況作者在「袁宏的玄學」一節僅只分論了「公謙論」與「去伐論」，無論從篇幅還是從實際的內容上檢視，都難以使人贊同「玄學家」之說。

　　2006 年董文武和高秀芬的〈易學與袁宏的歷史觀〉首次指出「《後漢紀》中『袁宏曰』引用《周易》或點化《周易》的文字不下幾十處」，[101]為

---

[98] 楊曉菁：《袁宏之生平與學術研究》（臺南：國立成功大學中國文學研究所碩士論文，江建俊先生指導，2000 年 6 月）。

[99] 楊曉菁：《袁宏之生平與學術研究》，〈袁宏的玄學與文學〉，頁 172。

[100] 《晉書・文苑傳・袁宏》：「宏有逸才，文章絕美，曾為詠史詩，是其風情所寄。……溫（案：桓溫）重其文筆，專綜書記。後為〈東征賦〉，賦末列稱過江諸名德，而獨不載桓彝（案：桓溫之父）。……溫知之甚忿，而憚宏一時文宗，不欲令人顯問。……」參見〔唐〕房玄齡 等：《晉書》，冊 8，頁 2391；另外，可參《南史・徐廣傳》：「時有高平郗紹亦作《晉中興書》，數以示何法盛。法盛有意圖之，謂紹曰：『卿名位貴達，不復俟此延譽。我寒士，無聞於時，如袁宏、干寶之徒，賴有著述，流聲於后，宜以為惠。』紹不與。至書成，在齋內廚中，法盛詣紹，紹不在，直入竊書。紹還失之，無復兼本，於是遂行何書。」袁宏本傳雖然在《晉書》列於〈文苑傳〉而非形同「史家列傳」的〈列傳第五十二〉， 然而從《南史》此條記載可見，袁宏和干寶同樣因為文才與史才而受到推崇，這兩種才能應是分不開的，此即劉勰《文心雕龍・才略》所謂「孫盛、干寶，文勝為史」，以至於何法盛企圖掛名郗紹的《晉中興書》以求「延譽」；另一方面，自言出身「寒士」的何法盛竟企圖以文才與史才名滿天下、拉抬身價，足見當時對於此二種才能的重視。雖然何法盛之時已為南朝宋，但顯然袁宏、干寶的盛名不自南朝宋才開始。參見：〔唐〕李延壽：《南史》（北京：中華書局，2003 年 6 月），冊 3，頁 859。

[101] 董文武、高秀芬：〈易學與袁宏的歷史觀〉，《福建師範大學學報（哲學社會科學版）》139 期（2006 年第 4 期），頁 126。

進一步瞭解袁宏史論特色另闢蹊徑，然而，文中原先的脈絡則是將袁宏對於《周易》的頻繁援用視作「為論證他的玄學體系服務」，[102]仍舊難脫「玄學」研究範式的影響。

第三節　研究進路與章節安排

本書對於袁宏《後漢紀》的研究進路，較近似於上述研究回顧中的「玄學」與「儒學」論述，以思想、概念的分析為主，一方面重視袁宏思想與「東晉時人」和「批判對象」之間的差異與良窳；另一方面則聚焦於「袁宏本身」的理論闡述，尤其是他致力抉發的「名教之本，帝王高義」（袁宏〈後漢紀序〉），藉此形塑他之所以重視「名教」與「聖王」的思想底蘊。是故，在「材料」的選擇上，僅限定於篇幅約一萬七千多字的袁宏《後漢紀》「史論」，並不涉及《後漢紀》與其他史書所載「史事」的異同與價值。而後者這種選材與進路，在卓季志的《《後漢紀》與袁宏之史學及思想》與田亞瓊《袁宏《後漢紀》研究》一類的著作中已經有很詳實的發揮，並非本書的探討重點。不過，這並不意味著本書認為在使用袁宏「史論」作為探討對象時，可以完全棄《後漢紀》的「史事敘述」於不顧，乃因袁宏每則「史論」與前文所接的「史事敘述」間，仍然具有一定程度的脈絡關係，若是不先釐清「史事敘述」的涵義，難免會發生「意義曖昧不明」或「誤讀袁宏史論」的問題，前一節研究回顧中的余英時便是其中一個鮮明的例子。

順應這樣的進路，正文依次分為三章：首先是〈「子家嘉言」與「史即新經」：《後漢紀》史論的體式特色〉，從「體式」上說明袁宏《後漢紀》史論的特色，「子家嘉言」一語源自劉咸炘稱許袁宏史論之說，「史即新經」則指錢穆揭櫫袁宏史論發揮聖王「所以迹」的精神，本章即環繞此二說展開，分為三節：其一，以表格清楚區分袁宏每一則史論中「論理」

---

[102] 董文武、高秀芬：〈易學與袁宏的歷史觀〉，頁 126。

與「評史」兩部分的篇幅，呈顯出其「史論」與「史事敘述」之間若即若離的關係，不但呼應劉咸炘〈編年二家論評〉中對袁宏史論「子家之嘉言」的判斷，也實地證明了袁宏《後漢紀》史論說理性強、幾近子書的性質；其二，歸納出《後漢紀》史論「論理」時經常出現的兩種「敘述模式」：「從美好到混亂」與「聖王的謀劃」，而這兩種「敘述模式」充分顯現了袁宏遵奉聖王與經典、主張名教方能救世的慕古情懷；其三，同樣以表格整理《後漢紀》史論對於典籍的援用，包含「明引」與「化用」，詳細來說，若是不具名的「化用」，袁宏通常只取其字面含意，不涉及典籍原先脈絡，甚至意義還有所轉化；但若是「明引」，用的正是經典當中的原意，且通常是袁宏為了證明某個「道理」或「制度」的合理性而發。無論如何，即便扣除了只用字面含意者，都可以發現在援用的數量上，《周易》依舊居冠，其次則有《尚書》、《左傳》、《禮記》、《周禮》、《論語》等書，比起魏晉玄學所風尚的《老子》與《莊子》，儒家遵奉的典籍可謂俯拾即是、層出不窮。總體來說，第一節主要以「史論」與「史事敘述」之間的關係證明了劉咸炘「子家之嘉言」的判斷；後兩節則以「史論」的「敘述模式」和「典籍徵引」，呼應了錢穆〈袁宏政論與史學〉認為袁宏發揮了「經即舊史，史即新經」的精神。透過此三節，確立了袁宏史論因為特殊關懷而反映在「體式」上的特色，並且為袁宏史論作為思想、概念分析的材料增添了正當性。

　　其次，本書第參章為〈「務飾玄言」的迷霧：《後漢紀》史論與玄學關係的釐清〉，意在釐清袁宏史論與「魏晉玄學」之間的關係，乃因誠如前文〈研究回顧〉所見，將袁宏史論視為「玄學之作」或「受玄學很大影響」的學者不乏其人。若就態度和評價來說，又可細分為兩種：一是史學視角下的批判，劉知幾的「務飾玄言」和陳寅恪的「口中或紙上之玄言」即為箇中代表，對於「史家」沾染「玄風」頗有微詞；二是玄學視角下授予的讚譽和歷史地位，樓宇烈的「東晉玄學三代表」，以及周大興視袁宏史論為魏晉玄學的「殿軍之作」，皆為此一態度的不二人選，形同視袁宏為「魏晉玄學史」的延伸。總之，倘若要還原袁宏《後漢紀》史論與名教

思想的真實面目，勢必得先梳理、澄清袁宏史論中，被以上研究作為「玄學」論證的諸條線索。由此，本章亦分為三節：其一，探討《後漢紀》史論中對《老子·六十五章》、《莊子·山木》「陽子之宋」故事與嵇康〈聲無哀樂論〉的援用，分別位於史論 47、9 和 22，至於史論 52 雖也徵引了《老子·二十二章》，但由於是華嶠所寫，故不在探討之列。透過此節可以發現袁宏對於《老子》、《莊子》和〈聲無哀樂論〉都有所轉化或側重，而與魏晉玄學的關懷有異；其二，再從袁宏與東晉當時的「公」、「謙」思想切入，除了梳理袁宏史論中的「謙」論，亦實際比較袁宏與王坦之〈公謙論〉和韓康伯〈辯謙〉在學術性格與價值取向上的不同；其三，以周大興〈袁宏「道本儒用」的名教觀〉一文為主要的檢視對象，乃因該文比起開創之作的樓宇烈〈袁宏與東晉玄學〉使用了更多的篇幅，試圖將袁宏史論與王弼玄學相互符應，以致後來的卓季志、楊曉菁皆徵引其說，因此具有一定的代表性。總之，檢證周大興一文論據的有效性，同樣有助於釐清袁宏史論的學術真相。總括而論，本章先後從「袁宏史論本文與玄學的關係」、「袁宏與當時玄談的思想差異」、「後人的玄學研究」三方面檢證過往將袁宏歸之於「東晉玄學」的說服力，為下一章正面探究袁宏的「名教」思想廓清「回歸正始玄風」的泛泛評價。

　　復次，本書第四章為〈「名教之益萬物之情大也」：《後漢紀》史論的名教思想〉，承接前一章與玄學關係的釐清，此章則正面論述袁宏的「名教」思想。其因在於，無論是袁宏序中的自我期許，還是五十五則史論呈顯出的樣態，都可以見得「維繫名教」以及「回溯其創制精神」，乃是貫串袁宏史論的根本態度，也決定了他與玄學之士之間顯著的差距。袁宏史論 46 所讚嘆的「名教之益萬物之情大也」，就與王弼《老子注》中對於「名教」深感戒懼的態度、嵇康「越名教而任自然」的呼籲，呈現了鮮明對比，是故絕不能再單純以曹魏、西晉「自然」與「名教」論爭的架構與階段，對袁宏《後漢紀》史論進行「拉抬式的價值附會」或是「收編式的價值消融」。秉持這樣的目標，本章同樣分為三節：其一，梳理袁宏史論思想中「名教」的「創建過程」與「正當性來源」，以作為「名教」論述

的基石；其二，以袁宏評價的「名教」（包含道德觀念與制度）作為對象，探討他對「名教」背後「聖王作意」的闡發，此即他在〈後漢紀序〉中所說的「名教之本，帝王高義」。實際例子則有「封建制」、「禮」、「霸道」與「肉刑」等等，而這些制度或道德觀念，乃是「名教」這個大「共名」下的小「別名」，此起彼落地反映了「名教」的「多面性」、「靈活性」以及「側重點」，足以見得袁宏「名教思想」的豐富內涵。而他透過《後漢紀》「史論」對於「名教之本，帝王高義」的探究，除了作為自身理論的實踐之外，這樣的行為本身也是對聖王「大建名教」（史論 55）之舉的一種精神演繹；其三，呼應龔鵬程〈失落的儒學史：東晉名教論〉一文中，東晉時人多「以名教衡人論史」的觀點，探究袁宏在「名教思想」的關懷下，對於東漢歷史人物的批判，回過頭來描摹其「名教」思想的細緻內容。總之，第一節乃「名教」論述的基礎，後兩節則為「名教」論述的實踐：一則探究「名教」背後的「聖王」作意，使後人在維繫「名教」時，方能具體掌握、真正發揮「名教」原先具有的關懷與功效；二則以「名教」作為準繩，透過臧否歷史人物以作為論述的延伸與後世的龜鑑。

　　本書希冀透過這三章的論述，理清袁宏《後漢紀》史論在「學術思想史」及「名教與自然論題」中應有的定位與價值，並且透過這樣的實地探索，反思「魏晉玄學史」論述框架被過度放大的問題，同時檢證龔鵬程以「東晉」一代為「失落的儒學史」的革新之說。

第貳章

「子家嘉言」與「史即新經」：
《後漢紀》史論的體式特色

　　承接緒論所說，本書以袁宏《後漢紀》的「史論」為主要的解讀對象，實是因為《後漢紀》史論具有劉咸炘所謂「子家之嘉言」的性質；也就是說，《後漢紀》史論本身的說理性甚強，幾乎可以獨立於「史事敘述」之外。由此亦可見得，錢穆在〈袁宏政論與史學〉中所謂的「尚論魏晉學術思想，此（案：指袁宏《後漢紀》）尤卓然成一家之言，不當忽而不顧也」，亦非虛語，故將袁宏《後漢紀》史論放在與其他魏晉思想的對話當中也順理成章。

　　至於錢穆在同一篇文章中認為，袁宏《後漢紀》的撰作與寄託和司馬遷、班固一樣，彰顯出「經即舊史，史即新經」、紹繼聖王經典的精神，其實和劉咸炘的「子家之嘉言」說亦有合會之處。因為在部分古人的觀念裡，無論是「子書」還是「史書」，究其根本精神，都是作為經典的流亞、呼應先王治世的目的而存在的，[1] 而袁宏《後漢紀》的史論與史事敘述正好

---

[1]　《五經》中的《春秋》，是後人必然會追溯的史書源頭，且與聖人孔子密切相關，這樣的思想也表現在班固《漢書・藝文志》對《春秋》的溯源：「古之王者世有史官，君舉必書，所以慎言行，昭法式也。左史記言，右史記事，事為《春秋》，言為《尚書》，帝王靡不同之。周室既微，載籍殘缺，仲尼思存前聖之業，乃稱曰：『夏禮吾能言之，杞不足徵也；殷禮吾能言之，宋不足徵也。文獻不足故也，足則吾能徵之矣。』以魯周公之國，禮文備物，史官有法，故與左丘明觀其史記，據行事，仍人道，因興以立功，就敗以成罰，假日月以定曆數，藉朝聘以正禮樂。有所褒諱貶損，不可書見，口授弟子，弟子退而異言。丘明恐弟子各安其意，以失其真，故論本事而作傳，明夫子不以空言說經也。《春秋》所貶損大人當世君臣，有威權勢力，其事實皆形於傳，是以隱其書而不宣，所以免時難也。」而班固在〈藝文志〉評價「諸子」是：「今

同時結合了這兩種傳承模式。且其撰史的目的，就是為了掘發「名教之本，帝王高義」，回溯聖人與《五經》的創制精神，這也是他的史論頻繁化用與明引《五經》的緣故。因此，無論是「子家之嘉言」還是「史即新經」，都能反映出袁宏史論的特色與精神。只是前者偏重在其文字說理性甚強的特色上來說，後者則偏重在其發明先王、經典之意的操作目的與寄託而言。

　　本章的論述與整理，乃實際從《後漢紀》五十五則（含華嶠史論四則）史論中歸納出共同的體式與特色。首先，探討袁宏「史論」與「史事敘述」之間的關係，從中彰顯出他史論的特性，以證劉咸炘「子家之嘉言」之說不虛；再者，聚焦於「史論」本身經常出現的兩種敘述模式：（1）時常從美好的「上古三代」歷數至「末世陵遲」的衰敗景象，以顯現後人對「名教」精神的喪失，（2）指出所有道德倫理與名教制度皆來自「聖王」對萬民自然情性的安頓，這也是袁宏得以說明「上古三代」之所以美好的根本原因；最後，整理其「史論」所徵引的古代典籍，可以發現儒家遵奉的《五經》比《老子》和《莊子》出現得更為頻繁，這除了呼應袁宏「篤名教」的操作志向，亦可對唐代劉知幾批評袁宏的「務飾玄言」說進行反思，而這樣的情況和上述兩種「史論的敘述模式」都可以說是袁宏被錢穆稱許為「史即新經」的有力明證。

第一節　《後漢紀》「史論」與「史事敘述」的關係

　　關於《後漢紀》史論的子家性質，劉咸炘〈編年二家論評〉應為孤明

異家者各推所長，竊知究慮，以明其指，雖有蔽短，合其要歸，亦《六經》之支與流裔。使其人遭明王聖主，得其所折中，皆股肱之材已。」參見氏著，〔清〕王先謙（補注）：《漢書補注》（上海：上海古籍出版社，2008 年 12 月），冊 6，頁 2935、3007。不過要注意的是，在班固當時「史」尚未作為和經（六藝略）、子（諸子略）、集（詩賦略）各自獨立的學術分類存在，而是置於六藝略（相當於後來的「經部」）中的「春秋」一類，如《戰國策》、陸賈《楚漢春秋》等史書皆然，經、史、子、集四部分法的初步確立是在魏晉南北朝之際，詳見周一良：《魏晉南北朝史論集》，〈魏晉南北朝史學發展的特點〉，頁 339-340。

先發者，且透過以往「史論」與「史事敘述」之間密切的關係，更能彰顯
袁宏史論的特殊之處：

> 夫史之有論斷，非專以褒貶也，乃以指點關節，抑揚以盡其情事也。
> **苟敘述已足明之，則無需論斷。故史不以論斷為主。**紀傳篇為一事
> 一義，其詮配分合之故，故須論以發明之。故自班氏以降，篇必有
> 論，不為贅文。**編年體直，無詮配，而有棄取，既不能如紀傳之能
> 參互錯綜以見意，則加論以明筆削，亦所必要，惟皆當以簡要為主，
> 而編年之論尤當少於紀傳。**華、范以降，（范、沈為佳也。承祚不
> 如。）紀傳之論漸冗，劉知幾已言之。**編事抒議，幾同子書矣。**後
> 世編年去取，大畧相同，但能嚴整，便稱佳本，而論斷亦纖碎少宏
> 旨，求其成家，必在唐以前矣。唐前編年存者荀氏《漢紀》、袁氏
> 《後漢紀》，遺文可見者干氏《晉紀》、孫氏《晉陽秋》、習氏《漢
> 晉春秋》、裴氏《宋畧》，今舉而論之。
> 荀書為斷代編年之祖，而其論已繁於左氏，蓋本不過刪簡班史，以
> 代諫書，**故其論多是子家之嘉言，而非史家之要義。袁氏《後漢紀》
> 則不止是，**其書本參合諸紀傳而成，其論亦有**紀傳家之法，**或洞達
> 漢故，或陰諷當時，雖多而不泛濫，**黨錮事一段尤有卓識，**歷舉戰
> 國之遊說、漢初之任俠、西京之守文、東京之肆直，順述四風，詳
> 其遷變，論其短長，自古史家皆重觀風，而未有顯著若是者。用觀
> 子之法觀史，**以兼包各盡為主，尤見宗旨，非獨編年諸家之所無，
> 抑亦馬、班以後之僅見。**范氏刪取為〈黨錮傳〉序，文更省密，而
> 不及其暢矣。……2

劉咸炘首先論述了「史論」（「史之有論斷」）產生的意義，並不僅限在

2　劉咸炘，黃曙輝（編校）：《劉咸炘學術論集》（史學編），〈史學述林‧編年二家論評〉，
　頁 549。

褒貶，而是將「史事敘述」當中的道理與意義說得更為詳盡，但倘若「史事敘述」已經足以闡明道理，則根本無須增添議論，所以說「史不以論斷為主」。而從現存史書來看，無論紀傳體還是編年體，「史論」在篇幅上確實都遠遠不及「史事敘述」，這顯然是古人避免喧賓奪主的分寸所在。總之，「史論」的出現本就只是作為「史事敘述」的配角與輔助，這也是唐代劉知幾《史通·論贊》所說的「史之有論也，蓋欲事無重出，文省可知」，當中「事無重出，文省可知」的主詞都是「史事敘述」，他主張史書作者應該要有意識地避免「史論」影響到「史事敘述」的精要與完整。

　　其次，劉咸炘認為紀傳體的史論與編年體的史論產生亦不同，前者由於「一事一義」，必須倚靠「史論」甄明紀傳間的種種「詮配」；後者則由於全部的人事皆「繫日月而為次，列時歲以相續」，[3]無法像紀傳之間可以彼此相參的「一事一義」以見作者寄託的道理，就更需要「史論」來表明作者在「以人事繫年月」的體例之下的刪減之跡，乃因那些刪減之跡正是編年體史書的寄託所在。而正由於只需要彰顯「筆削」之處，所以原則上編年體的史論應該比紀傳體的史論更為簡要。

　　復次，劉咸炘認為在西晉華嶠（字叔駿，？-293）與南朝宋范曄（字蔚宗，398-445）之後，[4]「紀傳之論漸冗」，「編事抒議，幾同子書」；至於編年體之論則「纖碎少宏旨」。不過，雖然劉咸炘自言「紀傳之論漸冗」

---

[3]　語出〔唐〕劉知幾的《史通·二體》，詳見氏著，〔清〕浦起龍：《史通通釋》，頁 25。

[4]　范曄《後漢書》有多處在華嶠《後漢書》基礎上而成，或許因為如此，劉咸炘才並言為「華、范」，范曄「史論」對「華嶠史論」亦不乏直接承襲、刪改之處，如周天游說：「范曄對華《書》十分欣賞，在撰作《後漢書》時，除取材《東觀漢記》外，《漢後書》成為其主要的藍本。以體例而論，華嶠以『皇天配天作合，前史作〈外戚傳〉，以繼末編，非其義也，故易為皇后紀，以次帝紀』。而范曄亦沿用其例，遵而不改。又華嶠行文『言辭簡質，敘致溫雅』，其論尤為精絕，所以范曄往往全部或部分襲用之。今可考者，有李賢注所言之〈肅宗皇帝紀〉論、〈馬武傳〉論、〈馮衍傳〉論、〈劉趙淳于江劉周趙傳〉序、〈班彪傳〉論、〈袁安傳〉論。章宗源《隋書經籍志考證》所言之〈王允傳〉論。閱袁宏《紀》所知之〈丁鴻傳〉論、〈皇甫嵩傳〉論、〈襄楷傳〉論。而尚未註明的恐怕還有若干。姚之駰以為范《書》『微章懷注之，則掠美者勝矣』，雖不免有些言過其實。但他指出『蔚宗其亦服膺斯編』，卻是一語中的。可以這樣說，范曄的成功，也包含有華嶠的許多心血在內。」參見周天游（輯注）：《八家後漢書輯注》（上海：上海古籍出版社，1986 年 12 月），〈前言〉，頁 3-4。

之說上承於唐代的劉知幾，但劉知幾在《史通‧論贊》的原文則認為，造成「史論之煩」的源頭必須歸罪於司馬遷《史記》史論「必理有非要，則強生其文」，而且史論「漸冗」的情況並不只限於紀傳體，編年體亦是如此。所以劉知幾才將干寶、習鑿齒、袁宏、裴子野等編年體作者，與范曄、沈約、臧榮緒等紀傳體作者，全數歸在荀悅《漢紀》之後「流宕忘返，大抵皆華多於實，理少於文，鼓其雄辭，誇其儷事」的史論流風之下。顯然編年體史論在魏晉南北朝之際，並不如劉咸炘所謂的「纖碎少宏旨」，更何況劉知幾早已對東漢荀悅《漢紀》的史論評價說：「義理雖長，失在繁富。」[5]由現存的荀悅史論看來，其篇幅確實遠甚於《左傳》、《史記》與《漢書》。[6]總而言之，劉咸炘所謂「編事抒議，幾同子書」、議論「漸冗」的情況，從編年體的荀悅《漢紀》就已經可以觀察到了，因此不待魏晉南北朝，也非紀傳體所獨有。劉咸炘之所以說西晉華嶠、南朝范曄以後紀傳體之論漸冗，而編年體「纖碎少宏旨」，或許是為了反過來凸顯東漢荀悅《漢紀》、東晉袁宏《後漢紀》兩者編年體史論的特殊之處。然而現存唐以前完整的編年體史書，除了《春秋》三傳，如劉咸炘所說，也僅剩荀悅與袁宏之書了。

　　自此以降，劉咸炘才開始說明荀悅與袁宏史論的特色，其中的「其論多是子家之嘉言，而非史家之要義」確實一開始是在評價荀悅《漢紀》的史論，不過從下文的「袁氏《後漢紀》則不止是」可知，「其論多是子家之嘉言，而非史家之要義」同樣也可以套用在袁宏《後漢紀》的身上。

5　以上劉知幾原文皆出自《史通‧論贊》，參見氏著，〔清〕浦起龍（通釋）：《史通通釋》，頁 76。

6　劉咸炘雖說「華、范以降，（范、沈為佳也。承祚不如。）紀傳之論漸冗，劉知幾已言之」，但並不合劉知幾原意，在《史通‧論贊》一篇，劉知幾已指出史論漸冗是從荀悅《漢紀》以降開始，且通篇並未將華嶠、范曄作為考察點，甚至沒提及華嶠。《史通》全書同時提及華嶠、范曄的是〈序例〉篇，篇中認為「序」是紀傳體開篇為了「敘作者之意」而設置的，而華嶠的序「言詞簡質，敘致溫雅，味其宗旨，亦孟堅之亞」，但是從范曄開始的序卻「遺棄史才，矜衒文彩。後來所作，他皆若斯。於是遷（司馬遷）、固（班固）知逐忽諸，微婉之風替矣」，顯然以范曄為「序」開始遠離設置初衷，成為炫耀文才的轉捩點。參見氏著，〔清〕浦起龍（通釋）：《史通通釋》，頁 80-81。

　　至於所謂「其論亦有紀傳家之法」，應該是上一段所謂的「一事一義」，這可能與袁宏《後漢紀》吸納了紀傳體對人物記載的方法有關，[7]而就袁宏《後漢紀》史論觀之，他確實有意識地透過不同的史論，闡發「名教之本，帝王高義」不同面相的道理，已非原先編年體「加論以明筆削」的立意所能拘牽，更不合「以簡要為主」的宗旨，這或許是唐代劉知幾《史通》對袁宏史論幾無肯定的原因所在。除此之外，袁宏史論中有四則都是具名引用華嶠《漢後書》的史論，[8]一方面可以見得他對華嶠之論的青睞，另一方面或許也象徵他對紀傳體的史論已經頗為傾心。而除了「紀傳家之法」，劉咸炘還盛讚了袁宏史論 45（「黨錮事一段」）「尤有卓識」，其因在於「用觀子之法觀史，以兼包各盡為主」，這又再次說明了袁宏史論說理性甚強、幾同子書的性質。

　　實際從現今袁宏史論五十五則（含徵引華嶠史論四則）來看，確實與劉咸炘之說頗能呼應：袁宏在評價史事之前，幾乎都會先論述其評價史事

7　周一良稱此為「寓傳記於編年」，且指出同時代孫盛《晉陽秋》亦採相同模式，推測該模式可能為當時所習用，詳見氏著：《魏晉南北朝史論集》，〈魏晉南北朝史學發展的特點〉，頁 347。卓季志則稱此為「新式編年體」，且言明袁宏在繼承荀悅《漢紀》之體的基礎上又有推進：「荀悅改《漢書》為編年，雖然反過來羅傳入紀，可是並沒有特別突出刻劃人物，《漢紀》的人物是陪襯於重要史事中展現價值的。袁宏則以為歷史人物行蹟有其主體的重要意義，所以不但記載大量的人物傳記，還模仿了紀傳體對人物記載的方法」、「《後漢紀》已然是一部大量吸納紀傳體素材的編年變體史著。」詳見氏著：《《後漢紀》與袁宏之史學及思想》，〈《後漢紀》之編纂〉，頁 74、77。白壽彝曾經對袁宏這樣的撰寫方式評論說：「袁宏在《後漢紀・序》裡提出了『言行趣舍，各以類書』的撰集方法。從實際運用上看，這比荀悅的連類列舉要有些發展。荀悅有時也類舉多事，但主要是類舉一兩事。袁宏總是把時代約略相近的同類人物連續地寫出來好幾個。如《後漢紀》卷五寫了閔仲叔，又寫了王丹、嚴光、周黨、王霸（太原人）、逢萌，這都是以隱士終身或度過長期隱居生活的人物。卷十一章帝禮遇江革的生平，並寫毛義、薛苞，這都是以孝著稱的人物。卷十九記良二千石，連續寫了任峻、蘇章、陳琦、第五訪的事迹。卷二十二記處士，連續寫了徐稚、姜肱、袁閎、韋著、李曇的事蹟，這樣的寫法，擴大了編年史可能容納的範圍，但如果使用過多，就不免隨時出現了人物小傳或軼事的簡單點綴，這就把編年的特點削弱了。」詳見氏著：《中國史學史論集》（北京：中華書局，2001 年 10 月），〈陳壽和袁宏〉，頁 168。

8　關於華嶠所撰史書，有稱《漢後書》者，如《晉書・華表傳》；也有稱《後漢書》者，如《隋書》和《舊唐書》的〈經籍志〉，詳見〔清〕汪文臺（輯），周天游（校）：《七家後漢書》（石家莊：河北人民出版社，1987 年 7 月），頁 315。

的判準究竟為何，這就是雷家驥所說的「待理明而判斷始下」，[9]即先「論理」後「評史」。當中更有甚者，根本沒有在評論「具體的史事」，如史論 14 前文所接的史事僅僅是東漢光武帝封諸子為公，但史論 14 卻大書特書他對「封建制」眾建諸侯的溯源與看法，無一語提到光武帝及其諸子。這種史論完全可以從《後漢紀》單獨抽出，非但不影響其史論文意的獨立與完整，也不存在「去脈絡化」會造成誤讀的問題。因此不論是篇幅還是性質，無疑可以和魏晉時期同樣在討論「封建制」的曹冏（字元首）〈六代論〉、陸機（字士衡，261-303）〈五等論〉等單篇議論文等同視之。[10]由此亦可見，袁宏史論在「史事敘述」之外擁有了獨立的生命與精神，已非過往史論作為「史事敘述」的附庸可比。

　　為求清晰，於是整理出袁宏五十五則「史論」與「史事敘述」關係的表格如下：

---

[9]　雷家驥：「袁宏論事，先展開其論據以作前提，待理明而判斷始下，這是史家所鮮見者。」參見氏著：《中古史學觀念史》，〈魏晉史家理念的發揮：史家經世性的表現〉，頁 349。此外，袁宏少數史論的情況則相反：先抒發對史事的幾句評價和感嘆，繼而才說明背後的理據為何，如史論 40，但這仍不妨害其史論多為「子家之嘉言」、說理性較強的判斷。

[10]　此二篇分別收錄於《文選》卷五十二與五十四。詳見：《文選》，冊 6，頁 2273-2281、2331-2341。值得一提的是，宋元之際的馬端臨在《文獻通考·封建考六》中評價歷代「封建制」與「郡縣制」的論爭，即以曹冏和陸機此二篇文章為主「封建制」的代表之作：「秦既并天下，丞相綰請分王諸子，廷尉斯請罷封建，置郡縣，始皇從之。自是諸儒之論封建、郡縣者，歷千百年而未有定說，其論之最精者，如陸士衡、曹元首則主綰者也，李百藥、柳宗元則主斯者也。二說互相排詆，而其所發明者，不過公與私而已。」「丞相綰」指主張封建制的王綰，「廷尉斯」指主張郡縣制的李斯。詳見氏著，上海師範大學古籍研究所、華東師範大學古籍研究所（點校）：《文獻通考》（北京：中華書局，2011 年 9 月），頁 7209。

表1　《後漢紀》「史論」與「史事敘述」的關係整理表[11]

卷數	史論序號	前文史事	論理	評史
卷三	1	**公孫述**自立為天子。……**述**素聞**業**（李業）名，欲以為博士，因辭病不起。述羞不致業，乃遣大鴻臚尹融奉召持鴆，……**業**……遂仰鴆而死。[12]	1. 「名」與「心志」的關係。 2. 末世的名士易受害。 3. 在末世賢人君子應退藏於密，潔己守善即可。	感嘆在末世時君子不得其死。
卷三	2	六月己未，（劉秀）即皇帝位于鄗。改年為建武元年，大赦天下，改鄗為高邑。[13]	1. 君主的來由。 2. 名教的來由。	1. 光武帝得以崛起的原因。 2. 更始帝尚在，劉秀卻稱帝，不合乎道理。
卷三	3	秋七月辛未，……野王令**王梁**為大司空，封武彊侯，《赤伏符》曰：「王良主衛作玄武。」[14] 上以	1. 聖人治理天下有「神道」與「人道」。 2. 讖緯不合乎聖	漢光武帝因為讖緯而任命王梁、孫咸，讓眾心不悅，並不妥當。

11　「史論序號」一欄下序號加米字號（*）者代表是袁宏徵引華嶠史論，而「前文史事」一欄指的是「袁宏史論」之前所承接的「史事敘述」，亦即觸發袁宏一抒己論的對象，為了避免簡述失真，此欄的內容節錄了《後漢紀》的原文，另外，為了方便閱讀理解，人名皆以粗體和底線表示。而「論理」、「評史」二欄的內容即為該「史論」的要點。

12　〔東晉〕袁宏，周天游（校注）：《後漢紀校注》，頁56。

13　〔東晉〕袁宏，周天游（校注）：《後漢紀校注》，頁61。

14　周天游注：「讖文『王良』，《類聚》卷四七引《續漢書》、《初學記》卷一一引華嶠《書》、《范書》、《通鑑》均作『王梁』。唯汪文臺《七家後漢書》所輯華嶠《書》與《袁紀》同。按讖文或本作『良』，後以梁應讖出任司空，而諸書改之，《袁紀》當仍其舊文也。」參見〔東晉〕袁宏，周天游（校注）：《後漢紀校注》，頁65。

卷數	史論序號	前文史事	論理	評史
		野王衛徙也，玄武水神也，大司空水土之官也，乃以梁為大司空。又以讖言，以平狄將軍孫臧行大司馬事。眾大不悅……[15]	人之道。	
卷三	4	甲申，以故密令卓茂為太傅，封褒德侯。……[16]	1. 君主任用賢才非常重要。 2. 提拔賢才可以透過一般的制度。 3. 若是「大德奇才」，即使出身卑微，也可以特別提拔對方。	漢光武帝任用卓茂的舉動，證明他有作為君主的資格。
卷四	5	是時天子方篤於讖，而譚（桓譚）雅不善之，又以功賞薄，故令天下不時定。復上書曰：……由此上逾不悅。……[17]	1. 因為八項變因，臣子向君主進言的福禍下場不同。[18] 2. 作為有道之君，應該對臣下開誠布公。	1. 桓譚與漢光武帝關係疏遠、出身不高，向君主進言，本就是一件很困難的事。 2. 作為有道之君，應該對臣下開誠

---

[15] 〔東晉〕袁宏，周天游（校注）：《後漢紀校注》，頁 65。

[16] 〔東晉〕袁宏，周天游（校注）：《後漢紀校注》，頁 76-77。

[17] 〔東晉〕袁宏，周天游（校注）：《後漢紀校注》，頁 102-103。

[18] 「袁宏曰：桓譚以踈賤之質，屢干人主之情，不亦難乎？嘗試言之：夫天下之所難，難於干人主之心。一曰性有逆順，二曰慮有異同，三曰情有好惡，四曰事有隱顯，五曰用有屈伸，六曰謀有內外，七曰智有長短，八曰意有興廢。」參見〔東晉〕袁宏，周天游（校注）：《後漢紀校注》，頁 104。

卷數	史論序號	前文史事	論理	評史
			3. 三代以前的君臣關係良好，後代則不如。	布公，豈可壓制和否定臣下。
卷五	6	是歲，徵會稽**嚴光**、太原**周黨**。……**光**稱病而退。……**黨**既退，著書上下篇，終於淝池，百姓賢而祠之。……是時太原**王霸**、北海**逢萌**亦隱居養志，俱被聘。**霸**到尚書，拜不稱臣。問其故，答曰：「天子有所不臣，諸侯有所不友。」遂以疾歸。……詔書徵**萌**上道，迷不知東西，……即歸，後連徵不起。[19]	1. 對待人性就要像對待各種物性一樣，要因任對象本來的特性去對待他。就出處來說，人性可分為「山林之性」與「廟堂之材」。 2. 末世的時候隱居的人很多，但他們未必本屬於山林之性。有道之君對他們則一貫禮遇，為的是抑制對仕途躁競之人。俗人不懂，卻訕笑統治者。	無。
卷五	7	詔諸侯就國。**耿純**上書，願奮擊**公孫述**。又陳前在東	1. 古代君主設置號令的來由乃	耿純因為自己的私怨而請求更改號

---

[19] 〔東晉〕袁宏，周天游（校注）：《後漢紀校注》，頁 126-128。

卷數	史論序號	前文史事	論理	評史
		郡，誅涿郡太守**朱英**親屬，涿郡誠不自安。乃更封**純**為東光侯。……[20]	是為了統一萬物「愛惡生殺」的不同需求。 2.「法」若因下屬私情而改，則影響法的穩定性，因而產生禍害。	令，破壞號令的穩定性。
卷六	8	於是**馮衍**上書陳事：一曰顯文德，二曰襃武烈，三曰修舊功，四曰招俊傑，五曰明好惡，六曰簡法令，七曰差祿秩，八曰撫邊境。書奏，上將召見之。後以讒不得入。[21]	1. 君主的情緒與好惡不能表露太明顯。免得被讒人所利用。 2.「古之明君」知道讒如何產生，所以左右都是忠信之人，也不太表露自己的好惡是非。	無。 【案】並沒有完全緊扣史事而評論，但就史論的內容性質來看，顯然贊成馮衍「招俊傑」的建言，但同時又不同意「明好惡」之說。
卷六	9	諸將多有言功者，**異**（馮異）獨默然。上璽書勞異曰：「……將軍獨決奇算，摧敵殄寇，……大司馬已下親弔問之，以崇謙讓。」於是三軍之士，莫不感悅。[22]	1. 士人如果驕傲於自己的長處，一定會忘記短處，這是先王很厭惡的一種人。	1.《周易》說的「謙尊而光」就像是馮異這樣。 2. 漢光武帝對馮異謙讓的推崇，是正確之舉。

20 〔東晉〕袁宏，周天游（校注）：《後漢紀校注》，頁 142。

21 〔東晉〕袁宏，周天游（校注）：《後漢紀校注》，頁 145-146。

22 〔東晉〕袁宏，周天游（校注）：《後漢紀校注》，頁 149。

卷數	史論序號	前文史事	論理	評史
			2. 天道害盈而鬼神福謙，萬民也厭惡驕傲的人。	
卷六	10	恂（寇恂）居九卿位，饗大國租，皆以施朋友，賑給故人。……恂學行並修，名重朝廷，議者稱其有宰相器。會恂早薨，莫不痛惜。……[23]	世有三患：天下無才、有才但君主不知、君主知才但不盡用。	寇恂並沒有機會充分施展出才能，在明君漢光武帝在位的時候尚且如此，遑論是庸主的時候。
卷六	11	光祿勳杜林諫曰：「夫人情挫辱則節義之心損，刑網繁密則苟免之行生。……法簡易遵，網疏易從，海內頌政，不勝其喜，宜如舊制。」上從林議。……[24]	聖人以「資大順」（順人心）與「通分理」的原則立法，但從中世開始君主只營一時之私利，時至戰國的商鞅、韓非更是變本加厲。	無。
卷七	12	徙鄧禹為高密侯，食四縣。上以禹功大，封弟寬為明親侯，禹以特進奉朝請。[25]	三代君臣關係融洽，末世之後則不然，如漢高祖與蕭何。	鄧禹關中一敗，就終身與三公無緣，令人感嘆。
卷七	13	上嘗與功臣宴飲，歷問曰：「諸君不遭際會，與朕相	士人想遇到明主、一申其志都十分	鄧禹並非謙虛，若不遇明主，確實只

23 〔東晉〕袁宏，周天游（校注）：《後漢紀校注》，頁 159。

24 〔東晉〕袁宏，周天游（校注）：《後漢紀校注》，頁 171-172。

25 〔東晉〕袁宏，周天游（校注）：《後漢紀校注》，頁 176。

卷數	史論序號	前文史事	論理	評史
		遇，能何為乎？」**鄧禹**對曰：「臣嘗學問，可郡文學。」上笑曰：「言何謙也？卿鄧氏子，志行修整，可掾功曹。」……26	困難。	能擔任「郡文學」，這是時勢造成的必然結果。
卷七	14	四月戊申，封皇子**輔**為右翊公，**英**為楚公，**陽**為東海公，**康**為濟南公，**蒼**為東平公，**延**為淮陽公，**荊**為山陽公，**衡**為臨淮公，**焉**為左翊公，**京**為瑯邪公。……27	1. 封建制的來由、意義與優勢。 2. 郡縣制只為私利而發。	無。
卷七	15	**馬援**……設牛酒勞軍士，因撫體而言曰：「吾從弟**少游**哀吾慷慨多大志，曰：『人生一世，但求衣食，仕宦不過郡掾吏，守墳墓，護妻子，鄉里稱善人，斯可矣，安用餘為？』當吾在浪泊西時，下潦上霧，毒氣浮蒸，仰視飛鳶跕跕墮水中，憶**少游**語，何可得也！……」……28	人的性分不同，有人期待榮名功業，有人則安於卑素。但這兩者都有現實的困境。	馬少游之語中肯。
卷七	16	自**郭氏**廢後，太子**彊**不自安，……**彊**遂因左右陳誠，	建太子的意義是為了「重宗統，	1. 太子無大過，不應被替換。

26　〔東晉〕袁宏，周天游（校注）：《後漢紀校注》，頁 181。

27　〔東晉〕袁宏，周天游（校注）：《後漢紀校注》，頁 182-183。

28　〔東晉〕袁宏，周天游（校注）：《後漢紀校注》，頁 195。

卷數	史論序號	前文史事	論理	評史
		願備藩輔。**世祖**（光武帝）遲迴者久之，乃許焉。十月戊申，皇太子**彊**封東海王，食東海、魯國二郡租賦之稅，車服之飾加於諸王。**彊**上書讓東海，又因太子口陳至誠。上不許，以**彊**章示公卿，而嘉歎之。[29]	一民心」，沒有大的過錯，不可以隨意更換太子。	2. 東海王劉彊（原太子）與漢明帝（新太子）的兄弟之情，值得讚許。
卷八	17	蠻有二道，一曰壺頭，二曰充。壺頭徑近而多險，充遠而運糧難。初，上與諸將議所先擊，因以疑而未決。軍至長沙，中郎將**耿舒**上言先擊充賊，**援**（馬援）以為延日費糧，不如進攻壺頭。……**耿舒**與兄好時侯**弇**書言：「**舒**前上言擊充賊，糧雖難致，兵馬得用，軍人數萬，爭欲奮擊。今壺頭竟不得上，又大軍疾疫，皆如**舒**言。」**弇**奏舒書，上遣**梁松**驛責問**援**，因代監軍。**松**未至而**援**已死，**松**與**馬武**等毀惡**援**於上。上	有才智的人建功立業的條件是：值得效命的君主與良好的形勢。	馬援的確遇到了明主、發揮了才能，但不能審時而退，這也是他死後會遭到誹謗的緣故。

29　〔東晉〕袁宏，周天游（校注）：《後漢紀校注》，頁 196。

卷數	史論序號	前文史事	論理	評史
		大怒，收援將軍、侯印綬。……30		
卷八	18	春正月，天子覽《河圖‧會昌符》，而感其言。於是太僕梁松復奏封禪之事，乃許焉。……甲午，禪于梁父。31	1. 封禪的來由與意義。 2. 封禪之禮必須簡易才合乎天地之性。	封禪應為開創朝代的君主所為，黃帝、堯、舜至於三代，都曾經各有一封禪，從未有中間的繼體之君在行使封禪。 【案】袁宏認為漢光武帝屬繼體之君，由此可見他對漢光武帝的封禪之舉有微詞。
卷八	19	冬十月甲申，使司空魴（周魴）告禮高廟曰：「高帝與羣臣約，非劉氏不得王。呂太后王諸呂，滅亡三趙，賴神靈諸呂伏誅，國家永安。呂后不宜配食地祇高廟。薄太后慈仁，孝文皇帝賢明，子孫賴之，福延至今，宜配食地祇高廟。今上薄太后	1. 常人會因為親疏遠近與否影響對他人的評價與好惡。 2. 聖王清楚這樣的人之常情，所以建立了「隱諱之義」。	先人之體如同今人之體，不應該彰顯祖先之惡、特意貶黜。

30　〔東晉〕袁宏，周天游（校注）：《後漢紀校注》，頁 215。

31　〔東晉〕袁宏，周天游（校注）：《後漢紀校注》，頁 229。

卷數	史論序號	前文史事	論理	評史
		尊號為高皇后，遷呂后尊號為高后。[32]		
卷九	20	秋七月，西羌破走，餘種悉降，徙三輔。羌之先，三苗之裔也。……故羌之為患，自三代然也。[33]	1. 各地域的人情差異甚大，先王明白這個道理，所以以山川隔絕外族。 2. 六夷佔有中國，由來已久。	將外族納入華土，是導致禍亂的原因。 【案】除了批評史事敘述中，將羌人「徙三輔」之舉，袁宏有可能是因為西晉的「永嘉之禍」有感而發。
卷九	21	春正月辛未，祀光武皇帝於明堂。使服冕珮玉。……自三代，服章皆有典禮，周衰而其制漸微。至戰國時，各為靡麗之服。秦有天下，收而用之，上以供至尊，下以賜百官，而先王服章於是殘毀矣。漢初，文學既闕，時亦草創，輿服旗幟，一承秦制，故雖少改，所用尚多。至是天子依《周官》、《禮記》制度，冠冕、衣裳、佩玉、承輿擬古式矣。[34]	1. 統治者受到的禮遇與物質享受，來自於萬民的愛敬，乃因統治者先前為萬民興利除害。 2. 末世之君則忽視「禮遇統治者」的本義，窮盡奢侈。	無。

---

[32] 〔東晉〕袁宏，周天游（校注）：《後漢紀校注》，頁232。

[33] 〔東晉〕袁宏，周天游（校注）：《後漢紀校注》，頁241。

[34] 〔東晉〕袁宏，周天游（校注）：《後漢紀校注》，頁243。

卷數	史論序號	前文史事	論理	評史
卷九	22	冬十月，有事于<u>世祖</u>廟，初獻大武之舞，改太樂曰予。[35]	1. 從唐堯到殷周，「樂」都成功用於祭祀、朝廷與人倫。 2. 末世卻不懂「樂」之本，所制定的「樂」失去了感化萬民、移風易俗的作用。 3. 引嵇康〈聲無哀樂論〉以明「先王用樂之意」。	無。
卷九	23	<u>范</u>（廉范）字叔度，杜陵人。祖父<u>丹</u>，<u>王莽時為大司馬</u>……<u>范</u>年十五，辭母入蜀，迎父喪，母憐其小……<u>范</u>固自請，母不能止，遂與客俱西入蜀。蜀郡太守<u>張穆</u>，<u>丹</u>之故吏也，聞<u>范</u>迎喪，遣吏資車馬、布帛送<u>范</u>，<u>范</u>還不受。自與客步赴喪，經涉塗險，至葭萌，下喪載船。船觸石，破沒，<u>范</u>持骸骨，人前接<u>范</u>，不動，遂沒石間。眾傷其義，相與	古代人彰顯「救卹」的義務、「取與」的職分，就是明白常人都有遭逢意外、需要幫助的時候。	廉范拒絕別人的幫助，導致幾乎喪命、父親的靈柩也差點遺失，並不是周全通達的做法。

35　〔東晉〕袁宏，周天游（校注）：《後漢紀校注》，頁 256。

卷數	史論序號	前文史事	論理	評史
		共鉤，求一日乃得，共抱懸，良久乃蘇。**穆**聞之大驚，復馳遣吏將前資追與**范**，范曰：「前後相違，**范**所不行也。」遂辭不受。歸葬行服，關中高其行。[36]		
卷十一	24	於是旱甚，上（孝章皇帝）問司徒**鮑昱**曰：「將何以復災？」**昱**曰：「……臣前為汝南太守，典治楚事，但汝南一郡，繫者千餘人，恐未能盡當其罪。……一人呼嗟，王道為虧。宜一切還諸徒家，使生者悅懌，死者得歸，興滅繼絕，和氣可致。」上從之，即詔坐楚、淮陽事徙者，令歸本郡。[37]	1. 天地中有任何一物無法安生，也會連帶影響整體的秩序。 2. 古代的聖王明白這個道理，因此以德禮教化萬民，信賞必罰，不隨意傷害任何一個生命。	無。
卷十一	25*	**盧江毛義**以孝行稱，南陽人**張奉**慕其名，故往候之。坐定，而府檄適至，以義為守令，**義**喜甚，動於顏色。奉者，尚志士也，心賤之，自恨來，固辭去。**義**母死，棄官行服，進退必以禮，賢良公車徵，皆不至。**張奉**歎	1. 「孝」的美德與「養」的實質皆不可廢。 2. 理想的「孝養」應該是由於真實的美德招致了朝廷的俸祿，因而擁有更	毛義和薛苞正是符合理想所謂「能孝養」的人。

36 〔東晉〕袁宏，周天游（校注）：《後漢紀校注》，頁 260-261。
37 〔東晉〕袁宏，周天游（校注）：《後漢紀校注》，頁 300-301。

卷數	史論序號	前文史事	論理	評史
		曰：「賢者之心，故不可測。往日之喜，乃為親也。所謂『家貧親老，不擇官而仕』也」……汝南**薛苞**，字孟嘗，喪母，以至孝聞。……[38]	多財富奉養親人。	
卷十一	26	**貴人**（賈貴人）南陽人，明德**馬后**姊子也，以選入宮為貴人，**生章帝**。**馬后**無子，母而養之。……於是**馬后**遇帝（孝章皇帝）厚，帝感養育之恩，遂名馬氏為外家，故賈氏不蒙舅氏之寵。[39]	繼任君主作為前任君子之子，不宜加爵於父，但可以崇禮於母。	漢章帝未賜生母賈貴人封號，反而封馬太后為「明德皇太后」，並不合乎名稱的原則和《春秋》之義。
卷十一	27	歲餘，大鴻臚奏遣諸王歸國，上（孝章皇帝）持留**蒼**（劉蒼），封女三人皆為公主，賜以秘列圖。有司復奏遣，……**蒼**發，上臨送之，流涕而別。復賜乘輿服御物、珍寶、輿馬，錢布以億萬計，……[40]	1. 人的天性是：如果在物質條件上能夠自給自足、無需相互倚賴，因而生起了驕奢之心，則即便至親之人也必然形同陌路。聖人明白這個道理，所以立下了「謙恭」、	漢章帝對於叔叔東平王劉蒼的禮遇乃是發自至親之心，即便是三代之道也無以復加。

38　〔東晉〕袁宏，周天游（校注）：《後漢紀校注》，頁 304-305。

39　〔東晉〕袁宏，周天游（校注）：《後漢紀校注》，頁 320。

40　〔東晉〕袁宏，周天游（校注）：《後漢紀校注》，頁 326。

卷數	史論序號	前文史事	論理	評史
			「儉素」之道。 2. 親戚之間經常不碰面、不相處，日久之後必定疏遠。聖人明白這個道理，所以才有「朝會」、「燕享」、「聘問」等制度產生。	
卷十二	28	戊申，詔曰：「《五經》剖判，去聖彌遠，章句傳說，難以正義，恐先師道喪，微言遂絕，非所稽古求道也。其令諸儒學《古文尚書》、《毛詩》、《穀梁》、《左氏傳》，以扶明學教，網羅聖旨。」……41	1. 聖人（先王）的舉措與制度不同，乃因「所遇之時異」，唯一能讓後世考察聖人之意的只有「先代之禮」與《六經》。 2. 《六經》分屬不同聖人所作，也存在各自缺點，後人要統一和諧地運用並不容易。後世分判出「六家」、「九流」就反映	無。 **【案】原先的史事敘述根本沒提及諸子。**

41 〔東晉〕袁宏，周天游（校注）：《後漢紀校注》，頁 335-336。

卷數	史論序號	前文史事	論理	評史
			出這種情況。 3. 儒家與道家皆屬聖人之道的一部份，司馬談和班固不應各有偏主。 4. 陰陽家、名家、法家、墨家亦屬聖人之道。	
卷十二	29	春二月壬辰，帝（孝章皇帝）崩於章德殿。遺詔：「無起寢廟，如光武故事。」是日，太子即位，年十歲，太后臨朝。[42]	1. 如《周易》「地」之道，婦人有三從之義，雖為人君之母，亦不可以擔任發號施令者。 2. 先王任用天下之才，乃是展現至公的精神。如果是母后臨朝，必定會導致舅氏專權，朝廷也因此不會任用賢才而只會任用親信。	反對太后臨朝。
卷十三	30	（孝和皇帝）擢曹褒為射聲校尉。尚書張敏奏褒擅制禮	1. 「禮」起自萬民的愛敬自	曹褒制禮，多固守古代的禮儀，不合

---

42 〔東晉〕袁宏，周天游（校注）：《後漢紀校注》，頁 356。

卷數	史論序號	前文史事	論理	評史
		儀，破亂聖術，宜加削誅。上寢其奏。是後眾人不能信褒所制，又會禮儀轉造，遂寢而不行。[43]	然，聖人再因循、引導這樣的情性，於是產生了尊卑親疏之序。 2. 先王制禮皆因循「損益隨時」之道。	乎「損益隨時」的道理，因此導致了失敗。
卷十三	31*	司徒丁鴻字孝公，潁川定陵人也。……鴻獨與弟盛居，因苦饑寒。常憐盛，有委國志。及琳（丁鴻父）薨，既葬，鴻掛衰絰從家廬而逃去，……俊（鮑俊）乃止而誚讓曰：「……漢有舊制，《春秋》不以家事廢王事，……今以兄弟私恩，而絕父不滅之基，未可謂智也。」鴻感悟垂泣，歎息而還，……[44]	1. 吳太伯「讓」的德行是發自於「不苟得」的心理。 2. 後世的人不明白「讓」的真正精神，為了取得「讓」的美名反而產生許多「激詭」之行。	丁鴻的「讓」發自真實的「忠愛」之心，和那些搏取美名的「讓」不同。
卷十四	32	班超上書求代，……超妹昭懼超遂死於邊，上書曰：「……」書奏，上感其言，乃徵超還，以校尉任尚代超。超到，拜射聲校尉。數	1. 三代的統治者不會去征服自己疆域外的四夷。 2. 秦、漢的統治者	班超並不是不傑出，但在西域立下的功勞並不益於中國，不是「王道」會認可的對象。

---

[43]　〔東晉〕袁宏，周天游（校注）：《後漢紀校注》，頁 372。

[44]　〔東晉〕袁宏，周天游（校注）：《後漢紀校注》，頁 385-386。

卷數	史論序號	前文史事	論理	評史
		月，薨。朝廷愍惜之，賵贈甚多。子**勇**復有功西域。……[45]	不懂得知足，開始擴張領土，導致難以有效地治理國家。當世之主喜好追求身後之名，也做出一樣的舉動。	
卷十七	33	**萇**（樂城王劉萇）驕淫失度，冀州刺史舉奏**萇**罪至不道。尚書侍郎**岑宏**議以為「非聖人不能無過，故王侯世子生，為立賢師傅以訓導之，所以目不見惡，耳不聞非，能保其社稷，高明令終。……」詔貶**萇**為臨湖侯。[46]	王侯之所以需要相者、行人、禮儀輔佐和引導言語行為，乃是因為如果放任人的情性發展，一但性氣養成，就難以再改變了。	無。
卷十七	34	三月辛巳，皇太后**鄧氏**崩。癸未，大斂，封大將軍**騭**為上蔡侯。……中常侍、黃門郎**李閏**為上（孝安皇帝）伺候，及后崩，因言**鄧悝**兄弟嘗從尚書**鄧防**取廢弟故事，謀欲立平原王為帝。……**騭**與**鳳**自殺，……安帝初，天災疫，百姓饑	1. 擇地而處，是君子得以避開禍害的方法。 2. 地位極致貴盛，是導致人必然滅亡的原因，外戚的處境尤其是如此。 3. 外戚得到貴盛	無。 **【案】沒有在評論外戚鄧氏一族的冤情。**

<hr>

45　〔東晉〕袁宏，周天游（校注）：《後漢紀校注》，頁 404-406。

46　〔東晉〕袁宏，周天游（校注）：《後漢紀校注》，頁 459。

卷數	史論序號	前文史事	論理	評史
		饉，死者相望，盜賊羣起，四夷反叛。鷺等祭節儉，罷力役，推賢進能，盡心王室，故天下賴以復安。乃被誅責，其事闇昧，眾庶多稱其冤。……[47]	的地位，全憑和君主的姻親關係，不合乎「公」的精神。	
卷十七	35	庚子，（孝安皇帝）絕大臣行三年喪。尚書陳忠上疏曰：「昔先王孝治天下，始於愛親，終於哀戚。上自天子，至於庶人，尊卑貴賤，其義一也。夫人生三年，乃免父母之懷，先聖緣情，著其節制。故曰臣有大喪，君三年不呼其門。……建武初，撥亂之世，國政草創，人倫未厚，鮮循三年之喪，以報顧復之恩，禮義之廢，實由於此。……」上不從。[48]	古代帝王「篤化美俗，率民為善」的方式是合乎萬民的自然，而且不奪去他們展現真實感受的機會。	在統治者之政策合乎萬民自然的情況下，都有人民沒受到妥貼的對待了，更何況是禁絕讓他們安放哀戚之情的禮儀。 【案】雖未點名漢安帝，但形同批評了漢安帝之舉。
卷十七	36	壬戌，太尉楊震策免。初，河內人趙騰詣闕上書陳得失，收考治，詔下獄。震隱其狂直，上疏曰：「……乞全騰性命，以納蒭蕘之言。」	1. 每個人天生情性的某些傾向相同，但各自在政治上的選擇仍舊有別，	君子的行動無須徵詢過一般人的意見，只求心安理得，就算喪失生命也在所不惜；如果

---

[47] 〔東晉〕袁宏，周天游（校注）：《後漢紀校注》，頁 461-463。
[48] 〔東晉〕袁宏，周天游（校注）：《後漢紀校注》，頁 468。

卷數	史論序號	前文史事	論理	評史
		不從。**騰**竟死於都市。中常侍**樊豐**等由是共稱譖**震**，[49] **騰**死之後深用怨懟。乃策免，收**震**印綬，遣歸本郡。……遂仰鴆而死。[50]	比如隱遁的微子、接受新朝之君諮詢的箕子、殺身殉道的比干，[51] 後世的璩甯、叔孫通、楊震分別和殷商這三人相同。而他們的共通處在於無愧於心。 2. 聖人的本分在於因任天理與物性，讓天下各種品類各得其所。	不合乎其志向的事，就算受到眾人的批判也不退縮。 **【案】雖未點名漢安帝，但從袁宏將楊震比為比干可知，他對安帝頗有微詞。**

---

[49] 周天游校本的「稱譖」誤作「稱讚」，依張烈校本改，後者詳見：〔東晉〕袁宏，張烈（點校）：《兩漢紀：後漢紀》（北京：中華書局，2005 年 3 月），頁 333。

[50] 〔東晉〕袁宏，周天游（校注）：《後漢紀校注》，頁 477-479。

[51] 從箕子、微子的經歷來看，袁宏史論 36 的「明夷隱〔遁〕，困而不恥，箕子之心也，璩甯聞其風而悅之；舍否之通，利見大人，微子之趣也，叔孫通聞其風而行之」，「箕子」和「微子」應該調換，從其他記載可證：《論語·微子》：「微子去之，箕子為之奴，比干諫而死。孔子曰：『殷有三仁焉。』」《史記·殷本紀》：「紂愈淫亂不止。微子數諫不聽，乃與大師、少師謀，遂去。比干曰：『為人臣者，不得不以死爭。』迺強諫紂。紂怒曰：『吾聞聖人心有七竅。』剖比干，觀其心。箕子懼，乃詳狂為奴，紂又囚之。」詳見：〔清〕劉寶楠、劉恭勉：《論語正義》（北京：中華書局，2012 年 11 月），下冊，頁 711。〔西漢〕司馬遷：《史記》（北京：中華書局，2007 年 6 月），冊 1，頁 108。將箕子歸為「明夷隱遁」，恐怕是受到《周易·明夷·象傳》的「內文明而外柔順，以蒙大難，文王以之。利艱貞，晦其明也，內難而能正其志，箕子以之」所影響，但從前文記載可知，「隱遁」的並非是箕子而是微子，「利見大人」的則是箕子而非微子，不知是袁宏一時不慎而誤植，抑或是後人所改，只能存疑。

卷數	史論序號	前文史事	論理	評史
卷十八	37	五月，漢陽都尉獻大珠。（孝順皇帝）詔曰：「海內有災，太官減膳。都尉不宣揚本朝，而獻珠求媚，今其封還。」[52]	1. 飽食煖衣都是人的基本欲望。但富有天下的人卻不滿足，蒐羅各種珍奇，導致萬民疲累不堪。 2. 萬民無法讓自己的欲望處於恰當的分寸，必須要有成功的上位者供他們效法，所以上位者不奢靡，萬民自然就會安於本業且滿足於基本欲望。	【案】雖未點名漢順帝，但形同贊成漢順帝的詔書。
卷十八	38*	閏月壬子，恭靈廟災。北海人郎顗上書曰：「臣聞天垂誡，地見災異，所以譴告人主，克己修德也。故應天以誠而不以言，導下以躬而不以刑。……」尚書問狀，顗對多言術數、占候之事，大旨以三公非其人，將有饑	1. 漢光武帝、明帝、章帝都推崇「讖」。 2. 善言古者必有驗於今，善言天者必有驗於人，所以曆數、陰陽、占候仍有	無。

卷數	史論序號	前文史事	論理	評史
		饉、水旱、地震、盜賊之變。……[53]	其迫切性，亦屬於「道術」的範圍，和「讖」不同。	
卷十八	39	雄（左雄）上言曰：「郡國孝廉，古之貢士，出則宰民，宣協風教。……孔子曰：『四十而不惑。』《禮》：『四十彊而仕。』請自今孝廉不滿四十不得察舉，……」帝（孝順皇帝）從之。詔「郡國孝廉年四十已上，考德行，試其經。奏其茂才異行如顏淵、子奇，不拘年齒」。……[54]	先王「謀事作制」的內容，一定是一般人可以達到的，反映了某種普遍情況，如「古者四十而仕」。但這並不是說出仕一定要在四十歲，而是以四十歲為出仕的大限，反映人在強盛之年適合出仕的情況。	1. 漢順帝詔書規定四十以上才能出仕，不合古人「四十而仕」的真正意義。 2. 顏淵、子奇是不世出的奇才，不可以作為察舉中的一種標準。
卷二十	40	閏月甲申，帝（孝質皇帝）崩于玉堂。初，帝雖幼，知梁冀專權，頗以為言。冀懼後不免，因行酖毒。帝暴不豫，太尉固（李固）入問疾，帝曰：「食煮餅，今腹中悶，得水尚可活。」冀曰：「吐利，不可飲水。」語未絕而崩。固號哭，欲推醫，冀不	1. 人之善惡非天定，而是後天積累的多寡，積累越多，人越尊貴，因而能夠得到萬物的幫助。 2. 古代君王恐懼自己年歲不	李固幾乎是符合古代標準的善人了，所以別人在行使壞事前一定會想廢黜李固，如果李固在朝廷，一定會持續帶來正面的影響。

53　〔東晉〕袁宏，周天游（校注）：《後漢紀校注》，頁 502-503。

54　〔東晉〕袁宏，周天游（校注）：《後漢紀校注》，頁 506-507。

卷數	史論序號	前文史事	論理	評史
		聽。……冀因言太后，定策禁中，先策免太尉李固。[55]	長，選擇群臣當中的善人作為社稷的寄託，因為善人對於天下的益處太大了。	
卷二一	41	安平崔寔郡舉詣公車，稱病不對。退而論世事曰：「……自漢興以來，三百餘年矣，政令刓潰，上下懈怠，風俗彫弊，人民偽巧，百姓嚚然，復思中興之功矣。救世之術，豈必體堯舜而治哉？期於狃絕拯撓，去其煩惑而已。……今已不能用三代之法，故宜以霸道而理之。重賞罰，明法術，自非上德，嚴之則治，寬之則亂，其理然也。為國之法，有似理身，平則致養，疾則致攻。故德教者，治世之梁肉；刑法者，救亂之藥石也。今以德除殘，是猶梁肉治疾也，欲望療除，其可得乎？……」[56]	1. 「霸道」是聖人「因事作制以通其變」的產物。 2. 「失王而後霸」，但霸道必出於忠義。	崔寔不懂真正的「王霸之道」。 【案】崔寔以「重賞罰，明法術」等觀念詮釋「霸道」。

55 〔東晉〕袁宏，周天游（校注）：《後漢紀校注》，頁 550。

56 〔東晉〕袁宏，周天游（校注）：《後漢紀校注》，頁 570-571。

卷數	史論序號	前文史事	論理	評史
卷二一	42	覲（鍾覲）屢被辟命，未嘗屈就。膺（李膺）謂覲曰：「孟軻以為『人無是非之心，非人也』，弟於是何太無皂白邪？」覲嘗以膺言告人曰：「元禮祖公在位，諸父並盛，又諱公之甥，故得然乎？國武子好昭人過，以為忽本。豈其得保身全家！」[57]	1. 君子之道是修為己身、薄責於人。 2. 末世時的士人喜愛臧否、衡量他人，因此造成了許多怨懟而被小人所害。	鍾覲說的話符合君子之道。
卷二一	43	丙戌……誅侍中寇榮。榮，恂之曾孫。辯絜自善，少與人交，以此見害於貴寵。榮從兄子尚益陽長公主，帝又娶其孫女於後宮。左右益惡之，乃陷榮以罪，宗族遂免歸故都。……榮亡命數年，……乃亡命山中上書曰：「……」上不省，遂滅寇氏。[58]	1. 《周易》說：「天之所助者順；人之所助者信」，順與信的美德都取決於自己。 2. 外在的境遇是自己的心性所造成的，無須怨天與悲傷。	寇榮的內心話令人哀嘆，但最後的滅亡也是他自己招致的結果。
卷二一	44	白馬令李雲上書，移副三府曰：「……今官位錯亂，小人日進，財貨公行，政治日消，是帝欲不諦乎？」上（孝桓皇帝）得雲奏，大怒，送	1. 君與臣各自有易事與難事。古代的君臣都審查易事，克服難事，但到了末	無。

[57] 〔東晉〕袁宏，周天游（校注）：《後漢紀校注》，頁 575-576。
[58] 〔東晉〕袁宏，周天游（校注）：《後漢紀校注》，頁 583-585。

卷數	史論序號	前文史事	論理	評史
		雲黃門北寺，使中常侍**管霸**與御史、廷尉雜考之。弘農五官掾**杜眾**傷**雲**以忠獲罪，上書願與同日死。帝愈怒，遂并下廷尉。……上不從，**雲**、**眾**死獄中，**藩**（陳藩）免歸田里。[59]	世，君臣都只做各自的易事，不顧難事，才導致了「諫諍」的興起。[60] 2. 「諫爭」分上中下三種。[61]	
卷二二	45	黨事之興，**馥**（夏馥）名在捕中。**馥**乃髡鬢髮，易姓名，匿跡遠竄，為人傭賃。……於是**袁閎**築室於庭，……及母喪，不制服位。如此十五年，卒以壽終。是時太學生三萬餘人，皆推先**陳藩**、**李膺**，被服其行。由是學生同聲競為高論，上議執政，下議卿士。**范滂**、**岑晊**之徒，仰其風而扇之。於是天下翕然，以臧否為談，名行善惡，託以謠	1. 人天生有各種情性，如「為道者」、「為德者」、「為仁者」與「為義者」。 2. 古代的君主因順與節制各種情性，因順的結果是「風」，節制的結果是「流」。 3. 最理想的流風是「道德仁義之	在黨錮之禍的情況下（即「肆直之風」），夏馥和袁閎還要透過改變容貌、有違禮制的方式來躲避災禍，是一件非常悲傷的事情。

59 〔東晉〕袁宏，周天游（校注）：《後漢紀校注》，頁 591。

60 「袁宏曰：夫欲之則至，仁心獨行，人君之所易，人臣之所難也。動而有悔，希意循制，人臣之所易，人君之所難也。古之君臣，必觀其所易，而閑其所難。故上下恬然，莫不雍睦。逮於末世，斯道不存，君臣異心，上下乖違，各行所易，不顧其所難，難易之事交，而諫爭之議生也。」參見〔東晉〕袁宏，周天游（校注）：《後漢紀校注》，頁 592。

61 「夫諫之為用，政之所難者也。處諫之情不同，故有三科焉。推誠心言之於隱，貴於誠入，不求其功，諫之上也；率其所見，形於言色，面折庭爭，退無後言，諫之中也；顯其所短，明其不可，彰君之失，以為己名，諫之下也。」參見〔東晉〕袁宏，周天游（校注）：《後漢紀校注》，頁 592。

卷數	史論序號	前文史事	論理	評史
		言曰：「不畏彊禦陳仲舉，天下楷模李元禮。」公卿以下皆畏，莫不側席。……62	風」，春秋尚可維持，戰國以降則已不如。各代產生了遊說、任俠、守文、肆直等風氣，雖各有益處，但弊端也都很大。 4. 理想的政治情況是：「不在其位，不謀其政，天下有道，庶人不議」。	
卷二三	46	李膺等以赦獲免，而黨人之名書在王府，詔書每下，輒伸黨人之禁。……陳（陳蕃）、竇（竇武）已誅，中官逾專威勢，既息陳、竇之黨，又懼善人謀己，乃諷有司奏「諸鉤黨者，請下州郡考治」。……上乃可其奏。於是故司空王暢、……長樂少府李膺、……故掾范滂，皆下獄誅，皆民望也。其餘	1. 政治的根本在於「以道通群心」並且安頓萬物的生命。 2. 古代的聖王明白這個道理，所以才建立了「名教」以保全萬物。 3. 政治隆盛的時候，依循名教即	陳蕃、李膺這些人都屬於「利名教」者。 **【案】史論原文沒有提及具體名字，但最後說「斯利名教之所取也」，「斯」乃代稱李膺等人。**

62　〔東晉〕袁宏，周天游（校注）：《後漢紀校注》，頁 623-624。

卷數	史論序號	前文史事	論理	評史
		死者百餘人。天下聞之,莫不垂泣。63	可安頓群生(情存乎名教);政治衰敗的時候,必須靠個人的力量重振名教價值(利名教)。 4.「道」與「教」的命運休戚相關。	
卷二五	47	春二月丁卯,故太尉**劉寬**薨。……**寬**字文饒,……遇民如子,口無惡言,吏民有罪,以蒲鞭鞭之,示恥辱而已。其善政歸之於下,有不善輒自尅責,庶民愛敬之。……其寬裕如此,內外稱長者,上(孝靈皇帝)深悼之。64	治民就像治水一樣,要寬厚平易地予以引導。瞭解民心就像瞭解水性。	**【案】**雖不具名,但形同讚賞了劉寬的做法。
卷二五	48	己未,(孝靈皇帝)詔曰:「頃選舉失所,多非其人,儒法雜揉,學道寢微。處士**荀爽**、**陳紀**、**鄭玄**、**韓融**、**張楷**,耽道樂古,志行高潔,清貧隱約,為眾所歸。	人各有志:「山林之士」往而不能反,「朝廷之士」入而不能出。但前者優於後者。	**【案】**雖不具名,但形同稱許了荀爽等人不應朝廷之徵的舉措。

---

63 〔東晉〕袁宏,周天游(校注):《後漢紀校注》,頁 643-644。

64 〔東晉〕袁宏,周天游(校注):《後漢紀校注》,頁 699。

卷數	史論序號	前文史事	論理	評史
		其以**爽**等各補博士。」皆不至。……65		
卷二五	49	是日，**卓**（董卓）脅太后與羣臣廢帝為弘農王，讀策，太后流涕，羣臣莫敢言。**丁宮**曰：「天禍漢室，喪亂弘多。昔祭仲廢**忽**立**突**，《春秋》善之。今大臣量宜為社稷計，誠合天心，請稱萬歲。」太傅**袁隗**解帝璽綬，立陳留王為皇帝，年九歲。太后遷於永安宮。66	1. 仁義是每個人內心都有的，只是濃薄不同，所以有極致與否的差別。 2. 君親有難，仁義的人都會前去保護，即便仁義不足，也會有像面對兒女一樣的情感，不會輕易加害。	丁宮沒有作為人的資格。
卷二六	50	尚書令**王允**奏曰：「太史王**立**說《孝經》六隱事，令朝廷行之，消却災邪，有益聖躬。」（孝獻皇帝）詔曰：「聞王者常脩德，不聞**孔子**制《孝經》，有此而却邪者也。」**允**固奏請曰：「立學深厚，此聖人秘奧，行之無損。」帝乃從之。……67	六隱之事不合乎聖人之道。	**【案】雖不具名，但形同批評了王允的建議。**

65　〔東晉〕袁宏，周天游（校注）：《後漢紀校注》，頁 710。

66　〔東晉〕袁宏，周天游（校注）：《後漢紀校注》，頁 726。

67　〔東晉〕袁宏，周天游（校注）：《後漢紀校注》，頁 736-737。

卷數	史論序號	前文史事	論理	評史
卷二六	51	建武初,立宗廟於洛陽。元帝之於光武,父之屬也,故光武上繼元帝。……於是有司奏議宗廟迭毀。左中郎蔡邕議曰:「……宜孝元皇帝世在第八,光武皇帝世在第九,故元帝為考廟,尊而奉之。……」從之。[68]	1. 名教建立的依據:仿效「天地」與「父子」的尊卑之序。 2. 君位的傳承模式應該是父子相繼,兄弟相繼是不得已而為之,以免亂了宗廟的昭穆之序。	漢光武帝在宗廟祭祀之序上承西漢元帝(光武帝為元帝子侄輩),合乎正道。
卷二七	52*	嵩(皇甫嵩)字義真,規之兄子也。善用兵,為將,飲食舍止,必先將士,然後至已乃安焉。……董卓之入,徵嵩為城門校尉。嵩長史梁衍說嵩曰:「漢室微弱,官豎亂朝。卓既誅之,不能盡忠奉主,而廢立縱意。今徵將軍,禍大則憂危,禍小則困辱。……」嵩不從,遂就徵。有司承旨,奏嵩下吏,將殺之。嵩子堅壽與卓素善,詣卓請嵩,卓免之。[69]	功名的確是每個士人應當看重的。但「誠能不爭,天下莫之與爭」(暗用了《老子》),就不會產生怨恨和禍亂。	無。 【案】華嶠史論原文確實有涉及其祖父華歆轉述漢魏時人對皇甫嵩「不伐」的稱讚,但與袁宏史事敘述毫無直接關聯。
卷三十	53	初,穎川陳紀論復肉刑:「……且殺人償死,合於古	1. 民心的嗜欲必須有所節制,否	廢除肉刑卻使得替代刑罰輕重失比、恢

---

68 〔東晉〕袁宏,周天游(校注):《後漢紀校注》,頁 741-742。

69 〔東晉〕袁宏,周天游(校注):《後漢紀校注》,頁 763。

卷數	史論序號	前文史事	論理	評史
		制，……若用古刑，使淫者下蠶室，盜者刖其足，永無淫放穿窬之姦矣。」**融**（孔融）難之曰：「……上失其道，民散之矣。而欲繩之以古刑，投之以殘棄，非所謂與時消息也。……且被刑之人，慮不全生，志在思死，類多趨惡。……」**曹公**（曹操）將復肉刑，以眾議不同乃止。[70]	則會導致「姦偽忿怒」。 2. 先王明白這個道理，為了拯救萬民放任嗜欲的弊端，會先以德禮陶冶萬民的內心，如果有人不受教化，才會以刑辟處罰。先王都是德、刑參用的。	復肉刑卻不以教化為先，這兩者都是錯的。 **【案】雖不具名，但形同批駁了陳紀與孔融對肉刑的意見。**
卷三十	54	初，**董昭**等謂**曹操**宜進爵郡公，九錫備物，以彰殊勳，密以語**彧**。**彧**曰：「**曹公**本興義兵，以匡朝寧國，秉忠貞之誠，守退讓之實。君之愛人以德禮，不宜如此。」**操**由是心不平之。是行也，**操**請**彧**勞軍，因留**彧**，以侍中、光祿大夫持節監丞相軍事。次壽春，彧以憂死。[71]	1. 君子出處語默的原則：入世絕不是利益算計的結果，而是「推其心」與「信其誠」的道德踐履。 2. 假使受限於外在時局，只要「內不負心，外不愧物」，即便隱居不仕也合	1. 導致漢室失去天下，是荀彧造成的。 2. 荀彧一開始的抱負與最後的下場有落差，可見其不智。 3. 荀彧的功業導致「百姓安而君位危，中原定而社稷亡」，可見其不義。

70 〔東晉〕袁宏，周天游（校注）：《後漢紀校注》，頁 836。

71 〔東晉〕袁宏，周天游（校注）：《後漢紀校注》，頁 845。

卷數	史論序號	前文史事	論理	評史
			乎道的要求，而非強行出仕，落得「授手而陷於不義」的下場。	4. 荀彧雖死，依舊有愧，不配有好名聲。
卷三十	55	（孝獻皇帝）乃告宗廟，使御史大夫**張音**奉皇帝璽綬，禪位于**魏王**曰：「咨爾**魏王**：昔者**帝堯**禪位于**虞舜**，**舜**亦以命**禹**，天命不于常，惟歸有德。……」**魏帝**（曹丕）既受禪，問尚書**陳羣**曰：「朕應天順民，卿等以為何如？」**羣**對曰：「臣與**華歆**俱事漢朝，雖欣聖化，義形于色。」[72]	1. 「君位」是極其慎重之事，有美好德性的人才具有擔任的資格。 2. 古代聖人知道每個世代的治亂盛衰情況不同，所以立下了兩種君位（王朝）的置換模式：「禪讓」與「革命」。 3. 得以發生「禪讓」與「革命」的情況是：（1）刑罰淫爛、（2）民不堪命、（3）忠義之徒無由自效其誠。	1. 漢朝自桓帝與靈帝以來君道敗壞，但是沒有加害於百姓。 2. 漢獻帝年幼即位，就遭到凶難，國家昏亂並不是他的罪過。 3. 曹操之所以能夠打著漢室旗號行使賞罰，就是劉氏之德尚在的證明，漢朝並沒有亡。 4. 漢朝沒有亡，曹魏就沒有資格取代，更何況是假借堯舜禪讓的美名。

由以上的表格整理可見，沒有正面評史的史論有十幾則之多，[73]但無論

---

[72] 〔東晉〕袁宏，周天游（校注）：《後漢紀校注》，頁 861。

[73] 沒有正面評史的情況又細分為兩種：其一是袁宏史論前文所接的史事敘述本身就沒有具體的情

是否正面評史，袁宏五十五則史論說理性強、「論理」篇幅多於「評史」皆為不爭的事實。另外可以發現，袁宏史論有時雖然與史事敘述確有呼應之處，比如認同東漢某位歷史人物的思想與言行，但他都在史論中隱去了對該人物的稱呼或具名（詳參前文表格），顯然是為了表明此道理絕不僅限於東漢一朝，而是從上古三代的聖王便立下了代代相傳的道理，只是後世不能有效地理解與傳承，才導致了「末世」的產生。比起對於東漢的人事物評議是非優劣，袁宏顯然更措意的是不斷闡發從上古三代發端的「名教之本，帝王高義」，是故他的史論（包含四則對華嶠史論的引用）無須完全緊扣於史事而作。史事只是作為他興發自身思想的觸媒，這也是為什麼他會在史論當中，致力闡發各種制度背後的「聖王作意」與「名教思想」，同時宣說自己心目中理想的名教世界與士人形象。「東漢」相形之下，只是一個有時符合、有時不符合「名教之本，帝王高義」的時空載體，袁宏在此間穿插或正或反的評價，而評價的判準則完全訴諸於早先建構好的「名教」思想。

值得注意的是，袁宏史論這樣獨特的性質也造成了兩種情況發生：**就積極的情況來說**，袁宏某些史論被後世的典籍單獨載錄與援用，以作為制度的精神闡發，無論是從「援用者」還是「讀者」的角度而言，由於他的史論說理性甚強，幾乎可以單獨成篇，而較少衝擊到抽離史事敘述後的閱讀理解；換言之，即便不知道袁宏史論承接自哪段史事敘述，在閱讀袁宏史論時也幾乎能夠明白他想要闡發的道理為何。因為此道理在他不厭其煩從「上古三代」歷數到「末世凌遲」後，貫通於歷朝歷代與天人之際，早已不限於東漢一朝，也不受東漢政治興衰的影響。

舉例來說，如唐代編纂的《藝文類聚‧人部七‧鑒誡》中所載錄的袁

節或對話，如史論 14 之前所接漢光武帝封諸子為公一段，僅僅是羅列諸侯之封號，本身就不太可能開展歷史評價，史論 14 也僅僅是藉著封諸侯一段闡發自己對上古三代以來「封建制」的看法；其二是袁宏史論前文所接的史事敘述雖然具有具體的情節或對話，但所論述的內容與史事敘述之間並沒有很緊密的聯繫，如史論 8 馮異上書陳八件治理天下之策，光武帝召見後，從此「讓不得入」。史論 8 卻大加闡述「讓」的產生與應對之策，與馮異所奏之事幾無關係。

宏〈去伐論〉，和《後漢紀》史論 9 的局部內容重出，就是一個鮮明的例
證。雖然並不清楚究竟是袁宏本就先後撰寫了文字相近的〈去伐論〉與《後
漢紀》史論 9，還是後人節錄史論 9 一段之後再命名「去伐」，但無論如
何都證明了其「史論」大可抽離於史書之外而獨自成「論」。除此之外，
南朝宋裴松之在注解《三國志·鍾繇傳》時也幾乎全文徵引了《後漢紀》
史論 53 議論「德刑關係」與「肉刑存廢」的文字；[74]元代馬端臨在《文獻
通考·郊社考十七·封禪》也徵引了《後漢紀》史論 18 對「封禪」制度
的釋義，[75]都與袁宏史論本身的特性息息相關。

就消極的情況來看，袁宏史論既然容易被抽離史事敘述單獨使
用，就難免受到「去脈絡化」的衝擊，遠離了原本的主旨與思想。以史論 51
為例：

> 袁宏曰：光武之繫元帝，可謂正矣。夫君臣父子，名教之本也。然
> 則名教之作，何為者也？蓋準天地之性，求之自然之理，擬議以制
> 其名，因循以弘其教，辯物成器，以通天下之務者也。是以高下莫
> 尚於天地，故貴賤擬斯以辯物；尊卑莫大於父子，故君臣象茲以成
> 器。天地，無窮之道；父子，不易之體。夫以無窮之天地，不易之
> 父子，故尊卑永固而不逾，名教大定而不亂，置之六合，充塞宇宙，
> 自古及今，[76]其名不去者也。（案：余英時引文最末句）未有違天地
> 之性，而可以序定人倫；失乎自然之理，而可以彰明治體者也。末

---

[74] 只摘除了兩短句，在《後漢紀》史論「如此，則鳳沙、趙高之儔，無施其惡矣」幾句之下，摘
除了「則陳紀所謂無淫放穿窬之姦，於是全矣」；在史論「苟失其道，或不免于大辟，而況肉
刑哉」幾句之下，摘除了「又相刑之與枉殺人，其理不同，則死生之論，善已疏矣」。參見：
〔西晉〕陳壽，〔南朝宋〕裴松之（注），〔清〕盧弼（集解）：《三國志集解》，〈鍾繇傳〉，
頁 1213-1214

[75] 兩相比較，馬端臨從史論 18 的「夫揖讓受終，必有至德於天下」以降皆全文照錄，文字幾無
差別，唯下文的「各一封禪」作「各得一封禪」、「增修前政」作「增修其前政」。馬端臨的
徵引詳見氏著：《文獻通考》，〈郊社考〉，冊 4，頁 2575。

[76] 張烈校本依據上下文意，將「自今及古」改為「自古及今」，較為合理。參見張烈（點校）：
《後漢紀》，〈孝獻皇帝紀卷第二十六〉，頁 509。

> 學庸淺，不達名教之本，牽於事用，以惑自然之性，見君臣同於父
> 子，謂兄弟可以相傳為體，謂友于齊於昭穆，<u>違天地之本，滅自然
> 之性，豈不哀哉！（案：陳寅恪引文最末句）</u>夫天地靈長，不能無
> 否泰之變；父子自然，不能無天絕之異。故父子相承，正順之至也；
> 兄弟相及，變異之極也。變則求之於正，異則本之於順，故雖經百
> 世而高卑之位常崇，涉變通而昭穆之序不亂。由斯而觀，則君臣父
> 子之道焉可忘哉！[77]

其承接的「史事敘述」乃是漢獻帝時蔡邕上奏，認為在宗廟制度上應將漢
光武帝繫於漢元帝之後。通觀史論 51 可知，袁宏始終聚焦於兩件事：其
一，皇家父子之序反映在宗廟「昭穆之序」的正確與否；其二，雖然「君
臣」尊卑模擬「父子」，但臣下並不能以此為理由，就可以主張兄弟前後
繼承皇位（「兄弟相傳為體」）是正確的。[78]如果不然，就是「不達名教之
本，牽於事用以惑自然之性」，真正合乎正道的君位繼承模式是「父子相
承」。其次還須注意的是，袁宏史論 51 提的「父子」一詞，若與「君
臣」對舉的時候，乃為「君臣」關係鋪墊正當性；若是獨用，指的則是「皇
家的父子」，非但在宗廟祭祀上不能亂了昭穆之序，在君位繼承上也要保
持「父子相承」的模式。

　　由此看來，史論 51 所謂的「尊卑莫大於父子，故君臣象茲以成器」，
其實並非余英時所解讀的「由於門第勢力的不斷擴大，父子之倫（即家族
秩序）在理論上尤超乎君臣之論（即政治秩序）之上，成為基礎的基礎了」。
[79]這點在前一章的〈研究回顧〉中已略有提及。袁宏確實認為「君臣」關係
是仿效「父子」之序而建立的，但那只是為了「君臣」關係所做的理論鋪
陳，並沒有認為「父子」關係可凌駕於「君臣」關係之上，也與臣下自身

---

[77] 〔東晉〕袁宏，周天游（校注）：《後漢紀校注》，頁 743-744。

[78] 如果君是父，臣是子，那君的兄弟自然也可以比作父輩，但袁宏批判這種想法。

[79] 余英時：《中國知識階層史論（古代篇）》，〈名教危機與魏晉士風的演變〉，頁 332。

的「家族」無涉；再者，在史論 51 應有的脈絡下，史論所謂「末學膚淺，不達名教之本，牽於事用，以惑自然之性」也並非如陳寅恪所說只是「彥伯自高聲價之詞，當時號稱名士所不可少之裝飾門面語」，而是面對有臣下認同兄弟間可以繼承君位的情況，表達出實際的政治批判。因此不當如陳寅恪所說，只將史論 51 化約成「以自然為本或體，名教為末或用」的思想闡發。[80]另外可以注意的是，陳寅恪和余英時在引用史論 51 時都略去了開頭的「光武之繫元帝，可謂正矣」二句，顯然有意避開史論 51 承接的史事脈絡，且余英時只徵引至「自今及古，其名不去者也」，導致史論下文涉及君位繼承的批判，以及「昭穆之序不亂」的文字皆被省略，加劇了「去脈絡化」的程度；而陳寅恪雖比余英時多徵引至「違天地之本，滅自然之性，豈不哀哉」，涉及了君位繼承模式的問題，但他在論述時無一語提及，反而認為袁宏此論出現「自然」與「名教」二詞只不過是在隨順東晉清談的流風而已，且東晉清談「已失去政治上之實際性質」，[81]這都與史論 51 所要傳達的主旨和思想難以吻合。

　　因此，即便袁宏史論具有「子家之嘉言」的性質，幾乎可脫離史事敘述而擁有獨立的生命，後人仍必須將每則「史論」與「史事敘述」合而觀之，釐清「史論」既有的脈絡，才能真正體會袁宏的用心所在。

第二節　《後漢紀》史論的敘述模式

　　上一節主要處理的是《後漢紀》「史論」與「史事敘述」間的關係，以更多例證與跡象顯示劉咸炘所謂「子家之嘉言」頗具洞見。此一節則聚焦在五十五則「史論」共同的「敘述模式」，而這樣的「敘述模式」和袁宏闡發「名教之本，帝王高義」的意圖可謂如影隨形、相輔相成，又可細分為兩項：（1）「從美好到混亂」：袁宏史論時常從美好的「上古三代」

80　陳寅恪：《金明館叢稿初編》，〈陶淵明之思想與清談之關係〉，頁 214。
81　陳寅恪：《金明館叢稿初編》，〈陶淵明之思想與清談之關係〉，頁 201。

歷數至「末世陵遲」的衰敗景象，以顯現後人對「名教」精神的喪失、（2）「聖王的謀劃」：袁宏史論試圖論述所有大大小小的道德倫理與名教制度皆來自「聖王」對萬民自然情性的安頓，以闡明名教的原初精神。前者從古代的視角出發，說明後代產生混亂的理由；後者則從「名教」如何被「聖王」創制而出的過程立論，說明古代之所以美好的根本原因。兩種「敘述模式」一正一反，有時同時出現，有時則單獨使用，但無論如何，都是使讀者的思維不自覺匯歸於「名教之本，帝王高義」的一種書寫策略。

一、從美好到混亂：「名教」精神的喪失

袁宏史論在「論理」時，採取從「上古三代」一路述及「末世陵遲」的敘述模式，有的時候則是實指各個朝代的變化，但大致都不脫「今不如古」的用意，羅列簡要的敘述模式如下：[82]

> 三代已前，君臣穆然，……五霸、秦、漢其道參差，……（史論 5）
> 是以先王順而通之，……末世凌遲，治亂多端，……（史論 6）
> 自古在昔有治之始，聖人順人心以濟亂，……降逮中世，政繁民弊，……陵遲至於戰國，商鞅設連坐之令以治秦，韓非論捐灰之禁以教國，……（史論 11）
> 古之明君，必降己虛求以近輔佐之臣，……古之賢臣，必擇木棲集以佐高世之主，……末世推移，其道不純，……（史論 12）
> 然則諸侯之治建於上古，未有知其所始者也。……爰自唐、虞，至于三代，文質相因，……戰國之時，志在兼併，……高祖既帝，鑒秦之失，……文帝時，……文帝不從，卒有吳、楚之變。光武中興，……諸侯禁網，日月增密。末世衰微，遂以卑弱，……（史論 14）
> 昔聖人興天下之大利，除天下之大患，……末世之主行其淫志，恥

---

[82] 各史論的出處頁碼請參前一節的「表 1：《後漢紀》『史論』與『史事敘述』的關係整理表」，本小節不再加注，僅於引文後附加括號以示史論序號，以清耳目。

基堂之不廣，……（史論 21）

《大章》、《簫韶》於唐、虞，《韶濩》、《大武》於殷、周，所以殷薦上帝，……末世制作，不達音聲之本，……（史論 22）

古之有天下者，非欲制御之也，……，至於秦、漢，開其土宇，……當世之主，好為身後之名，……（史論 32）

古之善人內修諸己，躬自厚而薄責於人。……末世陵遲，臧否聿興，……（史論 42）

古之君臣，必觀其所易，而閑其所難，……逮于末世，斯道不存，君臣異心，……（史論 44）

是以古先哲王必節順群風而導物為流之途，而各使自盡其業，……中古陵遲，斯道替矣。上之才不能以至公御物，……（史論 45）

可以注意到袁宏頻繁使用了「末世」一詞，[83]就其上下文觀之，有時實指三代以後的朝代，有時則泛稱混亂之世，「末」指的不僅僅是一個時代的尾聲，多半還暗指了「美好」、「理想」時代的終結。總之，這樣治世在前、末世在後的敘述方式，除了瀰漫了「慕古情懷」之外，更重要的是凸顯了由於後人忽視了上古三代就已建立與落實的「名教之本，帝王高義」，才導致了「末世陵遲」的局面產生。因此「末世陵遲」之責其實並不在「名教」與「聖王」，而是後世之君，以致「名教」名存實亡或名實俱亡，連帶衝擊了「名教」原先被賦予「貴萬物得所」、「益萬物之情」的聖王作意。[84]這一點卓季志業已指出：

---

83 古人的用法中，和「末世」同義的詞彙還有「季世」、「叔世」，袁宏史論 40 就使用過「季世」一詞，此詞也見於《左傳·昭公三年》，至於「叔世」則可見於《左傳·昭公六年》。但就現存先秦兩漢的典籍來說，「末世」的用法還是比起另外兩詞更為普遍。

84 史論 46：「袁宏曰：夫稱至治者，非貴其無亂，貴萬物得所，而不失其情也。言善教者，非貴其無害，貴性理不傷，性情咸遂也。故治之興，所以道通羣心，在乎萬物之生也。古之聖人，知其如此，故作為名教，平章天下。天下既寧，萬物之生全也。保生遂性，久而安之，故名教之益萬物之情大也。」

總之在袁宏的心中，三代以後是「末世陵遲」，趨向「讒盛道消」的衰世，整體社會、政治乃至個人都向下沉淪。究其原因都是因為人們久忘了上古曾經有過「稱誠而動，以理為心」的「情名教」社會，仁、義、禮、刑逐次偏重，人們矯情而忘卻名教本義。知識份子有責重新找回上古源於自然的名教之理、名教之義，將社會導回正途。從《後漢紀》史論中習以古對今、以古非今、厚古薄今可以清楚看出袁宏有明顯的慕古情懷，這在當時環境與學術特質下普遍可見。[85]

這樣的說解，可以說完全呼應了錢穆認為袁宏《後漢紀》繼司馬遷、班固之後發揮「史即新經」、闡明先王「所以迹」的精神。然而，卓季志又加註說：

> 魏晉時期內外交迫，玄學興起後，道家學說取代儒學為主流，道家「失道而後德，失德而後仁，失仁而後義，失義而後禮」隱含退化的觀念影響了當時人的時代觀，時人認為自己是處在「朴散為器」的時代，遠不如上古。[86]

事實上，從袁宏史論整體的論述觀之，他對於「道」、「德」、「仁」、「義」從未有過《老子・三十八章》「失道而後德」一段層層起弊的疑慮，甚至對於道德條目相互的補偏救弊具有十足的信心，這從他對「仁」和「義」、「王道」和「霸道」的態度就可見一斑。[87]其次，「慕古」是否就等同於主張《老子》「失道而後德」的退化觀，實有疑義。單就對「名教」的態度來說，就可以看出袁宏與《老子》的殊異之處，細言之，即便《老

---

85 卓季志：《《後漢紀》與袁宏之史學及思想》，〈《後漢紀》之思想〉，頁 142。

86 卓季志：《《後漢紀》與袁宏之史學及思想》，〈《後漢紀》之思想〉，頁 142。

87 此在本書第參章第一節中的〈史論 47 對《老子・六十五章》的援用〉，以及第肆章第二節中的〈名教的靈活性：「禮制」的損益與「霸道」的變通〉皆有析論，茲不贅述。

子》具有「慕古」傾向，其思想要旨乃在批判後世之君有過多違逆自然的
「造立施化」，[88]對於「名教」可以說懷有戒懼之感，遂力主君主「無為」，
讓萬民復返其「自然」，而「名教」的重要性與必要性在這種形式的「慕
古」下幾乎被沖刷殆盡；但袁宏史論的「慕古」反而是在叮囑後世之君要
呼應、掌握「名教」在上古三代之時被賦予的用意，進而讓「名教之本，
帝王高義」在世世代代不斷被傳承下去，以致鞏固「名教」的發展與天下
的穩定，「名教」儼然是天下萬民幸福的保證。至於袁宏史論「今不如古」
的論述氛圍，究其根本也來自於「名教之本，帝王高義」的檢視標準，重
點始終都在「名教的維繫」而不在於「復古的態度」，因此不當與《老子》
以「自然」批判「名教」的價值取向混為一談。況且根據先秦兩漢以來的
典籍即可發現，「儒者」就時常以古代聖王與制度批判、衡量現世的不足，
以致在戰國時韓非（前 281-前 233）曾以「說者之巫祝」大力抨擊儒者這
樣的性格。[89]是故，即便袁宏展現出十足的「慕古情懷」，也不能就說與魏
晉玄風、《老子》思想有必然的關聯，反倒不如視為「儒家」由來已久的
共性更為順當妥貼。

二、聖王的謀劃：理想世界的根本成因

而上述「從美好到混亂」這樣的敘述模式，其合理性乃是奠基於上古
「聖王」對於人情的洞察和制度的設置，同樣反映在袁宏史論的敘述模式

---

88 語出《老子‧五章》「天地不仁，以萬物為芻狗」句下王弼注：「天地任自然，無為無造，萬
物自相治理，故不仁也。仁者必造立施化，有恩有為。造立施化，則物失其真，……」參見〔魏〕
王弼，樓宇烈（校釋）：《王弼集校釋》（北京：中華書局，2009 年 9 月），〈老子道德經
注〉，頁 13。《老子》全文其實並未出現「名教」一詞，但從《老子》推崇「自然」、貶抑「有
為」的批判來看，王弼融會《老子》思想後所言的「造立施化」，確實可視同「名教」層次。
關於「名教」一詞的創造與用法，可參張蓓蓓：《中古學術論略》，〈「名教」探義〉。

89 韓非：「今巫祝之祝人曰：『使若千秋萬歲。』千秋萬歲之聲聒耳，而一日之壽無徵於人，此
人所以簡巫祝也。今世儒者之說人主，不善今之所以為治，而語已治之功；不審官法之事，不
察姦邪之情，而皆道上古之傳，譽先王之成功。儒者飾辭曰：『聽吾言則可以霸王。』此說者
之巫祝，有度之主不受也。故明主舉實事，去無用；不道仁義者故，不聽學者之言。」參見：
氏著，陳奇猷（校注）：《韓非子新校注》（上海：上海古籍出版社，2010 年 10 月），〈顯
學〉，頁 1145。

當中，顯現每項道德倫理與名教制度都是「聖王」基於擔憂而苦心擘畫的結果。[90]更重要的是這些「道德」與「名教」都絕對符契一般人的「自然情性」，而且足以激發萬民對上位者的「愛敬忠信」之情，這正是「上古三代」之所以美好而且勝於後代的根本所在，其例如下：

> 夫天地之性，非一物也；致物之方，非一道也。是以**聖人**仰觀俯察，而備其法象，所以開物成務，以通天下之志。……（史論 3）
>
> 夫金剛水柔，性之別也；員行方止，器之異也。故善御性者，不違金水之質；善為器者，不易方員之用。物誠有之，人亦宜然。故肆然獨往，不可襲以章服者，山林之性也；鞠躬履方，可屈而為用者，廟堂之材也。是以**先王**順而通之，使各得其性，故有內外隱顯之道焉。……（史論 6）
>
> 夫萬物云為趣舍不同，愛惡生殺，最其甚大者也。縱而不一，亂亡之道。故**明王**制設號令，所以一物心而治亂亡也。……（史論 7）
>
> ……士苟自賢，必貴其身，雖官當才，斯賤之矣。苟矜其功，必蒙其過，雖賞當事，斯薄之矣。苟伐其善，必忘其惡，雖譽當名，斯少之矣。於是怨責之情，必存於心，希望之氣，必形於色，此矜伐之士，自賢之人，所以為薄，而**先王**甚惡之者也。……（史論 9）
>
> 自古在昔，有治之始，**聖人**順人心以濟亂，因去亂以立法。故濟亂所以為安，而兆眾仰其德。立法所以成治，而民氓悅其理。是以有法有理，以通乎樂治之心，而順人物之情者。……（史論 11）
>
> **古之明君**，必降己虛求，以近輔佐之臣，所以寄通羣方，和睦天人。

---

[90] 袁宏史論雖然並非一律使用「聖王」稱呼古代成功的統治者，但從道德的崇高與建法立制的正當性來看，確實都可以視作「聖王」無疑，其他稱呼整理如下：「聖人」（史論 3、11、19、21、28、30、32、36、41、50）、「先王」（史論 6、9、20、30、41、45、53）、「明王」（史論 7）、「古之明君」（史論 12）、「古之哲王」（史論 24）、「制教者」（史論 26）、「古之聖人」（史論 27、41、46、55）、「哲王」（史論 28、41）、「先聖」（史論 28）、「聖王」（史論 28）、「古之王者」（史論 29、44）、「古之有天下者」（史論 32）、「古之帝王」（史論 34、37、40）、「古先哲王」（史論 45）。

古之賢臣，必擇木棲集，以佐高世之主。……（史論 12）

夫越人而臧否者，非憎於彼也；親戚而加譽者，非優於此也。處情
之地殊，故公私之心異也。<u>聖人</u>知其如此，故明彼此之理，開公私
之塗，則隱諱之義著，而親尊之道長矣。……（史論 19）

夫民之性也，各有所稟，生其山川，習其土風。山川不同則剛柔異
氣；土風乖則楚夏殊音。是以五方之民，厥性不均，阻險平易，其
俗亦異。況乃殊類絕域，不賓之旅，以其所稟受，有異於人。<u>先王</u>
知其如此，故分其內外，阻以山川，戎狄蠻夷，即而序之。夫中國
者，<u>先王</u>之桑梓也，德禮陶鑄，為日久矣。有一士一民，不行<u>先王</u>
之道，必投之四裔，以同殊類。……（史論 20）

昔<u>聖人</u>興天下之大利，除天下之大患，躬親其事，身履其勤，使天
下之民，各安性命，而無夭昏之災。是以天下之民，親而愛之，敬
而尊之。……（史論 21）

夫物有方，事有類。陽者從陽，陰者從陰。本乎天者親上，本乎地
者親下，則天地人物各以理應矣。故于其一物，是虧其氣，所犯彌
眾，所以寒暑不調，四時失序，蓋由斯也。<u>古之哲王</u>，知治化本於
天理，陶和在於物類。故導之德禮，威以刑戮，使賞必當功，罰必
有罪，然後天地羣生穆然交泰。……（史論 24）

夫剛健獨運，乾之德也；柔和順從，坤之性也。是以<u>制教者</u>本於斯，
男有專行之道，女有三從之義。……（史論 26）

……故形神不接，雖兄弟親戚，可同之於胡越；交以言色，雖殊途
之人，猶有眷恨之心。由斯觀之，王侯貴人乘有餘之勢，處不接之
地，唯意而欲恩情含暢，六親和睦，蓋以鮮矣。<u>古之聖人</u>，懼其如
此，故明儉素之道，顯謙恭之義，使富者不極其欲，貴者不博其高，
里老且猶矜愛，而況兄弟乎？朝會以叙其儀，燕享以篤其親，聘問
以通其意，玉帛以將其心。故欲不滿而和愛生，情意交而恩義著
也。……（史論 27）

……彼數聖者，受之<u>哲王</u>也，然而會通異議，質文不同，其故何邪？

所遇之時異。夫奕者之思，盡于一局者也；**聖人**之明，周於天下者也，苟一局之勢未嘗盡同，則天下之事豈必相襲哉！……然則經籍者，寫載**先聖**之軌迹者也。**聖人**之迹不同如彼，後之學者欲齊之如此，焉可得哉！……昔仲尼沒而微言絕，七十子喪而大義乖，諸子之言紛然殽亂，太史公談判而定之，以為六家；班固演其說，而明九流。觀其所由，皆**聖王**之道也，……（史論 28）

……**古之王者**，必闢四門，開四聰，兼親賢而聽受焉，所以通天下之才，而示物至公也。自母后臨朝，必舅氏專權，非疏賢而樹親暱也。……（史論 29）

夫禮也，治心軌物，用之人道者也。其本所由在於愛敬自然，發於心誠而揚於事業者。**聖人**因其自然，而輔其性情，為之節文，而宣以禮物，於是有尊卑親疏之序焉。……此蓋**先王**制禮之本也。……此又**先王**用禮之意也。……此又**先王**變禮之旨也。……（史論 30）

古之有天下者，非欲制御之也，貴在安靜之。故修己無求於物，治內不務於外。……夫聖人為治，貴英才，安天下，資羣才，故傲倖之人，王制之所去也。……（史論 32）

古之帝王所以篤化美俗，率民為善者也。因其自然而不奪其情，民猶有不及〔者〕，而況毀禮止哀，滅其天性乎！（史論 35）

……是以**聖人**知天理之區別，即物性之所託，混眾流以弘通，不有滯於一方，然後品類不失其所，而天下各遂其生矣。……（史論 36）

……**古之帝王**不為靡麗之服，不貴難得之貨，所以去華競，以嘿止喧也。……（史論 37）

……**古之帝王**恐年命不長，懼季世之陵遲，故辨方設位，明其輕重，選羣臣之善，以為社稷之寄，蓋取其道存，能為天下正。嗚呼！善人之益，豈不大哉！（史論 40）

……**古之聖人**，知人倫本乎德義，萬物由乎化風，陶鑄因乎所受，訓導在乎對揚。崇軌儀於化始，必理備而居宗；明恭肅以弘治，則理盡而向化。……及**哲王**不存，禮樂凌遲，風俗自興，戶皆為政，

君位且猶未固，而況萬物乎！……故**聖人**因事作制，以通其變，而霸名生焉。《春秋》書齊晉之功，仲尼美管仲之勳，所以括囊盛衰，彌綸名教者也。……（史論 41）

……**古之王者**，辯方正位，各有其事。在朝者必諫，在野者不言，所以明職分，別親疏也。……（史論 44）

……故因其所弘則謂之風，節其所託則謂之流，自風而觀，則同異之趣可得而見，以流而尋，則好惡之心於是乎區別。是以**古先哲王**，必節順群風而導物，為流之途而各使自盡其業。故能班敘萬物之才以成務，經綸王略，**直道而行**者也。……（史論 45）

……故治之興，所以道通羣心，在乎萬物之生也。**古之聖人**，知其如此，故作為名教，平章天下。天下既寧，萬物之生全也。保生遂性，久而安之，故名教之益萬物之情大也。……（史論 46）

夫民心樂全而不能常〔全〕，蓋利用之物懸於外，而嗜慾之情動於內也。於是有進〔取〕（即）陵競之行。希求放肆不已，不能充其嗜慾也，則苟且僥倖之所生也。希求無厭，無以〔惬〕踈其慾也，則姦偽忿怒之所興也。**先王**知其如此，而欲救弊，故先以德禮陶其心，其心不化，然後加以刑辟。……（史論 53）

夫君位，萬物之所重，王道之至公。所重在德，則弘濟於仁義；至公無私，故變通極於代謝。是以**古之聖人**，知治亂盛衰有時而然也，故大建名教，以統羣生，本諸天人，而深其關鍵。以德相傳，則禪讓之道也；暴極則變，則革代之義也。……（史論 55）

這樣論證「道德」與「名教」成因的模式，其實頗似《荀子·禮論》論「禮」之所起：

禮起於何也？曰：人生而有欲，欲而不得，則不能無求。求而無度量分界，則不能不爭；爭則亂，亂則窮。**先王**惡其亂也，故制禮義以分之，以養人之欲，給人之求。使欲必不窮乎物，物必不屈於欲。

兩者相持而長，是禮之所起也。[91]

　　荀子認為「禮」是由於「先王」為了安頓萬民的欲望而建，從「欲必不窮乎物，物必不屈於欲」可知，「禮」實際上具有「滿足欲望」與「節制欲望」的雙重功效，而這樣透過外在制度「滿足」或「節制」人本有的內在情性，在袁宏論述聖王宣揚與確立的各種「道德」與「名教」中也可以見得。當然，這樣談論「道德」與「制度」緣起的方式，難免受到如牟宗三（字離中，1909-1995）、勞思光（原名榮瑋，號韋齋，1927-2012）對荀子〈禮論〉的批評：

　　荀子只知君師能造禮義，庶人能習禮義，而不知能造能習禮義之心即是禮義之所從出也。[92]
　　今荀子則據欲求立說以釋禮義之產生，亦以為人懷私欲，有求遂有爭，故必須制禮義（立制度）以節之，使人服從一定秩序。於是禮義之源流乃歸於平亂息爭之要求，由此而生出荀子之權威主義理論。[93]

　　荀子是否真如兩位學者所說，非本書探討的重點，但以袁宏的史論思想來說，其一，袁宏的說話「對象」顯然是在古代具有統治實權、或未來有可能成為統治階層的一群人，包含了君主、大臣與士人，而絕不可能是一般民間的販夫走卒。如此一來勢必影響到他論述「道德」與「名教」緣起的方式，幾乎從「如何制定有效政策」以及「如何建立某種道德觀」上

91　〔戰國〕荀況，王天海：《荀子校釋》（上海：上海古籍出版社，2009 年 10 月），下冊，頁751。

92　牟宗三：《名家與荀子》（臺北：臺灣學生書局有限公司，2006 年 9 月），〈荀學大略〉，頁 198。

93　勞思光：《新編中國哲學史》（臺北：三民書局股份有限公司，2010 年 3 月），〈荀子與儒學之歧途〉，頁 325-326。

著眼，而非從看起來更具普遍性的「人性內容為何」上進行推闡。但必須
注意的是，他確實主張統治者所建立的「名教」必須合乎萬民的情性，或
是對治萬民情性中的某種缺陷而產生（請參本節史論引文），因此原則上
並不是勞思光所謂的「權威主義」；其二，袁宏本來就否定了萬民能夠在
沒有統治者干涉的情況下，具有彼此相安無事、自我管理的可能，如他在
史論 37 說的「夫萬物之性，非能自止者也。上之所為，民之準的也」，
這並非是否定一般人能接受教化或自發式地成為聖賢，而是萬民之間的相
處必然涉及「資源分配」與「欲望節度」的問題，自然要有統治者於其上
協調、安排方能解決。因此，重點當然就不在於一般人本性（包含統治階
層）的內容為何、是否具有充分的道德自覺，而是從現實世界一個具有實
權的「統治者視角」出發，思考該如何建立具體的制度，有效地「協助」
和「管理」民眾與民眾之間的關係，如南宋葉適（字正則，號水心，1150-1123）
所謂：「使之有以為異而無以害異。」[94]而這個視角所直接面對的，就是
萬民的欲望該如何調節和安頓的問題，況且萬民的情性又是差異紛陳的，
如何建立能夠讓大多數人能夠相安無事的制度正是統治者的職責所在。總
之，若借用牟宗三批評荀子的語句來說，袁宏關心的重點其實並不是「能
造能習名教的心就是名教之所出」，那只是說明人的本性和名教並不相違
的基礎理論，隱含的問題是「為什麼『人』能造、能習名教」；而袁宏的
關懷自始至終都在「古之聖人，知治亂盛衰有時而然也，故大建名教，以
統群生」一事上，[95]所以預設的問題其實是「為什麼『人』該造、該習名教」
或是「為了應對『治亂盛衰』，該造什麼名教、該讓人習什麼名教」。如
此，再回過頭來看待袁宏史論對「道德」與「名教」起源的論述模式，或

---

94 南宋葉適曾在〈進卷〉中闡發其「皇極」（出自《尚書·洪範》）詮釋，頗能與此意義相參：
「至於士農工賈，族性殊異，亦各自以為極而不能相通，其間愛惡相攻，偏黨相害，而失其所
以為極；是故聖人作焉，執大道以冒之，使之有以為異而無以害異，是之謂皇極。」參見〔南
宋〕葉適：《水心別集》，收入劉公純、王孝魚、李哲夫（點校）：《葉適集》（北京：中華
書局，2013 年 5 月），下冊，頁 728。關於葉適「皇極」詮釋的闡發與轉變，可參吳銘輝：〈論
葉適的皇極說及其意義〉，《奇萊論衡：東華文哲研究集刊》第七期（2019 年 3 月），頁 27-65。
95 語出袁宏《後漢紀》史論 55。

許就不會認為他只是一味地使人將價值起源安頓於外在的權威上了，無論這個權威指的是「名教」還是「聖王」。[96]

第三節 「言多準經，議不悖聖」：《後漢紀》史論的典籍徵引及其價值取向

袁宏史論經常窮究道德、制度背後的「聖王」作意，難免會遇上標準何在的質疑。或許因為如此，他的論述時常明引或暗用《五經》的文獻以證己說，堅信聖王與《五經》之道具有歷久不衰的價值，無怪乎明代士人黃姬水在〈刻《兩漢紀》序〉稱許袁宏「言多準經，議不悖聖」。除了《五經》之外，他有時亦會徵引其他典籍增加論說力道，為求清晰，整理如下表：

表2 《後漢紀》史論徵引典籍表[97]

卷數	史論序號	史論原文	典籍出處
卷三	1	……故君子之人，洗心（1）行道，唯恐德之不修，義之不高。……末世陵遲，大路巇險，雖持誠行己，不求聞達，而讒勝道消，民怨其上。懼令名之格	1.《周易・繫辭傳上》：著之德，圓而神；卦之德，方以知；六爻之義，易以貢。聖人以此洗心，退藏於密，吉凶與民同患。神以知來，知以藏往，其

---

96 周天游對於袁宏的批評近似於此：「袁宏之論以名教觀為核心，多迂腐陳舊之說，是魏晉士族腐朽世界觀的一個縮影。劉知幾批評他『務飾玄言，玉卮無當』，可謂一針見血！與荀悅尚能從經濟方面探求動亂之由，還知道重民務實相比較，他的名教觀可以說毫不足取。」參見〔東晉〕袁宏，周天游（校注）：《後漢紀校注》，〈前言〉，頁 8。

97 部分典籍出處參考周天游《後漢紀校注》。「史論原文」一欄若涉及兩個以上的經典運用則各別標上序號，與「典籍出處」一欄的序號相互呼應；而為求簡潔，「史論原文」只引錄涉及典籍的段落。另外，為了直接顯現袁宏對典籍的徵引情況，本表格排除了華嶠所撰寫的史論 25、31、38、52。至於「史論原文」的出處頁碼請參見第一節的「表 1：《後漢紀》『史論』與『史事敘述』的關係整理表」，此處不再加注。

卷數	史論序號	史論原文	典籍出處
		物，或伐賢以示威；假仁義以濟欲，或禮賢以自重。於是有顛沛而不得其死，屈辱而不獲其所，此又賢人君子所宜深識遠鑒，<u>退藏於密者也</u>。（1）《易》曰：「<u>無咎無譽</u>」，衰世之道也。（2）……	孰能與此哉！ 【案】只用字面含意，不涉及《周易》本來的脈絡。 2.《周易・坤卦・文言傳》：天地變化，草木蕃。天地閉，賢人隱。《易》曰「括囊，無咎無譽」，蓋言謹也。 【案】「括囊，無咎無譽」原出於〈坤卦・六四爻辭〉，至於「無咎無譽」一語，除了〈坤卦〉的〈六四爻辭〉與〈文言傳〉，還可見於〈大過卦・九五爻辭〉，但觀袁宏史論原文，顯然採用的是〈坤卦・文言傳〉以「天地閉，賢人隱」解「無咎無譽」的意思。
卷三	3	……是以聖人<u>仰觀俯察</u>（1），而備其<u>法象</u>（2），所以<u>開物成務，以通天下之志</u>（3）。故有神道焉，有人道焉。微顯闡幽，遠而必著，<u>聰明正直</u>（4），<u>遂知來物</u>（5），神之所為也。智以周變，仁以博施，<u>理財正辭，禁民為非</u>（6），人之所為也。……梁（王梁）實負罪不暇，臧（孫臧）亦無所聞焉。《易》曰：「<u>鼎折足，覆公餗</u>。」（7）此之謂也。	1.《周易・繫辭傳上》：易與天地準，故能彌綸天地之道。<u>仰以觀於天文，俯以察於地理</u>，是故知幽明之故。原始反終，故知死生之說。 【案】只用字面含意，不涉及《周易》本來的脈絡。 2.《周易・繫辭傳上》：易有太極，是生兩儀，兩儀生四象，四象生八卦，八卦定吉凶，吉凶生大業。是故，<u>法象</u>莫大乎天地，變通莫大乎四時，縣象

卷數	史論序號	史論原文	典籍出處
			著明莫大乎日月，崇高莫大乎富貴。 【案】只用字面含意，不涉及《周易》本來的脈絡。 3. 《周易·繫辭傳上》：子曰：「夫易，何為者也？夫易<u>開物成務</u>，冒天下之道，如斯而已者也。是故，聖人以<u>通天下之志</u>，以定天下之業，以斷天下之疑。」 【案】只用字面含意，不涉及《周易》本來的脈絡。 4. 《左傳·莊公三十二年》：史嚚曰，虢其亡乎，吾聞之國將興，聽於民，將亡，聽於神，神<u>聰明正直</u>而壹者也，依人而行，虢多涼德，其何土之能得。 【案】只用字面含意，不涉及《左傳》本來的脈絡。袁宏史論「聰明正直」的主詞是行使「神道」的「聖人」，《左傳》「聰明正直」的主詞則是神。 5. 《周易·繫辭傳上》：易有聖人之道四焉；以言者尚其辭，以動者尚其變，以制器者尚其象，以卜筮者尚其占。以君子將有為也，將有行也，問焉而以言，其受命也如響，无有遠

卷數	史論序號	史論原文	典籍出處
			近幽深，遂知來物。非天下之至精，其孰能與於此。 【案】只用字面含意，不涉及《周易》本來的脈絡。 6. 《周易‧繫辭傳下》：天地之大德曰生，聖人之大寶曰位。何以守位曰仁，何以聚人曰財。理財正辭，禁民為非曰義。 7. 《周易‧繫辭傳下》：子曰：「德薄而位尊，知小而謀大，力小而任重，鮮不及矣，易曰：『鼎折足，覆公餗，其形渥，凶。』言不勝其任也。」 【案】「鼎折足，覆公餗」雖原出自〈鼎卦‧九四爻辭〉，但顯然袁宏史論更直接地採用了〈繫辭傳下〉「言不勝其任也」的意思來批評王梁、孫臧。
卷六	9	謙尊而光（1），於是信矣。馮異能讓，三軍賴之。善乎，王之言謙也。楊朱有言：「行賢而去自賢之心，無所往而不美。」（2）因斯以談，聖莫盛於唐、虞，賢莫高於顏回。《虞書》數德，以克讓為首（3）；仲尼稱顏回之仁，以不伐為先。（4）……且天道害盈，而鬼神福謙。（1）	1. 《周易‧謙卦‧彖傳》：謙，亨，天道下濟而光明，地道卑而上行。天道虧盈而益謙，地道變盈而流謙，鬼神害盈而福謙，人道惡盈而好謙。謙尊而光，卑而不可踰，君子之終也。《周易‧繫辭傳下》：謙，尊而光。 2. 《莊子‧外篇‧山木》：陽子

卷數	史論序號	史論原文	典籍出處
		<u>凡有血氣，必有爭心。</u>（5）……夫逆旅之妾，惡者自以為惡，主忘其惡而貴焉；美者自以為美，主忘其美而賤焉。（2）夫色之美惡，定於妾之面；美惡之情，變於主之心，況君子之人，有善不敢識，有過不敢忘者乎！其為美，亦以弘矣。故楊子之言足師，逆旅之妾足誡也。（2）	之宋，宿於逆旅。逆旅有妾二人，其一人美，其一人惡，惡者貴而美者賤。陽子問其故，逆旅小子對曰：「<u>其美者自美，吾不知其美也；其惡者自惡，吾不知其惡也。</u>」陽子曰：「弟子記之！<u>行賢而去自賢之行</u>，安往而不愛哉？」 【案】已和《莊子》本來的義理不同。[98] 3. 《尚書·堯典》：曰若稽古帝堯，曰放勳，欽、明、文、思、安安，<u>允恭克讓</u>，光被四表，格于上下。克明俊德，以親九族。九族既睦，平章百姓。百姓昭明，協和萬邦。黎民於變時雍。 4. 出處不詳。 5. 《左傳·昭公十年》：晏子謂桓子：「必致諸公，讓，德之主也，讓之謂懿德。<u>凡有血氣，皆有爭心</u>，故利不可強，思義為愈。義，利之本也，蘊利生孽，姑使無蘊乎，可以滋長。」 【案】只用字面含意，不涉及《左傳》本來的脈絡。

卷數	史論序號	史論原文	典籍出處
卷七	14	《書》稱：「協和萬邦」（1），《易》曰：「萬國咸寧」（2）。然則諸侯之治，建於上古，未有知其所始者也。……《周禮》：天子之田方千里，公之田方五百里，侯伯子男降殺之，謂之五等。（3）……功德著於民者加地進律（4），其有不善者則明九伐之制（5）。……	1. 《尚書・堯典》：曰若稽古帝堯，曰放勳，欽、明、文、思、安安，允恭克讓，光被四表，格于上下。克明俊德，以親九族。九族既睦，平章百姓。百姓昭明，協和萬邦。黎民於變時雍。 2. 《周易・乾卦・彖傳》：大哉乾元，萬物資始，乃統天。雲行雨施，品物流形。大明始終，六位時成，時乘六龍以御天。乾道變化，各正性命，保合大和，乃利貞。首出庶物，萬國咸寧。 3. 《周禮・夏官司馬》：凡邦國千里，封公以方五百里，則四公；方四百里，則六侯；方三百里，則十一伯；方二百里，則二十五子；方百里，則百男。以周知天下。凡邦國，小大相維。王設其牧，制其職，各以其所能；制其貢，各以其所有。 4. 《禮記・王制》：天子五年一巡守：……山川神祇，有不舉者，為不敬；不敬者，君削以地。宗廟，有不順者為不孝；不孝者，君絀以爵。變禮易樂者，為不從；不從者，君流。

卷數	史論序號	史論原文	典籍出處
			革制度衣服者，為畔；畔者，君討。有功德於民者，<u>加地進律</u>。 5. 《大戴禮記・朝事》：古者天子為諸侯不行禮義、不脩法度、不附於德、不服於義，故使射人以射禮選其德行；職方氏、大行人以其治國，選其能功。諸侯之得失治亂定，然後明九命之賞以勸之，<u>明九伐之法以震威之</u>。尚猶有不附於德，不服於義者，則使掌交說之。故諸侯莫不附於德，服於義者。此天子之所以養諸侯，兵不用，而諸侯自為正之法也。 《周禮・夏官司馬》：<u>以九伐之法正邦國</u>：馮弱犯寡，則眚之；賊賢害民，則伐之；暴內陵外，則壇之；野荒民散，則削之；負固不服，則侵之；賊殺其親，則正之；放弒其君，則殘之；犯令陵政，則杜之；外內亂，鳥獸行，則滅之。
卷八	18	……《書》云：「東巡狩，至于岱宗，柴。」（1）《傳》曰：「郊祀后稷，以祈農事。」（2）夫巡狩觀化之常事，祈農撫民之	1. 《尚書・堯典》：歲二月，<u>東巡守，至于岱宗，柴</u>。望秩于山川，肆覲東后。協時月正日，同律度量衡。修五禮、五

卷數	史論序號	史論原文	典籍出處
		定業，猶潔誠殷薦，以告昊天，況創制改物，人神易聽者乎！……天地易簡，其禮尚質。故<u>藉用白茅（3）</u>，貴其誠素；<u>器用陶匏（4）</u>，取其易從。……	玉、三帛、二生、一死贄。如五器，卒乃復。五月南巡守，至于南岳，如岱禮。八月西巡守，至于西岳，如初。十有一月朔巡守，至于北岳，如西禮。歸，格于藝祖，用特。五載一巡守，群后四朝。敷奏以言，明試以功，車服以庸。 2. 《左傳・襄公七年》：夏，四月，三卜郊不從，乃免牲，孟獻子曰：「吾乃今而後知有卜筮，<u>夫郊祀后稷，以祈農事也</u>，是故啟蟄而郊，郊而後耕，今既耕而卜郊，宜其不從也。」 3. 《周易・繫辭傳上》：「初六，<u>藉用白茅</u>，无咎。」子曰：「苟錯諸地而可矣，<u>藉之用茅</u>，何咎之有？慎之至也。夫茅之為物薄，而用可<u>重</u>也。慎斯術也以往，其无所失矣。」 4. 《禮記・郊特牲》：天子適四方，先柴。郊之祭也，迎長日之至也，大報天而主日也。兆於南郊，就陽位也。掃地而祭，於其質也。<u>器用陶匏</u>，以象天地之性也。於郊，故謂之郊。牲用騂，尚赤也；用犢，貴誠也。

卷數	史論序號	史論原文	典籍出處
卷九	20	……昔伊川之祭，其禮先亡，識者觀之，知其必戎，況西羌、北狄，雜居華土。嗚呼！六夷之有中國，其漸久矣。	《左傳·僖公二十二年》：初，平王之東遷也，辛有適伊川，見被髮而祭於野者，曰：「不及百年，此其戎乎，其禮先亡矣。」秋，秦晉遷陸渾之戎于伊川。
卷九	21	昔聖人興天下之大利，除天下之大患，躬親其事，身履其勤，使天下之民，各安性命，而無天昏之災。是以天下之民，親而愛之，敬而尊之。夫親之者，欲其閑敞平懌，而無疾苦之患也，故為之宮室，衛以垣墻，重門擊柝，以待暴客。……	《周易·繫辭傳下》：「重門擊柝，以待暴客，蓋取諸〈豫〉。」【案】只用字面含意，不涉及《周易》本來的脈絡。
卷十一	24	夫物有方，事有類。陽者從陽，陰者從陰。本乎天者親上，本乎地者親下，則天地人物各以理應矣。……	《周易·乾卦·文言傳》：九五曰：「飛龍在天，利見大人」。何謂也？子曰：「同聲相應，同氣相求。水流濕，火就燥，雲從龍，風從虎，聖人作而萬物覩。本乎天者親上，本乎地者親下，則各從其類也。」
卷十一	26	夫剛健獨運，乾之德也；柔和順從，坤之性也。（1）是以制教者本於斯，男有專行之道，女有三從之義。（2）君尊用專，故人子不加爵於其父；優柔體順，故國君可得崇禮於其母，古之道也。能封賈氏之號，不盡名稱之極，求之典籍，異乎《春秋》之	1. 《周易·繫辭傳下》：夫乾，天下之至健也，德行恆易以知險，夫坤，天下之至順也，德行恆簡以知阻。 2. 《大戴禮記·本命》：女者，如也，子者，孳也；女子者，言如男子之教而長其義理者也。故謂之婦人。婦人，伏於

卷數	史論序號	史論原文	典籍出處
		義也。（3）	人也。<u>是故無專制之義，有三從之道——在家從父，適人從夫，夫死從子，無所敢自遂也</u>。教令不出閨門，事在饋食之閒而正矣，是故女及日乎閨門之內，不百里而奔喪，事無獨為，行無獨成之道。 3. 出處不詳。
卷十二	28	……「<u>君親無將，將而必誅</u>。」（1）周之制也；《春秋》殺君之賊，一會諸侯，遂得列於天下，此褒貶之不同者。……然則經籍者，寫載先聖之軌迹者也。聖人之迹不同如彼，後之學者欲齊之如此，焉可得哉！故曰「<u>《詩》之失愚，《書》之失誣，《易》之失賊，《禮》之失煩，《春秋》之失亂</u>」（2），不可不察。……	1.《左傳·昭公元年》：「<u>君親無將，將而必誅</u>焉。然則曷為不於其弒焉貶？以親者弒，然後其罪惡甚，《春秋》不待貶絕而罪惡見者，不貶絕以見罪惡也。貶絕然然罪惡見者，貶絕以見罪惡也。」 2.《禮記·經解》：孔子曰：「入其國，其教可知也。其為人也：溫柔敦厚，《詩》教也；疏通知遠，《書》教也；廣博易良，《樂》教也；潔靜精微，《易》教也；恭儉莊敬，《禮》教也；屬辭比事，《春秋》教也。故<u>《詩》之失愚；《書》之失誣；《樂》之失奢；《易》之失賊；《禮》之失煩；《春秋》之失亂</u>。」
卷十二	29	……《易》稱：「<u>地道無成而代有終</u>。」（1）禮有婦人三從之	1.《周易·坤卦·六三爻辭》：含章可貞。或從王事，无成有

卷數	史論序號	史論原文	典籍出處
		義（2）。然則后妃之在於欽承天敬恭中饋（3）而已。故雖人母之尊，不得令於國，必有從於臣子者，則柔之性也。……古之王者，必闢四門，開四聰（4），兼親賢而聽受焉，所以通天下之才，而示物至公也。自母后臨朝，必舅氏專權，非疎賢而樹親暱也。……王薨君幼，百官執事，總己思齊，聽於冢宰（5），所以大明公道，人自為用，上下竸業，而名器已固，三代之道也。	終。 《周易‧坤卦‧文言傳》：陰雖有美「含」之以從王事，弗敢成也。地道也，妻道也，臣道也。地道「无成」而代「有終」也。 2. 《大戴禮記‧本命》：女者，如也，子者，孳也；女子者，言如男子之教而長其義理者也。故謂之婦人。婦人，伏於人也。是故無專制之義，有三從之道——在家從父，適人從夫，夫死從子，無所敢自遂也。教令不出閨門，事在饋食之閒而正矣，是故女及日乎閨門之內，不百里而奔喪，事無獨為，行無獨成之道。 3. 《周易‧家人卦‧六二爻辭》：无攸遂，在中饋，貞吉。 【案】可參王弼《周易注》：「居內處中，履得其位，以陰應陽，盡婦人之正義。无所必遂，職乎中饋，巽順而已，是以貞吉也。」以「中饋」代稱婦人之責的用法還可見於〔南朝宋〕范曄《後漢書‧王符列傳》載錄其《潛夫論‧浮侈》：「詩刺『不績其麻，市也婆娑』。

卷數	史論序號	史論原文	典籍出處
			又婦人不修中饋，休其蠶織，而起學巫祝，鼓舞事神，以欺誣細民，熒惑百姓妻女。」[99]《後漢書·楊震列傳》載楊震上疏：「昔鄭嚴公從母氏之欲，恣驕弟之情，幾至危國，然後加討，春秋貶之，以為失教。夫女子小人，近之喜，遠之怨，實為難養。《易》曰：『無攸遂，在中饋。』言婦人不得與於政事也。宜速出阿母，令居外舍，斷絕伯榮，莫使往來。」
			4. 《尚書·堯典》：「月正元日，舜格于文祖，詢于四岳，闢四門，明四目，達四聰。」
			5. 《論語·憲問》：子張曰：「《書》云：『高宗諒陰，三年不言。』何謂也？」子曰：「何必高宗，古之人皆然。君薨，百官總己以聽於冢宰，三年。」

---

[99] 現存單獨流傳的《潛夫論》和范曄《後漢書》所摘錄的文字略異：「《詩》刺『不績其麻，女也婆娑』。今多不修中饋，休其蠶織，而起學巫祝，鼓舞事神，以欺誣細民，熒惑百姓。」意思幾乎無別，但可以發現「不修中饋」前並無「婦人」二字，以「中饋」一詞代稱婦人在家負責伙食之責，已是漢魏的習慣，特別加上「婦人」作主詞反而略顯多餘，或為漢魏之後的人所加。參見〔東漢〕王符，〔清〕汪繼培（箋），彭鐸（校正）：《潛夫論箋校正》（北京：中華書局，2011 年 2 月），〈浮侈〉，頁 125。

卷數	史論序號	史論原文	典籍出處
卷十三	30	夫禮也，治心軌物（1），用之人道者也。……汙樽抔飲（2），可以盡歡於君親；蕢桴土鼓（2），可以致敬於鬼神。將之以誠，雖微物而可重，獻之由心，雖蒲質而可薦。……是故王者之興，必先制禮，損益隨時，然後風教從焉。故曰：「殷因於夏禮，所損益可知；周因於殷禮，所損益可知也。」（3）漢興撥亂，日不暇給，禮儀制度闕如也。賈誼曰：「夫立君臣，等上下，使綱紀有序，六親和睦，此非天之所設也。人之所為，不修則壞。宜定制度，典禮樂，使諸侯軌道，百姓素樸。」（4）……	1. 《左傳‧隱公五年》：五年，春，公將如棠觀魚者，臧僖伯諫曰：凡物不足以講大事，其材不足以備器用，則君不舉焉，君將納民於軌物者也，故講事以度軌量謂之軌，取材以章物采謂之物，不軌不物，謂之亂政，亂政亟行，所以敗也。 2. 《禮記‧禮運》：夫禮之初，始諸飲食，其燔黍捭豚，汙尊而抔飲，蕢桴而土鼓，猶若可以致其敬於鬼神。 3. 《論語‧為政》：子張問：「十世可知也？」子曰：「殷因於夏禮，所損益，可知也；周因於殷禮，所損益，可知也；其或繼周者，雖百世可知也。 4. 《漢書‧賈誼傳》：夫立君臣，等上下，使父子有禮，六親有紀，此非天之所為，人之所設也。夫人之所設，不為不立，不植則僵，不修則壞。 【案】相似文句亦見於賈誼《新書‧俗激》。
卷十八	39	夫謀事作制令，以經世訓物，使必可為也。古者四十而仕，非謂彈冠之會，必將是年也。以為可	《禮記‧曲禮上》：人生十年曰幼，學。二十曰弱，冠。三十曰壯，有室。四十曰強，而仕。五

卷數	史論序號	史論原文	典籍出處
		仕之時，在於彊盛，故舉大限，以為民表。……	十曰艾，服官政。六十曰者，指使。七十曰老，而傳。八十、九十曰耄，七年曰悼，悼與耄雖有罪，不加刑焉。百年曰期，頤。《禮記・內則》：三十而有室，始理男事，博學無方，孫友視志。四十始仕，方物出謀發慮，道合則服從，不可則去。五十命為大夫，服官政。七十致事。凡男拜，尚左手。
卷二一	43	……《易》稱「天之所助者〔順，人之所助者〕信」，然則順之與信，其天人之道乎，得失存亡，斯亦性命之極也。……	《周易・繫辭傳上》：「自天祐之，吉无不利。」子曰：「祐者，助也。天之所助者，順也；人之所助者，信也。履信思乎順，又以尚賢也。是以自天祐之，吉无不利也。」
卷二一	44	……古之王者，辯方正位，各有其事。在朝者必諫，在野者不言，所以明職分，別親疏也。忠愛心至，釋未而言者，王制所不禁也。無因而去，處言之地難，故君子罕為也。	《周禮・天官冢宰・敘官》：惟王建國，辨方正位，體國經野，設官分職，以為民極。乃立天官冢宰，使帥其屬而掌邦治，以佐王均邦國。【案】「惟王建國，辨方正位，體國經野，設官分職，以為民極」為《周禮》套語，同樣出現在〈地官司徒〉、〈春官宗伯〉、〈夏官司馬〉與〈秋官司寇〉的〈敘官〉一開頭。
卷二	45	……野不議朝，處不談務，少不	1.《論語・泰伯》：子曰：「不

卷數	史論序號	史論原文	典籍出處
二		論長，賤不辯貴，先王之教也。《傳》曰：「不在其位，不謀其政。」（1）「天下有道，庶人不議。」（2）此之謂矣。……	在其位，不謀其政。」《論語・憲問》：子曰：「不在其位，不謀其政。」曾子曰：「君子思不出其位。」 2.《論語・季氏》：孔子曰：「天下有道，則禮樂征伐自天子出；天下無道，則禮樂征伐自諸侯出。自諸侯出，蓋十世希不失矣；自大夫出，五世希不失矣；陪臣執國命，三世希不失矣。天下有道，則政不在大夫。天下有道，則庶人不議。」
卷二五	47	……以民心為治者，下雖不時整，終歸敦厚矣。老子曰：「古之為道者，不以明民，將以愚之。故以智治國，國之賊也。」	《老子・六十五章》：古之善為道者，非以明民，將以愚之。民之難治，以其智多。故以智治國，國之賊；不以智治國，國之福。知此兩者亦稽式。常知稽式，是謂玄德。玄德深矣，遠矣，與物反矣，然後乃至大順。
卷二六	50	神實聰明正直，依人而行者也。（1）王者崇德，殷薦以為饗天地（2），可謂至矣。……	1.《左傳・莊公三十二年》：史嚚曰：「虢其亡乎，吾聞之國將興，聽於民，將亡，聽於神，神聰明正直而壹者也，依人而行，虢多涼德，其何土之能得。」 **【案】只用字面含意，不涉及《左傳》本來的脈絡。** 2.《周易・豫卦・大象傳》：雷

卷數	史論序號	史論原文	典籍出處
			出地奮，豫。先王以作樂崇德，殷薦之上帝，以配祖考。 【案】只用字面含意，不涉及《周易》本來的脈絡。
卷三十	53	……《書》云：「百姓不親，五品不遜，汝作司徒，敬敷五教在寬。」「蠻夷猾夏，寇賊姦宄，汝作士，五刑有服。」（1）然德刑之設，參而用之者也。三代相因，其義詳焉。《周禮》：「使墨者守門，劓者守〔關〕（閽），宮者守內，刖者守囿。」（2）此肉刑之制可得而論也。荀卿亦云：「殺人者死，傷人者刑，百王之所同，未〔有〕知其所由來者也。」（3）……《漢書》：「斬右趾及殺人先自告；吏坐受〔賕〕財，守官物而即盜之，皆棄市。」此班固所以謂當生而令死者也。（4）……	1. 《尚書・堯典》：帝曰：「契，百姓不親，五品不遜。汝作司徒，敬敷五教，在寬。」帝曰：「皋陶，蠻夷猾夏，寇賊姦宄。汝作士，五刑有服，五服三就。五流有宅，五宅三居。惟明克允！」 2. 《周禮・秋官司寇》：掌戮：掌斬殺賊諜而搏之。凡殺其親者，焚之；殺王之親者，辜之。凡殺人者，踣諸市，肆之三日。刑盜于市。……墨者使守門，劓者使守關，宮者使守內，刖者使守囿，髡者使守積。 3. 《荀子・正論》：治古不然。凡爵列、官職、賞慶、刑罰，皆報也，以類相從者也。一物失稱，亂之端也。夫德不稱位，能不稱官，賞不當功，罰不當罪，不祥莫大焉。昔者武王伐有商，誅紂，斷其首，縣之赤旆。夫征暴誅悍，治之盛也。殺人者死，傷人者刑，是百王之所同也，未有知其所由

卷數	史論序號	史論原文	典籍出處
			來者也。 4. 《漢書・刑法志》：丞相張蒼、御史大夫馮敬奏言：「肉刑所以禁姦，所由來者久矣。陛下下明詔，憐萬民之一有過被刑者終身不息，及罪人欲改行為善而道亡繇至，於盛德，臣等所不及也。臣謹議請定律曰：諸當完者，完為城旦春；當黥者，髡鉗為城旦春；當劓者，笞三百；當斬左止者，笞五百；當斬右止，及殺人先自告，及吏坐受賕枉法，守縣官財物而即盜之，已論命復有笞罪者，皆棄市。……」制曰：「可。」是後，外有輕刑之名，內實殺人。斬右止者又當死。斬左止者笞五百，當劓者笞三百，率多死。
卷三十	55	……其政化遺惠，施及子孫，微而復隆，替而復興，豈無僻王？賴前哲以免。[100] 及其亡也，刑罰淫濫，民不堪命。匹夫匹婦，莫不憔悴於虐政；忠義之徒，無	《左傳・成公八年》：韓厥言於晉侯曰：「成季之勳，宣孟之忠，而無後，為善者其懼矣，三代之令王，皆數百年保天之祿，夫豈無僻王，賴前哲以免也。」

---

[100] 周天游點校作「豈無僻王賴前哲以免」，並且加注說：「疑文有脫誤。」然而張烈點校作「豈無僻王，賴前哲以免」確實可通，今採張烈句讀，並且改逗號為問號作「豈無僻王？賴前哲以免」，文氣更為完整。參見張烈（點校）：《兩漢紀：後漢紀》，〈孝獻皇帝紀卷第三十〉，頁 589。

卷數	史論序號	史論原文	典籍出處
		由自效其誠。故天下囂然，新主之望，由茲而言。……	【案】只用字面含意，不涉及《左傳》本來的脈絡。

統計上表各個典籍被徵引的次數：《周易》17 次，《左傳》8 次，《尚書》5 次，《禮記》5 次，《周禮》4 次，《論語》4 次，《大戴禮記》3 次，《莊子》1 次，《漢書》1 次，《老子》1 次，《荀子》1 次，即便扣除只用「字面含意」而不涉及典籍本來脈絡者，《周易》變為 10 次，《左傳》變為 4 次，《周易》依舊居各典籍之冠。而「只用字面含意」的情況，往往發生在袁宏「暗引」古代典籍的詞彙的時候。如此一來，該詞彙似乎僅僅被視為一種讓文章得以增色、展現作者才學的修辭技巧，並非是為了申重己說而引的嚴謹例證。不過，這並非意味著可以忽視袁宏對古代典籍的徵引，其意義在於：其一，這樣的情形充分顯現出袁宏對於古代典籍爛熟於胸、對於儒家遵奉的《五經》興趣也十分濃厚，以致可以信手拈來、運用自如；其二，魏晉士人風行的《老子》與《莊子》真正出現在袁宏史論的情況至多三例，《老子》兩例（除了上表所列，尚有一例是出自史論 52 引的華嶠史論），《莊子》一例，且意義已被轉化，與原先的脈絡不同。如此，唐代劉知幾在《史通・論贊》抨擊袁宏史論的「務飾玄言」說恐怕難以站穩腳跟，即便有「玄言」也是微乎其微，更遑論是「務飾」之說；其三，可以發現袁宏對於《周易》的徵引與化用最為頻繁，這一點在董文武、高秀芬的〈易學與袁宏的歷史觀〉已率先指出：

> 《後漢紀》中「袁宏曰」引用《周易》或點化《周易》的文字不下幾十處，說明他的易學造詣達到了很高的水平。[101]

---

[101] 董文武、高秀芬：〈易學與袁宏的歷史觀〉，頁 126。

後來的卓季志也說：

> 《後漢紀》的「袁宏曰」多是玄學家析理式的辯證申論，與一般玄
> 學論談相似，常引三玄為典，增強自己析理的憑據。袁宏的史論除
> 了明顯有道家老莊思想，最主要的思想內蘊是袁宏涉略研究的《周
> 易》。
>
> 「袁宏曰」確實有道家之跡，不過從內容再細辨，玄學家袁宏思想
> 元素佔最大宗的應是三玄中的《周易》。[102]

以上二文都直呼袁宏為「玄學家」，然而，即便袁宏《後漢紀》有頗多化
用《周易》之處，仍不足以證明他就隸屬於「玄學家」的行列。其理在於，
《周易》固然與《老子》、《莊子》並列「三玄」，[103]玄學家王弼亦為其
注解，但細究袁宏對於《周易》的徵引，乃是作為評價東漢人事物的標準，
如史論 1、3、9、29、43；或是描述「聖人」應有的形象、涵養與職責，
如史論 3；或是用以證明實際政治制度存在的正當性，如史論 26 就以乾
坤之剛柔來說明男女在倫理、政治上的差異。總之，袁宏史論引《周易》
時即便涉及天人之際的討論，都與王弼《周易注》的側重點有所不同；[104]從

---

102 卓季志：《《後漢紀》與袁宏之史學及思想》，頁 131、155。

103 「三玄」之說，最早出自於〔北齊〕顏之推《顏氏家訓・勉學》：「夫老、莊之書，蓋全真養
性，不肯以物累己也。故藏名柱史，終蹈流沙；匿跡漆園，卒辭楚相，此任縱之徒耳。何晏、
王弼，祖述玄宗，遞相誇尚，景附草靡，皆以農、黃之化，在乎己身，周、孔之業，棄之度外。
而平叔以黨曹爽見誅，觸死權之網也；輔嗣以多笑人被疾，陷好勝之阱也……彼諸人者，並其
領袖，玄宗所歸。其餘桎梏塵滓之中，顚仆名利之阱者，豈可備言乎！直取其清談雅論，剖玄
析微，賓主往復，娛心悅耳，非濟世成俗之要也。洎於梁世，茲風復闡，莊、老、周易，總謂
三玄。」參見氏著，王利器（集解）：《顏氏家訓集解》（北京：中華書局，2013 年 1 月），
頁 225。

104 陳鼓應認為王弼《周易注》實為「道、《易》一體」的理論思維，既「以道解《易》」也「以
《易》明道」，就「以道解《易》」的部分來說，可細分四點特徵：「以『有』、『無』解《易》」、
「以虛靜之道解《易》」、「以自然無為思想解《易》」和「《易》道主柔」，這四項在袁宏
對於《周易》的徵引中付諸闕如。陳鼓應之說詳見氏著：《道家易學建構》，〈王弼道家易學
詮釋〉（北京：商務印書館，2010 年 3 月），頁 133-156。

引文還可發現，袁宏對於《周易‧繫辭傳》的興趣實高於《周易》之經文，因此，不能因為頻繁涉及《周易》就簡單化約為「玄學家」，更何況《周易》也只不過是袁宏所徵引的其中一部典籍而已。整體觀之，比起「三玄」，他顯然更在意儒家致力遵奉的《五經》，對於《左傳》、《尚書》、《禮記》、《周禮》、《論語》的徵引也是層出不窮。如此看來，卓季志認為袁宏《後漢紀》「常引三玄為典，增強自己析理的憑據」且「明顯有道家老莊思想」，都是論據不足的。

總之，透過袁宏對經典的徵引，以及上一節羅列的兩種「敘述模式」，充分見到袁宏對聖王與《五經》背後精神的尊崇與闡發，也足以證明錢穆將袁宏《後漢紀》視為「以史代經，而發明其（案：先王）所以迹」、「經即舊史，史即新經，此惟馬、班下迄於宏，抱此宏旨，而後無嗣響矣」，皆非過譽。至於「新經」一詞並非意味著袁宏真的要自比於聖人，創造出一部東晉時代的新經典，而是紹繼聖人在《五經》當中業已立下的精神，評點史事，致使聖人與經典的精神被闡發得更為清楚，進而被後人傳承下去，可以說是為聖王經典注入了「新」的活力。

第參章

「務飾玄言」的迷霧：《後漢紀》
史論與玄學關係的釐清

　　如前一章所述，袁宏史論具有劉咸炘所謂「子家之嘉言」的性質，說理性較強，放在思想史的脈絡中討論也恰如其分，對於魏晉時期的代表性論題──「自然」與「名教」──也頗有自己的看法，且不時徵引了《老子》、《莊子》以及嵇康的〈聲無哀樂論〉來輔證其說。這興許是唐代史學家劉知幾批評他「務飾玄言」的原因所在，同樣身為史學家的陳寅恪，也因為袁宏涉及了「自然」與「名教」之論，評論他只是以當時流行的清談內容來「自高聲價」與「裝飾門面」而已。[1]

　　然而本書認為，「自然」與「名教」固然是魏晉玄學史重要的論題之一，但並不能因為袁宏涉及了「自然」與「名教」的討論，就直接將他劃歸於玄學史的旗幟底下，而必須詳細檢視其賦予「自然」與「名教」的實際內涵與態度為何，以及和玄學家王弼等人有何不同，方能真正釐清他的學術性格。至於他對於《老子》、《莊子》和嵇康〈聲無哀樂論〉的援用，除了在意義上有所轉化，側重點與玄學不同之外，袁宏的史論其實更多援用了儒家的《五經》以闡發其說，時而明引，時而暗用，層出不窮（詳見

---

[1]　張蓓蓓曾對此類論述提出反思：「劉知幾評袁之語曰：『務飾玄言』，大概他看到袁論滿紙『自然』、『天理』、『情性』，雖主『名教』，總不免通之于『自然』，又大言『道明其本，儒言其用』，故直覺產生反感而斥為近玄吧！近賢如陳寅恪先生，亦從此角度批評袁宏，顯然受到劉知幾的影響。其實持平以觀，借玄說理、以道通儒，乃袁宏之長，非袁宏之短。」參見氏著：《魏晉學術人物新研》，〈袁宏新論〉，頁 220。

本書第貳章）。因此，即便他的史論中偶有玄學經典的身影，也完全不足以作為斷言他是「務飾玄言」的憑證。

　　相較於史學家陳寅恪只是將袁宏涉及「自然」與「名教」的論說視作「名士之裝飾品」的負面態度，[2]另有學者直接稱呼袁宏為「玄學家」，試圖在「玄學發展史」的脈絡下給予他較為積極正面的評價。如緒論所述，此說的早期代表應為 1993 年刊於《國學研究》的樓宇烈〈袁宏與東晉玄學〉，[3]文中甚至將袁宏、韓康伯、陶淵明三人都列為「東晉玄學家」的代表人物。[4]其後如周大興、董文武、卓季志、蔡珮汝、楊曉菁等人也都理所當然地將袁宏視為「玄學家」。其中較值得注意的是以較多篇幅推闡此說的周大興，他試圖在樓宇烈〈袁宏與東晉玄學〉一文的基礎上，依據「自然與名教」、「道本儒用」與「公謙之辯」等論題，將袁宏拉進玄學史的脈絡作為箇中的代表。最後甚至斷言：「（袁宏）回歸會通孔老、名教以自然為本的正始玄學主流」、「袁宏道本儒用的名教觀，顯然屬於王弼老學式的綜合」、「袁宏『道本儒用』的名教觀，可以說是玄學在東晉後期綜合儒道的最後成果，殿軍之作」。[5]在周大興之後的卓季志、楊曉菁等人都引其說作為佐證，足見其觀點具有某種程度的代表性。因此，本章將會在最後一節針對周大興以上種種論斷進行梳理，以釐清袁宏真正的學術性格以及他與玄學之間的關係。

2　陳寅恪：「茲請略言魏晉兩朝清談內容之演變：當魏末西晉時代即清談之前期，其清談乃當日政治上之實際問題，與其時士大夫之出處進退至有關係，蓋藉此以表示本人態度及辯護自身立場者，非若東晉一朝即清談後期，清談只為口中或紙上之玄言，已失去政治上之實際性質，僅作名士身分之裝飾品者也。」「前已言清談在東漢晚年曹魏季世及西晉初期皆與當日士大夫政治態度實際生活有密切關係，至東晉時代，則成口頭虛語，紙上空文，僅為名士之裝飾品而已。」參見氏著：《金明館叢稿初編》，〈陶淵明之思想與清談之關係〉，頁 201、217。

3　樓宇烈：「從他（案：袁宏）為《後漢紀》所寫的『序』、『論』看，則他是一位地道的玄學家。」參見氏著：〈袁宏與東晉玄學〉，頁 72。

4　樓宇烈：「在留有一定數量著述可供研究其思想的東晉玄學家中，我認為至少還有三位是值得我們特別關注的：一是韓伯（康伯）、二是袁宏（彥伯）、三是陶潛（淵明）。」詳見氏著：〈袁宏與東晉玄學〉，頁 68。

5　周大興：《自然‧名教‧因果——東晉玄學論集》，〈袁宏「道本儒用」的名教觀〉，頁 205、207、211。

　　本章首先會詳細探討袁宏史論對於《老子》、《莊子》與嵇康〈聲無哀樂論〉的徵引與用意，此為力主「袁宏為玄學家」的樓宇烈、周大興、楊曉菁、蔡珮汝等人未嘗措意之處，以期對史學家角度出發而有貶斥之意的「務飾玄言」說提出反思；再者，將袁宏放回東晉當時「公謙之辯」的現場，以袁宏史論中的「謙」論及現存文獻，和王坦之、韓康伯的「公謙之論」做比較，再次顯現他與玄談的思維差別；最後，方才審視周大興以袁宏為「玄學殿軍」的種種論證，以還原袁宏的真實樣貌，同時對江建俊的「袁宏反玄說」提出不同的看法。

第一節　《後漢紀》史論對《老子》、《莊子》與〈聲無哀樂論〉的援用

　　唐代劉知幾在《史通・論贊》評價歷代論贊，對於袁宏史論只有「務飾玄言」四個字的評語，且和謝靈運的「虛張高論」一樣，都是「玉巵無當，曾何足云」，[6]毫無肯定之處。劉知幾並沒有具體說明根據為何，但此評價多少為後來的論者呼應或承襲，如卓季志就說袁宏是「以史明玄」，[7]或

6　「玉巵無當」應典出《韓非子・外儲說右上》：「堂谿公謂昭侯曰：『今有千金之玉巵，通而無當，可以盛水乎？』昭侯曰：『不可。』『有瓦器而不漏，可以盛酒乎？』昭侯曰：『可。』對曰：『夫瓦器至賤也，不漏，可以盛酒。雖有乎千金之玉巵，至貴，而無當，漏，不可盛水，則人孰注漿哉？今為人主而漏其羣臣之語，是猶無當之玉巵也，雖有聖智，莫盡其術，為其漏也。』昭侯曰：『然。』昭侯聞堂谿公之言，自此之後，欲發天下之大事，未嘗不獨寢，恐夢言而使人知其謀也。」參見〔戰國〕韓非，陳奇猷（校注）：《韓非子新校注》，〈外儲說右上〉，下冊，頁 782。

7　卓季志：「袁宏認為將過去的歷史記載下以流傳後世，是為了讓後人藉史籍所保存的史事瞭解過去到現在的『變』，讓人的意識產生現在與過去的相關連結，在這『通古今』的過程發掘人建立名教社會的本源，以及名教社會變化的原因，在這藉歷史探本溯源的過程導正真正本於自然之理的名教，重建名教的正當性，堅持名教的價值，並且切實奉行。這個『通古今而篤名教』的思維，背後有著袁宏的歷史觀、歷史意識以及對史學之用的認識，再與其個人的經玄之學相融合，於是形成以史明玄、史為經世之用的思想。」『探本溯源』是玄學最重要的核心內涵，不論是崇有貴無還是論述名教之本，都是玄學家為了瞭解宇宙萬物存在的原始根據，為了探討「本體」、「本性」為何。玄學探本溯源的特徵與史學『通古今』性質相仿，當『綜核名實』反省思潮興起，進而形成玄學哲思的同時，另一種以古鑒今的反省管道也一併逐日興盛。讀史、

　　如蒙文通說：「先後史人皆汲汲於玄風之辟，直為中原傾覆之由。其以清談言史，惟袁宏輩而已。」[8]關於此點，胡寶國在詳細論證後已指出：「他（案：袁宏）的史學觀念完全是基於儒家思想，看不到玄學的痕跡」、「袁宏以後，也沒有哪一個史家曾用玄學的觀點解釋過歷史。」[9]

　　雖然胡寶國對於袁宏史論與玄學之間的關係的確有廓清之功，劉知幾的評價也不能就因此完全視為無的放矢。其理在於，即便他確實「誤解」了袁宏，也應當進一步推究導致他誤解的「觸發點」為何，同樣有助於釐清袁宏的思想性格。雖然劉知幾並未明說，但本書認為他所謂的「玄言」，極有可能就是指袁宏史論中對於「自然」與「名教」的議論，即陳寅恪所謂「當時號稱名士者所不可少之裝飾門面語也」。除此之外，尚有對《老子》、《莊子》與〈聲無哀樂論〉的明引與暗用。但這些引用卻展露出不同於「老莊道家」式的關懷。關於「自然」與「名教」的論述，為配合呈顯王弼與袁宏的思想差異，將在本章的第三節進行梳理，至於本節主要探討袁宏史論對《老子》、《莊子》與〈聲無哀樂論〉的運用及其意義，以澄清類似劉知幾「務飾玄言」說的誤解。

一、史論 47 對《老子・六十五章》的援用

　　袁宏對於《老子》語句的援用其實並不算多，五十五則史論（包含引用華嶠史論四則）中不過三則，扣除其中一則為華嶠所寫，僅見於史論 37

識史、修史以通古今之變，從歷史演變脈絡找尋時代社會問題的原因，藉助歷史的比對評判是非，從而再確立正確的價值。」參見氏著：《《後漢紀》與袁宏之史學及思想》，〈《後漢紀》之思想〉，頁 134-135。卓季志雖然部分言之成理，但對於「玄學」的定義既不明確也過於寬泛，「探本溯源」的精神不必然要從「玄學」開出，「重建名教的正當性」也非王弼等人奠定的魏晉玄學所推崇，反倒不如將袁宏《後漢紀》視為承襲自《春秋》以來，根據上古三代之禮對於當世「有所襃諱貶損」（班固《漢書・藝文志・六藝略》）的撰史傳統，來得更為直接瞭當，這也是袁宏在〈後漢紀序〉論及「史傳之興，所以通古今而篤名教也」時，有意識上溯自左丘明的原因。

8　蒙文通：《中國史學史》，頁 45。

9　胡寶國：《漢唐間史學的發展》（修訂本），〈史論〉，頁 115、116。

與史論 47，值得析論的是史論 47：[10]

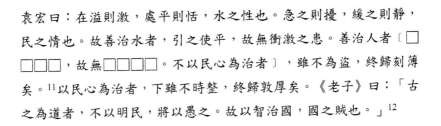

> 袁宏曰：在溢則激，處平則恬，水之性也。急之則擾，緩之則靜，
> 民之情也。故善治水者，引之使平，故無衝激之患。善治人者〔□
> □□□，故無□□□□。不以民心為治者〕，雖不為盜，終歸刻薄
> 矣。[11]以民心為治者，下雖不時整，終歸敦厚矣。《老子》曰：「古
> 之為道者，不以明民，將以愚之。故以智治國，國之賊也。」[12]

袁宏此段史論乃因漢靈帝中平二年春太尉劉寬（字文饒，120-185）薨逝，
遂有感而發。其論述劉寬治民之風，可與史論 47 相參：「遇民如子，口
無惡言，吏民有罪，以蒲鞭鞭之，示恥辱而已。其善政歸之於下，有不善
輒自剋責，庶民愛敬之。……教化流行，不嚴而治。」[13]可以見得劉寬對於
「民心」的重視，一如袁宏此處史論說的「以民心為治者，下雖不時整，
終歸敦厚矣」。此為先秦以來習見的政治思想，如《老子》「聖人無常心，
以百姓心為心」之說，[14]或許因為如此，袁宏援用了《老子‧六十五章》來
申重己說。

　　然而必須注意的是：其一，如同他在史論 28 將「儒」、「道」諸家

10　史論 37 只出現了「不貴難得之貨」一語，多少可以說是暗用了《老子》（三章與六十四章皆
　　有），但單憑此語並無法具體呈現他的思想性格以及與《老子》間的對話，故略而不論。

11　對照上文「善治水者，引之使平，故無衝激之患」以及對照下文「以民心為治者，下雖不時整，
　　終歸敦厚矣」的結構增補。周天游校本、張烈校本皆作「善治人者雖不為盜，終歸刻薄矣」，
　　意不可通。參見周天游（校注）：《後漢紀校注》，頁 700。張烈（點校）：《兩漢紀：後漢
　　紀》，頁 483。

12　〔東晉〕袁宏，周天游（校注）：《後漢紀校注》，頁 700。《老子‧六十五章》：「古之善
　　為道者，非以明民，將以愚之。民之難治，以其智多。故以智治國，國之賊；不以智治國，國
　　之福。知此兩者亦稽式。常知稽式，是謂玄德。玄德深矣，遠矣，與物反矣，然後乃至大順。」
　　參見〔魏〕王弼，樓宇烈（校釋）：《王弼集校釋》，〈老子道德經注〉，頁 168。

13　〔東晉〕袁宏，周天游（校注）：《後漢紀校注》，頁 699。

14　〔魏〕王弼，樓宇烈（校釋）：《王弼集校釋》，〈老子道德經注‧四十九章〉，頁 129。

皆視為「聖王之道」的「支流區別」，[15]重視所有諸子在治世上的效能，因此即便他徵引《老子》，也不能作為論斷他「務飾玄言」的有力佐證；其二，袁宏此處徵引《老子》「以智治國，國之賊也」，要批判的對象應該是上位者以智巧和刑罰，嚴格管束與懲罰百姓，所以才會在劉寬「遇民如子」、「其寬裕如此，內外稱為長者」的事蹟之後發此議論，但這樣的意義，已經不是《老子》和王弼注原先要批判的「名教」擘劃者。[16]如此，方能理解為何袁宏能一邊徵引《老子》的「以智治國，國之賊也」，一邊又大抒「古之聖人知其如此，故作為名教，平章天下，天下既寧，萬物之生全也」（史論 46）的「名教」思想；再者，也能順帶瞭解為何他在史論 41 對於東漢崔寔（字子真，103-170）所說的「今已不能用三代之法，故宜以霸道而理之，重賞罰，明法術。……故德教者，治世之粱肉；刑法者，救亂之藥石」深感不滿。

　　如此看來，袁宏對《老子》的徵引，已經不盡合該文句在《老子》整體思想中的本意，只是展現了上位者對於萬民的愛護與照顧而已。

二、史論 9 對《莊子》「陽子之宋」典故的援用

　　在袁宏史論 9 中，「逆旅之妾」一段乃暗用典故：

> ……君子則不然。勞而不伐，施而不德；致恭以存其德，下人以隱其功；處不避汙，官不辭卑；惟懼不任，唯患不能。故力有餘而智不屈，身遠咎悔而行成名立也。且天道害盈，而鬼神福謙。凡有血氣，必有爭心。功之高者，自伐之責起焉。故宋公三命，考父傴僂；晉帥有功，士爕後歸；孟側殿軍，策馬而入；三卿謀寇，冉有不對。其所以降身匿迹，如此之甚也何？誠知民惡其上，眾不可蓋也。

15　〔東晉〕袁宏，周天游（校注）：《後漢紀校注》，頁 338。

16　「名教」的內涵若用《老子》和王弼注的話來說是「官長」、「造立施化」、「名分以定尊卑」、「任名而號物」等等。

> 夫逆旅之妾，惡者自以為惡，主忘其惡而貴焉；美者自以為美，主
> 忘其美而賤焉。夫色之美惡，定於妾之面；美惡之情，變於主之心，
> 況君子之人，有善不敢識，有過不敢忘者乎！其為美，亦以弘矣。
> 故楊子之言足師，逆旅之妾足誡也。[17]

若是事先不知「逆旅之妾」是典故的運用，乍讀最後一段頗有突兀之感。
而此一典故，乃是暗用了《莊子・山木》中「陽子之宋」的故事：

> 陽子之宋，宿於逆旅。逆旅有妾二人，其一人美，其一人惡，惡者
> 貴而美者賤。陽子問其故，逆旅小子對曰：「**其美者自美，吾不知
> 其美也；其惡者自惡，吾不知其惡也。**」陽子曰：「弟子記之！行
> 賢而去自賢之行，安往而不愛哉？」[18]

就現存的文獻來說，這段故事還可以見於《韓非子・說林上》與《列子・
黃帝》，彼此間大同小異：

> 楊子過於宋東之逆旅，有妾二人，其惡者貴，美者賤。楊子問其故。
> 逆旅之父答曰：「美者自美，吾不知其美也；惡者自惡，吾不知其
> 惡也。」楊子謂弟子曰：「**行賢而去自賢之心，焉往而不美。**」（《韓
> 非子・說林上》）
> 楊朱過宋，東之於逆旅。逆旅人有妾二人，其一人美，其一人惡；
> 惡者貴而美者賤。楊子問其故。逆旅小子對曰：「其美者自美，吾
> 不知其美也；其惡者自惡，吾不知其惡也。」楊子曰：「弟子記之！
> **行賢而去自賢之行，安往而不愛哉？**」（《列子・黃帝》）[19]

17　〔東晉〕袁宏，周天游（校注）：《後漢紀校注》，頁 151-152。

18　〔西晉〕郭象（注），〔唐〕成玄英（疏）：《南華真經注疏》（北京：中華書局，2011 年 3
　　月），〈山木〉，下冊，頁 399-400。

19　〔戰國〕韓非，陳奇猷（校注）：《韓非子新校注》，〈說林上〉，頁 486。〔東晉〕張湛（注），

唯一比較重要的差別是《莊子》和《列子》在文末陽子（楊朱）的話都作
「行賢而去自賢之行」，《韓非子》則作「行賢而去自賢之心」，這一點
陳鼓應和王叔岷（名邦濬，字叔岷，號慕廬，1914-2008）分別在校釋《莊
子》與《列子》時已經指出，[20]而且都認為應該參照《韓非子》作「去自賢
之心」，比起「去自賢之行」意義更為精準。而本書之所以主張袁宏「逆
旅之妾」源自於《莊子》典故，乃因為東晉之時，從時代的風尚與精神來
看，《莊子》對於士人的流播與影響應該皆勝過於《韓非子》；再者，《韓
非子・說林上》雖然和《莊子・山木》一樣，都只是羅列了此段故事，並
未透過「羅列者」的視角論述其意義。但是《莊子・山木》各篇故事之間
的連結性與整體意義，比起《韓非子・說林上》顯然要整飭許多，而非無
意識的堆垛而已。至於《列子》，學者已考證應為魏晉時人運用先秦的諸
子之說改造而成，且亦有當時人的思想竄入其中，[21]其影響與地位在當時恐
怕也不及名列「三玄」中的《莊子》。故本書認為袁宏「逆旅之妾」的典
故運用應以《莊子》為真正的源頭。

　　而細繹《莊子》「陽子之宋」這段故事與袁宏史論中的化用，顯然袁
宏的重點和《莊子》的用意並不相同。《莊子・山木》的作者（或編輯者）
雖然沒有進一步說明此段故事的意義，但若嘗試推敲此段與〈山木〉篇整
體的呼應，其意應當是希望人不要為自身之「美」感到沾沾自喜，乃因此
「美」事實上出於世俗的、有違「自然」的價值標準。換言之，《莊子》
所批評的「美」乃指一切在「世俗標準」下受到稱讚與羨慕的對象，而此
種「美」將會使人在不知不覺中受到世俗的標準所拘牽，進而戕害與扭曲
自然的本性；另一方面，也使人會忽略了「心」的工夫，因而在應對外物

楊伯峻：《列子集釋》（北京：中華書局，2011 年 9 月），〈黃帝〉，頁 81。

[20] 陳鼓應：「行賢而去自賢之心：『心』，原作『行』，根據《韓非子・說林上》改。作『心』
於義為優。」參見氏著：《莊子今注今譯》（最新修訂重排本）（北京：中華書局，2011 年 1
月），頁 564。楊伯峻徵引王叔岷《列子補正》：「王叔岷曰：《韓非子・說林上》篇『之行』
作『之心』，審文意，當從之。今本『心』作『行』，即涉上『行』字而誤。」參見氏著：《列
子集釋》，〈黃帝〉，頁 81。

[21] 詳細的論證可參楊伯峻：《列子集釋》，〈附錄三：辯偽文字輯略〉，頁 287-348。

時會挪用世俗的審美觀，進而成為戕害與扭曲其他外物自然的共犯。總之，《莊子・山木》中的理想人格應當如〈山木〉篇首章所說的「乘道德而浮游」、「無譽無訾，一龍一蛇，與時俱化，而無肯專為」，以致「物物而不物於物」，不受制於「萬物之情，人倫之傳」（違逆自然的世俗標準）。南宋褚伯秀（字雪巘）在《莊子義海纂微》中就認為，〈山木〉篇「結以『行賢而去自賢之行』，是超乎『材與不材之間』而真似者」。[22]「材與不材之間」一句，出自〈山木〉篇首章莊子對弟子所說的話。褚伯秀所說，可謂重視〈山木〉篇整體的善解。

至於《韓非子・說林上》羅列此故事的用意，如前所述，由於〈說林〉篇中的故事內容駁雜、缺乏有機排列，難以推敲其篇旨，如陳奇猷所說：「此蓋韓非蒐集之史料備著書及遊說之用。」因此可以略而不論；[23]而《列子・黃帝》中的用意，如嚴北溟所說：「養生之道還在於謙虛謹慎，『列子之齊』、『楊朱之沛』、『楊朱過宋』、『紀渻子鬥雞』等故事便旨在強調『大白若辱，盛德若不足』的道理。」[24]可見「養生之道」為其重點所在，此外，若從「楊朱過宋」（即《莊子》的「陽子之宋」）在《列子・黃帝》中前後所接的故事來觀察：前一則接的是老聃以「大白若辱，盛德若不足」來勸戒楊朱「睢睢而盱盱」的驕矜之態；後一則接的則是藉粥子與老子之口說明「柔弱勝剛強」之理，可見「楊朱過宋」這則典故在《列子》中的意義乃是勉人以「行賢而去自賢之行」絕去「驕矜」與「剛強」，以呼應《老子》主張的「卑弱」之道，這就和《莊子・山木》的寓意頗為不同。

回到袁宏的史論來看，其運用「陽子之宋」一事，闡發的重點非但在於痛斥驕傲「矜伐」、「自賢」會帶來對「名教」精神的危害，也建立在「君王如何任用臣下」與「臣下如何為君王效力」的思考上。只要臣下免

22 〔南宋〕褚伯秀：《莊子義海纂微》（上海：華東師範大學出版社，2014 年 8 月），下冊，頁 640。
23 王先慎：「《索隱》云：『說林者，廣說諸事，其多若林，故曰說林也。』」轉引自陳奇猷：《韓非子新校注》，上冊，頁 461。
24 嚴北溟、嚴捷：《列子譯注》（上海：上海古籍出版社，2006 年 11 月），頁 29。

去驕矜，則無論自身「色之美惡」如何，或君王的「美惡之情」如何，都可以避免像是郄至、處父遭受到禍亂的可能（「郄至矜善，兵在其頸；處父上人，終喪其族」），與《莊子》和《列子》主要想處理的「心」、「物」關係側重不同，《莊子・山木》甚至勉人要超脫世俗的「萬物之情，人倫之傳」，顯露出對於「名」的戒懼或排斥。因此，即便同樣都在反對驕矜，袁宏的關懷始終在「君——臣——民」這串以上治下的鏈帶上，即便涉及「己心」與「外物」也必須緊扣著這三種社會關係立論。而這串關係當中的弊端，也唯有聖王創制的「名教」方能安頓與解決，穩定人與人之間相輔相成的整體結構，此即為袁宏對「謙」推崇的深意所在。倘若再以袁宏整體的史論思想推論，即便「謙」之「名」會招致《莊子》所批評的流於虛偽或戕害自然，袁宏也會認為那也並不是「謙」之「名」應當領受的罪責，反而應該追究「君」與「臣」在應對「名」的態度與行為上，是否符合「名」被創制出來時本有的精神，如史論 1 所說的「太上，遵理以修實，理著而名流」。[25]因此，此處史論 9 以「誠知民惡其上，眾不可蓋也」提醒統治萬民的君與臣，其中的「上」與「蓋」乃指上位者對下位者矜伐、自賢的態勢，而「謙」的意義，就在於它符合民心，因而成為維繫君、臣、民關係的重要樞紐。

　　總之，《莊子・山木》與袁宏史論的不同在於：其一，《莊子》認為世人若因為「名」而感到驕矜，傷害的是本性的「自然」，因此期勉世人要超脫世俗的「萬物之情，人倫之傳」。逆旅之妾的「美惡」與否乃是後天世俗所增添的評價，因此一旦「自美」則違逆自然；袁宏史論則認為世人若因為「名」而感到驕矜，傷害的是維繫倫理與秩序的「名教」，逆旅之妾的「美」與「惡」則是用來譬喻臣子本身的德性與才能，已與《莊子》的脈絡不同，並沒有「違逆自然」的預設，但可以確定的是，如果美者「自以為美」，非但傷害了「名教」，亦違逆了先王、民心厭惡驕矜的人之常情；其二，從整體脈絡來看，袁宏勸人不應當「美者自以為美」，乃因他

25　〔東晉〕袁宏，周天游（校注）：《後漢紀校注》，頁 57-58。

是以「人君者，必量材任以授官，參善惡以毀譽，課功過以賞罰者」的政治運作當作前提的，因此一般人賢與不賢，君主倚仗良善的制度甄別即可一清二楚，根本無需「被考察者」過多的造作。但這在《莊子‧山林》原先的脈絡當中是沒有的，它只涉及了「被觀者的美惡」以及「如何看待自己美惡」的問題，袁宏則在此之外，還設有成功的「觀看者」——「君王」——存在。

三、史論 22 對嵇康〈聲無哀樂論〉的援用

袁宏對嵇康〈聲無哀樂論〉的援用出現在史論 22：

> 袁宏曰：樂之為用，有自來矣。《大章》、《簫韶》於唐虞，《韶濩》、《大武》於殷、周，所以殷薦上帝，饗祀宗廟，陳之朝廷，以穆人倫，古之道也。末世制作，不達音聲之本，感物乖化，失序乎情性之宜。故雖鐘鼓不足以動天地，金石不足以感人神，因輕音聲之用，以忽感導之方，豈不惑乎？
> 善乎！嵇生之言音聲曰：〔夫言移風易俗者，必承衰弊之後也。〕古之王者承天理〔物〕，必崇簡易之教，仰無為之理，[26]君靜於上，臣順於下，大化潛通，天下交泰，〔枯槁之類，浸育零液，六合之內，沐浴鴻流，蕩滌塵垢；〕羣臣安逸，[27]自求多福，默然化道，[28]懷忠抱義，而不覺其所以然也。和心足於內，則美言發於外。[29]故歌以敘志，舞以宣情，然後文之以采章，昭之以風雅，[30]播之以八音，感

26　今單獨流傳《嵇康集》作「御無為之治」，參見〔魏〕嵇康，戴明揚（校注）：《嵇康集校注》（北京：中華書局，2014 年 4 月），頁 357。

27　〔魏〕嵇康，戴明揚（校注）：《嵇康集校注》作「群生安逸」，見頁 357。

28　〔魏〕嵇康，戴明揚（校注）：《嵇康集校注》作「默然從道」，見頁 357。

29　〔魏〕嵇康，戴明揚（校注）：《嵇康集校注》作「和心足於內，和氣見於外」，見頁 357。

30　〔魏〕嵇康，戴明揚（校注）：《嵇康集校注》作「照之以風雅」，見頁 357。

之以太和，導其神氣，養而就之，迎其悅情，致而明之，[31]使心與理相順，言與聲相應，[32]合乎會通，以濟其美。故凱樂之情，見於金石，含弘光大，顯於音聲也。若此已往，則萬國同風，芳榮齊茂，馥如秋蘭，不期而信。〔不謀而成，穆然相愛；猶舒錦綵，而粲炳可觀也〕大道之隆，莫盛於茲，太平之業，莫顯於此。故曰「移風易俗，莫善於樂」。然樂之為體，[33]以心為主。故無聲之樂，民之父母也。〔至八音會諧，人之所悅，亦總謂之樂。然風俗移易，不在此也。〕夫音聲和，[34]此人情所不能已者也。是以古人知情不可放，故抑其所通；[35]知慾不可絕，故因以致殺，[36]故為可奉之禮，制可遵之聲也。[37]口不盡味，耳不極音，[38]揆〔終〕始〔之宜〕，〔度賢愚〕之中，[39]為之檢則，使遠近同風，〔用〕而不竭，亦所以結忠信，著不遷也。故鄉教庠序，革不修之，[40]使絲竹與俎豆並存，羽旄與揖讓俱用，正言與和聲同發。使將聽是聲也，必聞此言；將觀是容也，必崇此禮。猶賓主升降，然後酬酢行焉。[41]於是言語之節，音聲之度，[42]揖讓之宜，動止之致，進退相須，共為一體。君臣用之於朝，士庶用之於家，[43]少而習之，長而不怠，心安志固，從善日遷，〔然後臨之以敬，

---

[31] 〔魏〕嵇康，戴明揚（校注）：《嵇康集校注》作「迎其情性，致而明之」，見頁 357。

[32] 〔魏〕嵇康，戴明揚（校注）：《嵇康集校注》作「氣與聲相應」，見頁 357。

[33] 〔魏〕嵇康，戴明揚（校注）：《嵇康集校注》無「然」字，見頁 358。

[34] 〔魏〕嵇康，戴明揚（校注）：《嵇康集校注》作「夫音聲和比」，見頁 358。

[35] 〔魏〕嵇康，戴明揚（校注）：《嵇康集校注》作「抑其所遁」，見頁 358。

[36] 〔魏〕嵇康，戴明揚（校注）：《嵇康集校注》作「因其所自」，見頁 358。

[37] 〔魏〕嵇康，戴明揚（校注）：《嵇康集校注》作「可導之樂」，見頁 358。

[38] 〔魏〕嵇康，戴明揚（校注）：《嵇康集校注》作「樂不極音」，見頁 358。

[39] 〔魏〕嵇康，戴明揚（校注）：《嵇康集校注》作「揆終始之宜」，見頁 358。

[40] 〔魏〕嵇康，戴明揚（校注）：《嵇康集校注》作「故鄉教庠序亦隨之變」，見頁 358。

[41] 周天游校本僅作「然後酬行焉」，張烈校本作「然後酬酢行焉」，今據後者補。參見張烈（點校）：《兩漢紀：後漢紀》，頁 174。

[42] 〔魏〕嵇康，戴明揚（校注）：《嵇康集校注》作「聲音之度」，見頁 358。

[43] 〔魏〕嵇康，戴明揚（校注）：《嵇康集校注》作「庶士用之於家」，見頁 358。

持之以久而不變，然後化成。〕此先王用樂之意也。故朝宴聘享，
嘉樂必存。是以國史採風俗之盛衰，寄之樂工，宣之以管絃，使言
之者無罪，聞之者足以自戒，此〔又〕先王用樂之意也。[44]

　　從「善乎！嵇生之言音聲曰」以降都是徵引自嵇康的〈聲無哀樂論〉，而
袁宏徵引的這一段，隸屬於現存〈聲無哀樂論〉的最後一段，為「東野主
人」對「秦客」疑問的回應。引文中標以方括弧又加底線者，乃是在周天
游《後漢紀校注》的校勘基礎之外，以現存的《嵇康集》參照所補，顯現
袁宏引文時可能的刪減之跡，雖然它們多半不影響整體文意。此外，袁宏
徵引的這一段其實並不是〈聲無哀樂論〉最後一段的全貌，在最末句「此
又先王用樂之意也」之後尚有不少篇幅。[45]而袁宏此段史論（幾乎是〈聲無
哀樂論〉的徵引），緊接在史事敘述的「冬十月，有事于世祖廟。初獻大
武之舞，改太樂官曰太予」之後，兩相對照可知，袁宏根本沒有在評論世
祖（漢光武帝劉秀）廟獻舞一事，而是藉機表達他對朝廷用樂的理想，此
又展現劉咸炘所謂「子家之嘉言」的一大特色。
　　被袁宏徵引的這一段〈聲無哀樂論〉，牟宗三在《才性與玄理》中認
為「多糾纏無謂，故不錄」。[46]且對於嵇康的〈聲無哀樂論〉不乏質疑和反
駁之處。[47]賦予嵇康〈聲無哀樂論〉在玄學史中的定位與評價雖非本書的主

---

44 〔東晉〕袁宏，周天游：《後漢紀校注》，頁 256-258。

45 「使言之者無罪，聞之者足以自戒，此〔又〕先王用樂之意也」之後尚有：「若夫鄭聲，是音
　聲之至妙。妙音感人，猶美色惑志。耽槃荒酒，易以喪業。自非至人，孰能〔禦〕〔御〕之？
　先王恐天下流而不反，故具其八音，不瀆其聲，絕其大和，不窮其變。捐窈窕之聲，使樂而不
　淫。猶大羹不和，不極勻藥之味也。若流俗淺近，則聲不足悅，又非所歡也。若上失其道，國
　喪其紀，男女奔隨，婬荒無度；則風以此變，俗以好成。尚其所志，則群能肆之；樂其所習，
　則何以誅之？托於和聲，配而長之，誠動於言，心感於和，風俗一成，因而名之。然所名之聲，
　無〔中〕於婬邪也。婬之與正同乎心，雅、鄭之體，亦足以觀矣。」參見〔魏〕嵇康，戴明揚
　（校注）：《嵇康集校注》，頁 358-359。

46 牟宗三：《才性與玄理》（臺北：臺灣學生書局有限公司，2002 年 8 月），〈嵇康之名理〉，
　頁 356。

47 牟宗三：「嵇康不分聲音之通性與殊性，故其論辨常多糾纏不清，亦不恰當。」又說：「聲音
　以『平和』為體，聲音以『和』為體，聲音以『舒疾單複高埤』為體，此三語各有其義，並不

要目的，但釐清嵇康〈聲無哀樂論〉此段的意義，有助於理解袁宏史論的思想旨趣以及與魏晉玄談的異同。

必須注意的是，依照現存的《嵇康集》來看，在袁宏徵引的第一句之前，尚有「夫言移風易俗者，必承衰弊之後也」二句。這兩句的有無與否，比起其他被袁宏刪減掉的句子都至關緊要。乃因嵇康〈聲無哀樂論〉末段主張的「移風易俗」之論，與其第一段反對傳統「治世之音安以樂，亡國之音哀以思」的說法相比，後者似乎泯除了音樂與情感、政治的緊密聯繫。既然泯除，「移風易俗」之說似不可成立，因此一些學者認為，樂論末段的「移風易俗」之說根本是嵇康的「局部矛盾」，甚至有人反對嵇康的樂論可以「移風易俗」。[48]關於此二說是否會矛盾的問題，後文將會有所說明，但解開其中疑難的關鍵，好一部分就出在方才提及被袁宏引文一開始刪節掉的「夫言移風易俗者，必承衰弊之後也」，這一點吳冠宏已經敏銳指出：

> 第一句出現「夫言移風易俗者，必承衰弊之後也」，顯然是針對儒家樂教中的移風易俗而言，嵇康認為「移風易俗」是大道衰弊之後樂教所能發揮的社會功能，但並非音樂的終極理想與目標，此一轉折的說明極為重要，因為承接其後的正是崇尚簡易之教與無為之治的道家思想，透過此一澄清與探源，嵇康帶我們回到音樂的真正國度，那是「和心足於內，和氣見於外」的理想狀況。[49]

一律。而嵇康則隨時滑轉，故其論辨多不如理，而亦終不能愜難者之心也。此文自是自設難答。既自設難答，而不能肯切遏直，可見其思想並未臻至周匝圓熟。」參見氏著：《才性與玄理》，〈嵇康之名理〉，頁 350、356。

48 關於這些研究文獻，吳冠宏已經有所回顧，參見氏著：《走向嵇康——從情之有無到氣通內外》（臺北：臺大出版中心，2015 年 9 月），〈從莊子到嵇康——「聲」與「氣」之視域的開啟〉，頁 160。

49 吳冠宏：《走向嵇康——從情之有無到氣通內外》，〈從莊子到嵇康——「聲」與「氣」之視域的開啟〉，頁 163。關於「和心足於內，和氣見於外」，袁宏史論 22 引文作「和心足於內，則美言發於外」。

經過仔細梳理後，他說：

> 嵇康對於移風易俗的看法，或許我們不當簡化為「肯定」或「否定」
> 的兩端，第二段所呈顯的雖是嵇康在面對至人不存、大道陵遲後，
> 不得不承認並接受「移風易俗」的歷史衰弊之事實，但從第一段的
> 線索可知，他依舊保有在道之理想與歷史現實的對顯下，為人類的
> 衰弊之跡注入提昇與轉化的契機。[50]

誠如其言，嵇康所謂「夫言移風易俗者，必承衰弊之後也」顯然預設了理
想與衰弊的兩種情況。在「大道之隆」的太平之世自然無「移風易俗」的
必要，但在衰弊之時必須仰仗著上位者以音樂導化人心，這似乎就遙契了
袁宏史論一開始自己說的「末世制作，不達音聲之本，感物乖化，失序乎
情性之宜」，其中的「末世」正呼應嵇康所謂「衰弊之後」。或許正因為
如此，袁宏見到嵇康的樂論才會如此傾心，借其樂論說明了「音聲之本」
與「先王用樂之意」（嵇康語）。

　　不過，假如真是如此，袁宏在徵引〈聲無哀樂論〉的過程中還特意刪
節了開頭「夫言移風易俗者，必承衰弊之後也」兩句話就有些費解。或許
可以猜想，既然如吳冠宏認為，嵇康此論存在了「簡易之教與無為之治的
道家思想」與「儒家樂教中的移風易俗」兩種政治情況，則「思路實是儒
家本位」的袁宏，[51]當然並不存在這種二分法與價值落差。至於他的「上古」
和「末世」之別，都是在傳統儒家與《五經》的政教標準底下而言，既然
「移風易俗」之說亦出乎儒家正典，[52]則無論「衰弊」與否，仍舊必須時時

50　吳冠宏：《走向嵇康──從情之有無到氣通內外》，〈從莊子到嵇康──「聲」與「氣」之視
　　域的開啟〉，頁 166。

51　張蓓蓓：《魏晉學術人物新研》，〈自序〉，頁 3。

52　《禮記・樂記》：「樂者，所以象德也。禮者，所以綴淫也。是故先王有大事，必有禮以哀之；
　　有大福，必有禮以樂之。哀樂之分，皆以禮終。樂也者，聖人之所樂也，而可以善民心，其感
　　人深，其移風易俗，故先王著其教焉。」參見：〔清〕孫希旦：《禮記集解》（北京：中華書
　　局，2015 年 3 月），頁 997-998。

維繫此一精神，這或許正是他刪節此二句的原因所在。換言之，嵇康與袁宏確實同樣都認為在「末世」、「衰弊」之時需要尋回「音樂」本有的價值，並使失序的萬民「移風易俗」，但嵇康認為這只是暫時之計，因此吳冠宏詮釋說：「若在『心與理相順，氣與聲相應』的理境，則不論是無聲之樂或八音克諧【諧】之樂，都是太平大道下的產物，在此脈絡下，風俗本就淳美，也就無所謂『移風易俗』的必要了。」[53]但袁宏的態度則是：「移風易俗」本就是聖王用樂的根本職責所在，[54]都是因為「末世制作，不達音聲之本」才導致了「感物乖化，失序乎情性之宜」，因此要重新喚回從唐堯虞舜、商朝、周朝就一直存在的用樂精神，則「移風易俗」絕對不會是階段性任務，只不過在「末世」之時因為上位者欠缺先王的用樂精神，自然要強調得比治世強烈一些。袁宏與嵇康思想對於先王用樂以「移風易俗」的差異，彷彿就像是袁宏與韓康伯「謙」論差異的翻版（詳見本章第二節），可見袁宏對現世制度與道德條目的護持不懈。

回到被袁宏徵引的〈聲無哀樂論〉正文來看，此段當中的「夫音聲和，此人情所不能已者也。是以古人知情不可放，故抑其所通；知慾不可絕，故因以致殺，故為可奉之禮，制可遵之聲也」即為嵇康主張音樂有「移風易俗」之用的關鍵所在。但他並不認為聲音可以強勢主導人的情性，意即迫使人聽聞某種音樂之後必然感到哀戚，或是聽聞另一種音樂之後必然感到歡樂。而是透過音樂本身具有「和」的性質，[55]客觀地烘托與調節人的「情

---

[53] 吳冠宏：《走向嵇康——從情之有無到氣通內外》，〈從莊子到嵇康——「聲」與「氣」之視域的開啟〉，頁164。

[54] 袁宏雖然並沒有直言「移風易俗」是先王用樂之根本，但根據他徵引〈聲無哀樂論〉時所切分的段落，還有史論開頭認為「末世制作，不達音聲之本，感悟乖化，失序乎情性之宜」，至少可以確定「移風易俗」是他認為先王用樂的重要精神之一。

[55] 根據嵇康〈聲無哀樂論〉整體的論述可知，此一性質遍在於各種音樂當中，完全不受各種音樂相異的「音色、音調、響度」所影響，不禁使人疑問：「為何作為靡靡之音的鄭聲不能拿來教化百姓？」但從〈聲無哀樂論〉最後一段「東野主人」所說的「若夫鄭聲，是音聲之至妙。妙音感人，猶美色惑志，耽槃荒酒，易以喪業。自非至人，孰能（禦）〔御〕之」（《嵇康集校注》頁358）可知，嵇康也並未說「鄭聲」這類音樂不具「和」之性質，但是若非「至人」，則很容易受到「鄭聲」的美妙所迷惑、情感失去了界分，以至於流盪忘返，就像常人容易耽溺於美色和飲酒一樣。須注意的是，所謂鄭聲之「至妙」，依舊屬於「音色、音調、響度」的層

緒」，使人在聽聞音樂之前「既有的情緒」能夠在聽聞音樂之後達到「和」
的狀態，置身於「和域」之中，已無「哀樂」可言（「美有甘，和有樂；
然隨曲之情，盡於和域；應美之口，絕於甘境，安得哀樂於其間哉？」）。
[56]這就是此處史論徵引的「導其神氣，養而就之，迎其悅情，致而明之，使
心與理相順，言與聲相應，合乎會通，以濟其美」以及「樂之為體，以心
為主」。而在袁宏所沒有徵引的段落中，嵇康亦藉著「東野主人」不斷申
說相同的道理：「夫哀心藏於內，遇和聲而後發；和聲無象，而哀心有主」、
「至夫哀樂自以事會，先遘於心，但因和聲，以自顯發」、「聲音以平和
為體，而感物無常；心志以所俟為主，應感而發」。[57]

　　綜觀嵇康的〈聲無哀樂論〉，可以發現他甚重「和」字。故其樂論的
精神，亦可透過「和」字的意蘊把握：使具有差異性的兩方（聲音、心志）
各安其位、有所呼應，但始終不妨害各自原有的差別，進而達致整體的和
諧。「和」的這種意涵在《左傳・昭公二十年》晏嬰（字仲，前 578-前 500）
對齊景公論「和」時說得十分清楚：

> 齊侯至自田，晏子侍于遄臺，子猶馳而造焉。公曰：「唯據與我和
> 夫？」晏子對曰：「據亦同也，焉得為和？」公曰：「和與同異乎？」
> 對曰：「異，**和如羹焉**，水火醯醢鹽梅，以烹魚肉，燀之以薪，宰
> 夫和之，齊之以味，濟其不及，以洩其過，君子食之，以平其心。
> **君臣亦然，君所謂可，而有否焉，臣獻其否，以成其可；君所謂否，**
> **而有可焉，臣獻其可，以去其否。**是以政平而不干，民無爭心。故
> 《詩》曰：『亦有和羹，既戒既平；鬷假無言，時靡有爭。』**先王**

次，與嵇康認為「和」之性質遍在於各種音樂之中，不能混為一談。而嵇康之所以將「鄭聲」
排除在「移風易俗」的資格之外，根本原因並不是認為它不具「和」之性質，否則自相矛盾，
而是正視了常人容易耽溺於聲音表面上的美妙，以致忽略了古人賦予音樂「知情之不可放，故
抑其所遁；知欲之不可絕，故因其所自」（嵇康語，《嵇康集校注》頁 358）的真正精神。

[56] 〔魏〕嵇康，戴明揚（校注）：《嵇康集校注》，頁 354。

[57] 〔魏〕嵇康，戴明揚（校注）：《嵇康集校注》，頁 346、349、355。

之濟五味，和五聲也，以平其心，成其政也。聲亦如味：一氣，二
體，三類，四物，五聲，六律，七音，八風，九歌，以相成也；清
濁，大小，長短，疾徐，哀樂，剛柔，遲速，高下，出入，周疏，
以相濟也。君子聽之，以平其心，心平德和，故《詩》曰：『德音
不瑕。』今據不然，君所謂可，據亦曰可；君所謂否，據亦曰否，
若以水濟水，誰能食之？若琴瑟之專壹，誰能聽之？同之不可也如
是。」[58]

「據」指齊景公的寵臣梁丘據，即第三句的「子猶」。[59]透過晏嬰的論述可
以得知：其一，「和」與「同」的概念必須界別，「同」是兩者毫無差異，
就像是「以水濟水」，只是相同事物的數量累積，兩者的相合或分離幾無
差別，不會產生不同於組合之前的意義；「和」則是兩者間留有差異，但
是彼此並不相斥，也非兩不相干，而是不斷保有交流與呼應，同時彼此的
差異又填補了彼此的不足，致使彼此成為「保有差異性」但又「互利共生」
的整體。

　　其二，晏嬰認為這樣「和」的精神，完全可以體現在「政治」、「料
理」與「音樂」上，晏嬰先以「料理」為喻，進而說明君臣之間應當「君

---

[58]　楊伯峻：《春秋左傳注》（臺北：洪業文化事業有限公司，2007 年 9 月），〈昭公二十年〉，
　　頁 1419-1420。此外，《晏子春秋・外篇上・景公謂梁丘據與己和晏子諫》有幾乎完全相同的
　　段落：「景公至自畋，晏子侍于遄臺，梁丘據造焉。公曰：『維據與我和夫！』晏子對曰：『據
　　亦同也，焉得為和。』公曰：『和與同異乎？』對曰：『異。和如羹焉，水火醯醢鹽梅以烹魚
　　肉，燀之以薪，宰夫和之，齊之以味，濟其不及，以洩其過。君子食之，以平其心。君臣亦然。
　　君所謂可而有否焉，臣獻其否，以成其可；君所謂否而有可焉，臣獻其可，以去其否。是以政
　　平而不干，民無爭心。故《詩》曰：「亦有和羹，既戒且平；鬷嘏無言，時靡有爭。」先王之
　　濟五味，和五聲也，以平其心，成其政也。聲亦如味，一氣，二體，三類，四物，五聲，六律，
　　七音，八風，九歌，以相成也；清濁，大小，短長，疾徐，哀樂，剛柔，遲速，高下，出入，
　　周疏，以相濟也。君子聽之，以平其心，心平德和。故《詩》曰：「德音不瑕。」今據不然，
　　君所謂可，據亦曰可；君所謂否，據亦曰否。若以水濟水，誰能食之？若琴瑟之專一，誰能聽
　　之？同之不可也如是。』公曰：『善。』詳見〔清〕張純一：《晏子春秋校注》（北京：中
　　華書局，2014 年 5 月），頁 328-330。
[59]　杜預注：「子猶，梁丘據。」參見楊伯峻：《春秋左傳注》，〈昭公二十年〉，頁 1419。

所謂可，而有否焉，臣獻其否，以成其可；君所謂否，而有可焉，臣獻其可，以去其否」，但此處只是譬喻技法，用「味道」之間的互補關係來比喻「君臣」之際，[60]即使具有「以其『所知』諭其所『不知』，而使人知之」的作用，[61]恐怕未必真的能使君王明白「和」的重要與深刻，因此晏嬰又說：「先王之濟五味，和五聲也，以平其心，成其政也。」將「先王」在各項領域背後闡發或賦予的真義──「和」──正式拉抬而出，表達一個理想王者不但該品嘗的料理中、該聽聞的音樂中體現了「和」的精神，連同剛剛所論及的「君臣關係」中也應當具有「和」的精神。必須注意的是，晏嬰此階段的話語的重心已經不再是用譬喻手段，讓齊景公瞭解「君臣關係」就像「料理調味」一樣而已。而是讓齊景公明白各個領域當中最理想的狀態或精神──「和」──是先王早就掘發出的道理，必須體現在一個理想王者視聽言動的各個角落，至於「料理」、「音樂」或「君臣關係」不過是此一精神的諸多演繹而已。如此，再看晏嬰後文的「聲亦如味」，便已不能用簡單的譬喻法視之，而是「和」之精神下貫到現實生活中的體現與實踐。

　　其三，就「料理」與「音樂」來說，理想的操作者（宰夫、樂工）在操作料理與音樂的過程中即體現與符合了「和」的精神，至於非操作者（食用者、聽樂者）雖然沒有參與操作，仍舊可以透過「用餐」與「聽樂」的

60　《晏子春秋》中以「和」論君臣關係的尚有《晏子春秋・內篇諫上・景公遊公阜一日有三過言晏子諫》，寓意完全可以與此處相互補足：「公曰：『據與我和夫！』晏子曰：『此所謂同也，所謂和者，君甘則臣酸，君淡則臣鹹。今據也甘君亦甘，所謂同也，安得為和！』公忿然作色，不說。」其中的「據」同樣是指景公寵臣「梁丘據」，而「君甘則臣酸，君淡則臣鹹」即以「味道」之間的互補關係譬喻理想的君臣關係。參見〔清〕張純一：《晏子春秋校注》，頁 48。

61　語出劉向《說苑・善說》：「客謂梁王曰：『惠子之言事也善譬，王使無譬，則不能言矣。』王曰：『諾！』明日見，謂惠子曰：『願先生言事則直言耳，無譬也。』惠子曰：『今有人於此而不知彈者，曰：「彈之狀何？」應曰：「彈之狀如彈。」則諭乎？』王曰：『未諭也。』『於是更應曰：「彈之狀如弓，而以竹為弦。」則知乎？』王曰：『可知矣。』惠子曰：『夫說者固以其所知諭其所不知，而使人知之。今王曰「無譬」，則不可矣。』王曰：『善！』」參見〔西漢〕劉向，向宗魯（校證）：《說苑校證》（北京：中華書局，2013 年 10 月），〈善說〉，頁 272。

過程中感受到「和」的美德。因此說「君子食之,以平其心」、「君子聽之,以平其心,心平德和」,並皆引《詩經》為證,呼應上文說理想君主應該「濟五味,和五聲也,以平其心,成其政也」的原則。

　　嵇康〈聲無哀樂論〉中「音樂」與「人心」的關係也正是如此。進一步來說,既然聲音並不具有能夠強勢主導聽者情性的作用,那在面對「如何以音樂導化人心」(移風易俗)的問題時,必然會產生「觀察他人情性為何」的先決條件,如此方能理解為何嵇康既言「聲音以平和為體,而感物無常;心志以所俟為主,應感而發。然則聲之與心,殊塗異軌,不相經緯」,[62]同時又言「播之以八音,感之以大和,導其神氣養而就之,迎其悅情致而明之」與「移風易俗莫善於樂」了。乃因音樂的「和」並不具有強勢主導的性質,遂能烘托、調和、感化人心,完全與一個理想王者對待萬民的態度相同。因此君王非但可以用音樂的「和」感化萬民,同時在這樣的統治過程中,自己也體現了「和」的美德,因而與萬民呈現了和諧無礙的狀態。此和《左傳》中「宰夫與飲食者」、「樂工與聽樂者」之間的關係可謂若合符契,且〈聲無哀樂論〉在論音樂性質時也會並舉「味覺」進行申述,如「五味萬殊,而大同於美;曲變雖眾,亦大同於和」,無異於預設了兩者道理相同,即是晏嬰所說的「聲亦如味」。

　　以上即為嵇康理想音樂、先王用樂的意蘊所在,而袁宏援用該段並且對嵇康發出「善乎」之詞,反映出他的理想的「君王用樂」正與嵇康不謀而合,因此說:「樂之為用有自來矣。《大章》、《簫韶》於唐、虞,《韶濩》、《大武》於殷、周,所以殷薦上帝,饗祀宗廟,陳之朝廷,以穆人倫,古之道也。」「樂」的重要性,完全在祭祀、政治、人倫領域中充分體現。因此,嵇康〈聲無哀樂論〉之意其實並不如岑溢成認為:

　　　　傳統上都視音樂為教化的重要工具,要以合理的音樂來感動人心,
　　　　淨化感情,如果音樂可以淨化人心,成就教化,則樂音和人心會有

62　〔魏〕嵇康,戴明揚(校注):《嵇康集校注》,頁 355。

一定程度的相應關係，就會有所謂哀音、樂音，或正音、邪音。如
《禮記‧樂記》所說「治世之音安以樂」，「亂世之音怨以怒」，
「亡國之音哀以思」。推翻了「聲有哀樂」之論，音樂的教化作用
也就隨之消失了。[63]

雖然嵇康筆下的「東野主人」（代表嵇康立場）在與「秦客」第一次論答
的時候，確實不贊同《禮記‧樂記》「治世之音安以樂，亡國之音哀以思」
的傳統說法，然而他反對的其實是音樂會隨著現世的治亂產生變化，或是
被人賦予固定的情緒，以致可以使他人在聽該樂的時候同樣感染了相同的
心情；相反地，他主張音樂的本質始終一致（「其體自若，而不變也」），
並不會隨著人世的變化而有所改變，更不會被賦予某種確定不變的情感而
保證聽者的情緒必然如何，而是音樂本具「和」的性質促使人本有的情緒
（哀、樂等等）得以轉化成和諧的狀態。因此，「東野主人」反對「治世
之音安以樂，亡國之音哀以思」的說法，與〈聲無哀樂論〉後文主張音樂
有「移風易俗」的作用並不衝突，倘若真如岑溢成所說「音樂的教化作用
也就隨之消失」，則完全無法解釋嵇康在同一篇中所謂「大道之隆莫盛於
茲，太平之業莫顯於此，故曰移風易俗莫善於樂」之語了。

從以上的梳理可知，袁宏雖然援用了嵇康的〈聲無哀樂論〉，但在終
極關懷上仍與嵇康有所不同，他並不存在「簡易之教與無為之治的道家思
想」與「儒家樂教中的移風易俗」的兩層價值觀，單憑他所徵引的段落，
也很難斷言他對於「道家」的推崇大於「儒家」。至於他對嵇康之所以稱
讚有加又大段援用，除了可能是因為受到當時王導（字茂弘，276-339）「過
江三理」的流風影響，[64]也因為嵇康樂論當中闡發了「先王用樂之意」，對

63 岑溢成：〈嵇康的「越名教而任自然」〉，參見王邦雄（主編）：《中國哲學史》（上冊），頁 32。
64 《世說新語‧文學》：「舊云王丞相過江左，止道〈聲無哀樂〉、〈養生〉、〈言盡意〉，三
理而已。然宛轉關生，無所不入。」參見：〔南朝宋〕劉義慶，冀斌：《世說新語校釋》，頁 407。
「過江三理」一詞乃借用江建俊在〈論「四玄」〉一文中的省稱，參見氏著：《于有非有，于
無非無──魏晉思想文化綜論》，頁 279。

於試圖以《後漢紀》提振「名教之本，帝王高義」的袁宏來說，當然是十分樂意引為同道的。不過無論如何，都不能因此以「務飾玄言」的角度來看待他對〈聲無哀樂論〉的援用，更遑論是直接將他歸在「玄學家」之列了。

第二節　袁宏「謙」論與東晉「公謙之辯」的關係釐清

　　袁宏五十五則史論其實並未出現所謂的「公謙之辯」，但由於袁宏史論出現了對「謙」的推崇觀點，且「公謙之辯」不但是東晉「玄學」的論題展現，也是後人將袁宏拉進「玄學」脈絡下討論的一個切入點。因此仔細辨析袁宏史論中的「謙」論與當時「公謙之辯」的關係，同樣有助於釐清袁宏與玄學關係的真相。

　　較早注意到東晉時代因為王坦之〈公謙論〉而掀起幾個人「公」、「謙」論爭的是樓宇烈〈袁宏與東晉玄學〉，[65]但明確以「公謙之辯」來概括王坦之〈公謙論〉、袁宏〈明謙〉與〈去伐論〉、韓康伯〈辯謙〉的是周大興，楊曉菁亦承繼其說。周大興認為此辯乃是「東晉玄學史上一個重要的主題」，且是「魏晉玄學有關『自然與名教』的天人關係問題在後期玄學的另一個表達方式」。[66]然而細繹其理，《晉書》的〈王坦之傳〉和〈韓伯傳〉（韓伯，字康伯）雖然確實都提及袁宏作論對王坦之〈公謙論〉提出辯難的事，[67]但此論已經亡佚。周大興卻直接將《太平御覽》所保留的袁宏〈明

---

[65] 王坦之此論收於《晉書・王坦之傳》，但本傳中並未稱作「公謙論」，只說「坦之又嘗與殷康子書論公謙之義」，且「康子及袁宏並有疑難」，但在《晉書・韓伯傳》則說「王坦之又嘗著〈公謙論〉，袁宏作論以難之」，所指應為同一事，故可稱作「公謙論」。以上引文參見《晉書》，冊 7，頁 1968-1969、1993。至於樓宇烈文章涉及「公」、「謙」論爭處詳見氏著：〈袁宏與東晉玄學〉，頁 83-85。

[66] 周大興：《自然・名教・因果——東晉玄學論集》，〈公謙之辯：東晉玄學的主題〉，頁 13。

[67] 除了袁宏，尚有殷康子，然其論也已亡佚。殷康子不詳何人，蜂屋邦夫在《道家思想與佛教》中認為殷康子可能就是殷康（字唐子），其父殷融，為殷浩的叔父。參見周大興：《自然・名

謙〉，以及《藝文類聚》收錄和袁宏《後漢紀》史論 9 局部內容重出的〈去伐論〉，都取來作為討論「公」與「謙」的材料。實際上無論是袁宏的〈明謙〉還是〈去伐論〉，都完全未將「公」與「謙」視為相對峙的概念，因此極有可能不是當初袁宏對王坦之提出辯難的文章。即便本來就獨立在《後漢紀》史論外的〈明謙〉尚有這個可能，但單憑〈明謙〉這樣極短的片段與王坦之的〈公謙論〉相比，對應性根本不強，與其說是在辯「公」與「謙」的價值，不如說僅僅是在單獨說明對於「謙」的美德推崇。即便退一步說，袁宏在反駁王坦之時，也許刻意無視於對方分出「公」、「謙」兩種概念，而只是不斷重申自己對「謙」的崇尚，後人以「公謙之辯」來囊括他在〈明謙〉與〈去伐論〉（和史論 9 的局部內容重出）依舊不盡合適。因為若無「公」、「謙」這兩個概念各自嚴謹的定義與彼此間的緊張關係，根本無所謂「公謙之辯」可言。

　　總之，將現存的袁宏作品置放在「公謙之辯」的論題之下，嚴謹度是不足夠的。真正可以說是在對話與辯論，且嚴格界別「公」與「謙」兩個概念的，除了首發議論的王坦之，如今也就只剩下韓康伯的〈辯謙〉了。不過，由於兩者對於「謙」亦有所抒論，頗能反過來彰顯袁宏的特色，因此下文的討論仍舊會涉及王、韓這兩篇文章。以下先說解袁宏對於「謙」的推崇與意義，再論他與王坦之和韓康伯二人的不同，以求再次釐清袁宏與玄學的關係。

一、《後漢紀》史論對「謙」的推崇

　　袁宏對於「謙」的推崇與主要論述，集中在《後漢紀》史論 9，也就是《藝文類聚》收錄的〈去伐論〉原始出處：[68]

教．因果──東晉玄學論集》，〈公謙之辯：東晉玄學的主題〉，頁 51。

[68] 《藝文類聚》所錄〈去伐論〉全文：「夫〔人〕君者，必量才任以授官，參善惡以毀譽，課功過以賞罰者也。〔士苟自賢，必貴其身，雖官當才，斯賤之矣。苟矜其功，必蒙其過，雖賞當事，斯薄之矣。〕苟伐其善，必忘其惡。〔雖譽當名，斯少之矣。〕於是怨責之情，必存乎心，希望之氣，必形於色，此矜伐之士，自賢之人，所以為薄，而先王甚惡之者也。君子則不然。勞而不伐，施而不德，致恭以存其位（案：史論 9 作「德」），下人不（案：史論 9 作「以」，

袁宏曰：謙尊而光，於是信矣。馮異能讓，三軍賴之。善乎，王之言謙也。楊朱有言：「行賢而去自賢之心，無所往而不美。」因斯以談，聖莫盛於唐、虞，賢莫高於顏回。《虞書》數德，以克讓為首；仲尼稱顏回之仁，以不伐為先。郤至矜善，兵在其頸；處父上人，終喪其族。然則克讓不伐者，聖賢之上美；矜善上人者，小人之惡行也。《司馬法》曰：「苟不伐則無求，無求則不爭，不爭則不相掩。」由此言之，民之所以和，下之所以順，功之所以成，名之所以立者，皆好乎能讓而不自賢矣。

夫人君者，必量材任以授官，參善惡以毀譽，課功過以賞罰者也。士苟自賢，必貴其身，雖官當才，斯賤之矣。苟矜其功，必蒙其過，雖賞當事，斯薄之矣。苟伐其善，必忘其惡，雖譽當名，斯少之矣。於是怨責之情，必存於心，希望之氣，必形於色，此矜伐之士，自賢之人，所以為薄，而先王甚惡之者也。

君子則不然。勞而不伐，施而不德；致恭以存其德，下人以隱其功；處不避汙，官不辭卑；惟懼不任，唯患不能。故力有餘而智不屈，身遠咎悔而行成名立也。且天道害盈，而鬼神福謙。凡有血氣，必有爭心。功之高者，自伐之責起焉。故宋公三命，考父傴僂；晉帥有功，士燮後歸；孟側殿軍，策馬而入；三卿謀寇，冉有不對。其所以降身匿迹，如此之甚也何？誠知民惡其上，眾不可蓋也。

夫逆旅之妾，惡者自以為惡，主忘其惡而貴焉；美者自以為美，主忘其美而賤焉。夫色之美惡，定於妾之面；美惡之情，變於主之心，況君子之人，有善不敢識，有過不敢忘者乎！其為美，亦以弘矣。

於義為勝）隱其功，處不避汙，官不辭卑，唯懼不任，唯患弗能，故力有餘而智不屈，〔身〕遠咎悔而行成名立也。」方括弧且加底線者，為見於史論 9 但不見於〈去伐論〉的文字。參見〔唐〕歐陽詢：《藝文類聚》（上海：上海古籍出版社，2012 年 8 月），〈人部七・鑒誡〉，頁 425。

故楊子之言足師，逆旅之妾足誡也。[69]

啟發袁宏這段議論的是將軍馮異（字公孫，？-134）的謙讓與東漢光武帝對馮異的推崇。[70]袁宏透過馮異的謙默之行，闡發自己對於「謙讓」的推崇和思想（「謙」與「讓」在史論本文中似無差別），認為「謙讓」之德與君主任賢使能、統治天下密切相關：人君在任免官吏、辨別善惡、施行賞罰之時，如果發現士人「自賢」與「矜伐」，無論其「官當才」、「賞當事」或「譽當名」，都應該「賤之」、「薄之」或「少之」。因為這樣的人即便有才能與名聲，卻會因為驕矜於自身的長處而忘記其短處，一旦受到君主的制裁，便會「怨責之情必存於心，希望之氣必形於色」。此亦可連結至袁宏的「名教」思想，他的「名教」乃奠基於萬民「愛敬自然」之心，同時有安定萬民萬物之效，[71]既然「自賢」、「矜伐」之士完全觸犯了「民惡其上，眾不可蓋」的情況，袁宏當然就不可能對他們的才能與名聲有多少肯定了。至於最末「逆旅之妾」的典故，其出處可見於《韓非子・說林上》、《莊子・外篇・山木》與《列子・黃帝》，意義在方才的第一節中已經辨明。

袁宏史論還有涉及「謙」之處是史論 27 的局部：

古之聖人，懼其如此，故明儉素之道，顯**謙恭**之義，使富者不極其欲，貴者不博其高，里老且猶矜愛，而況兄弟乎？朝會以叙其儀，燕享以篤其親，聘問以通其意，玉帛以將其心。故欲不滿而和愛生，

69　〔東晉〕袁宏，周天游：《後漢紀校注》，頁 150-152。

70　《後漢紀》另載有平旦馮異謙退不伐之事：「異謙退不伐，每軍行止舍，諸將爭功，異嘗屏處大樹下，軍中號為『大樹將軍』。上嘗分諸營吏士，問曰：『屬誰營邪？』皆曰：『願屬大樹將軍。』上以此重之。非合戰擊敵，異嘗處眾營後，與諸將相逢，引車避之。士卒不得爭功，進止皆有旗幟，號為嚴整。」參見〔東晉〕袁宏，周天游（校注）：《後漢紀校注》，頁 159。

71　史論 2：「夫愛敬忠信，出乎情性者也。故因其愛敬，則親疎尊卑之義彰焉；因其忠信，而存本懷舊之節焉。有尊有親，則名器崇矣；有本有舊，則風教固矣。」參見〔東晉〕袁宏，周天游：《後漢紀校注》，頁 61-62。

情意交而恩義著也。嗚呼！有國有家者，可不親乎？[72]

此段史論評議的是東漢章帝（劉炟，57-88）禮遇叔叔東平王劉蒼（？-83）的舉措。袁宏認為「謙恭之義」的興起，乃是「古之聖人」擔心王侯貴族之間，由於彼此都極為富足，沒有相互資助的必要，加上長期不聚首，對於彼此的疏遠就會變本加厲，進而對政治造成負面影響。從以上兩條史論對「謙」的論述可見，袁宏論「謙」（謙讓、謙恭）所涉及的都是個體間相輔相成的互動關係，因此他十分厭惡「驕矜」破壞了君王與諸侯之間、君王與群臣之間、君王任用人才之時應有的理序，更有甚者是破壞了聖王以「名教」安頓群生的精神與遺澤。

除了這兩段史論，尚有《太平御覽》輯錄的〈明謙〉，明引了《老子‧三十九章》與《周易‧謙卦‧象傳》來申重己說：

> 賢人君子，推誠以存禮，非降己以應世，率心以誠謙，非匿情以同物。故侯王以孤寡饗天下，江海以卑下朝百川，《易》曰：「天道下濟而光明，地道卑而上行。」《老子》曰：「高以下為基，貴以賤為本。」此之謂乎！[73]

除了明引的部分外，「侯王以孤寡饗天下，江海以卑下朝百川」二句其實也化用了《老子》的〈三十九章〉與〈六十六章〉。[74]他將「謙」視為「推

---

[72] 〔東晉〕袁宏，周天游：《後漢紀校注》，頁 327。

[73] 〔北宋〕李昉 等：《太平御覽》（北京：中華書局，1998 年 3 月），〈人事部六十四‧謙〉，冊 2，頁 1951。

[74] 《老子‧三十九章》：「昔之得一者：天得一以清；地得一以寧；神得一以靈；谷得一以盈；萬物得一以生；侯王得一以為天下貞。其致之，天無以清，將恐裂；地無以寧，將恐發；神無以靈，將恐歇；谷無以盈，將恐竭；萬物無以生，將恐滅；侯王無以貴高將恐蹶。故貴以賤為本，高以下為基。是以侯王自稱孤、寡、不穀。此非以賤為本耶？非乎？故致數譽無譽。不欲琭琭如玉，珞珞如石。」《老子‧六十六章》：「江海所以能為百谷王者，以其善下之，故能為百谷王。是以聖人欲上民，必以言下之；欲先民，必以身後之。是以聖人處上而民不重，處前而民不害。是以天下樂推而不厭。以其不爭，故天下莫能與之爭。」可見袁宏化用時將「百

誠」與「率心」的結果，認為此美德乃是反映了人性內在的真實面相。可以注意的是，《易》之引文出於〈謙卦〉，自與「謙」密切相關，但《老子》的「高以下為基，貴以賤為本」，原意所指乃是「無形之道」與「有形之物」的關係，如王弼此章注解說的「清不足貴，盈不足多，貴在其母，而母無貴形。貴乃以賤為本，高乃以下為基」，[75]「母」指的即是無形之「道」。至於《老子》本文所謂「高」、「貴」、「下」、「賤」乃世俗的價值評判，但無論「有形之物」累積得多麼豐厚，它依舊必須符合「無形之道」的律則，否則會招致危殆。此處的「下」與「賤」都是指「無形之道」，以「下」與「賤」稱之，乃是相對於一般人過度固著在「有形之物」的積累「豐厚」上來說，以彰顯世俗的價值不合乎「道」，並非《老子》作者對於「道」的蔑稱。總之，原意與勸人「謙讓」並沒有十分直接而緊密的聯繫。而袁宏引《老子》證明「謙」之美德，便和下一節站在「公道體於自然」的角度批判「謙義生於不足」的王坦之，呈顯出對《老子》精神的不同把握。

二、袁宏、王坦之、韓康伯「謙」論的分歧與意義

袁宏除了前一小節論「謙」的文字之外，他曾經對於王坦之的〈公謙論〉提出論難，因此檢視王坦之的「謙」論，同樣有助於理解袁宏的特殊之處。王坦之〈公謙論〉一文現今存於《晉書・王坦之傳》：

> 夫天道以無私成名，二儀以至公立德。立德存乎至公，故無親而非理；成名在乎無私，故在當而忘我。此天地所以成功，聖人所以濟化。由斯論之，**公道體於自然，故理泰而愈降；謙義生於不足，故時弊而義著**。故大禹、咎繇稱功言惠而成名於彼，孟反、范燮殿軍

谷」解讀為「百川」，此亦合注家之解。參見〔魏〕王弼，樓宇烈（校釋）：《王弼集校釋》，頁 105-106、170。

75 〔魏〕王弼，樓宇烈（校釋）：《王弼集校釋》，〈老子道德經注・三十九章〉，頁 106。

後入而全身於此。從此觀之，則謙公之義固以殊矣。

夫物之所美，己不可收；人之所貴，我不可取。誠患人惡其上，**眾不可蓋**，故君子居之，而每加損焉。隆名在於矯伐，而不在於期當；匿跡在於違顯，而不在於求是。於是謙光之義與矜競而俱生，卑挹之義與夸伐而並進。由親譽生於不足，未若不知之有餘；良藥效於瘰疾，未若無病之為貴也。

夫乾道確然，示人易矣；坤道隤然，示人簡矣。二象顯於萬物，兩德彰於羣生，豈矯枉過直而失其所哉！由此觀之，則**大通之道公坦於天地，謙伐之義險巇於人事**。今存公而廢謙，則自伐者託至公以生嫌，自美者因存黨以致惑，此王生所謂同貌而實異，不可不察者也。然理必有源，教亦有主。苟探其根，則玄指自顯；若尋其末，弊無不至。豈可以嫌似而疑至公，弊貪而忘於諒哉！[76]

他也提及了袁宏史論 9 所提到的「士燮」與「孟側」二人，寫作「范燮」和「孟反」。[77]但顯然袁宏在史論中舉這兩個人為例，是因為他們「降身匿跡」的謙退之舉，乃是基於對「天道害盈而鬼神福謙」與「民惡其上，眾不可蓋也」的尊重與敬畏，屬於值得推崇的正面角色；但在王坦之的〈公謙論〉中，這兩個人比起造福天下的皋陶（咎繇）與大禹而言，不過只能夠「全身」罷了，價值上較為劣等，並不值得追求。其意自然是以范燮、孟反為「謙義生於不足」的代表，以皋陶、大禹為「公道體於自然」的實例。且從「成名在乎無私，故在當而忘我」可知，王坦之認為像皋陶、大禹那樣「稱功言惠」並沒有什麼不好，只要對世界具有相應的具體貢獻，一樣是也「至公無私」的表現，此亦可見他與袁宏的巨大歧見。因為在袁宏的「謙」論中，所謂「稱功言惠」當然屬於「先王甚惡之」的「矜伐之士」、「自賢之人」一類了。

---

[76] 〔唐〕房玄齡 等：《晉書・王坦之傳》，冊 7，頁 1969。

[77] 士燮，春秋晉國大夫，由於封地為范，故又稱「范燮」；孟側（孟之側），春秋魯國大夫，字反，故又稱「孟反」。

比起袁宏崇尚的「謙」，顯然王坦之更推重「公」的價值，他依據「天道無私」與「陰陽至公」的立場，主張「公道體於自然」而「謙義生於不足」，至於「謙」的提倡反而會造成人人「隆名在於矯伐，而不在於期當；匿跡在於違顯，而不在於求是」的情況。換言之，只注重「謙」招致而來的名聲，或是只希求對治「伐」的惡名，卻不會進取地解決切身的難題、做出對群體更大的貢獻，這就呼應了一開始他對於皋陶、大禹「稱功言惠」的認可。此外，根據「由親譽生於不足，未若不知之有餘」可知，他認為可以招致美好名聲的「謙」，甚至可能成為掩蓋自身「不足」的藉口，卻比不上坦承自己「不知」來得更為可取。[78]

最後一段，王坦之雖然重申了「大通之道公坦於天地，謙伐之義險巇於人事」這般「公」、「謙」對立的態度，但他也不得不承認這樣的〈公謙論〉也可能促使「自伐者託至公以生嫌，自美者因存黨以致惑」的流弊產生。易言之，單就外在行為上看，一般人恐怕很難一眼甄別出皋陶、大禹「稱功言惠」一類的人與「自伐者」、「自美者」的差異（「同貌而實異」）；再者，關於這兩種類型的定義、具體辨別的方法，王坦之竟然都未置一詞，只不過泛泛地說：「此王生所謂同貌而實異，不可不察者也。然理必有源，教亦有主。苟探其根，則玄指自顯；若尋其末，弊無不至。」且未說明「根」與「末」為何，這又多少削弱他「公」、「謙」之別的說服力道，恐怕他在以「公」批判「謙」會招致「矜競」的同時，也同樣難以防堵「矜競」之人會透過「公」的自詡來借屍還魂，因而與「謙」產生了一樣的流弊。

回到袁宏與王坦之論「謙」的差異上來看，其差異大抵是：袁宏之所以推崇「謙」，除了厭惡驕傲之人會忽視自己的過錯之外，乃因「謙」能夠維繫個體間相輔相成的互動結構，同時反映了人性內在的真實樣貌，是「推誠」、「率心」的行為表現；而王坦之則從「天道至公」的角度，對

---

[78] 但是從外在行為上看，「坦承自己不知」亦有可能是一種為了得到美名而行「謙」的表現。王坦之未能解答。

於「謙」始終採取不信任的態度，認為「謙光之義與矜競俱生」，因而「謙」根本就是使人流於虛偽的罪惡淵藪。值得一提的是，王坦之這樣的想法其實遙契了《老子·二章》「天下皆知美之為美，斯惡已。皆知善之為善，斯不善已」的思維方式，比起袁宏延伸《老子》文句原本的意義，還更切近老學的精神。

而這兩人論「謙」的差異，亦可顯現出袁宏「名教」思想的殊異之處，他對於「形下的名」（相對於「形上的道」而言）總是多有肯定，即便「名」會帶來人世間虛偽流行的可能，但卻不是「名」本身被創制出來時應該受到的批判，端賴人自身是否有掌握「名」被創制而出時本有的精神與用意，所以他在〈明謙〉說：「推誠以存禮，非降己以應世，率心以誠謙，非匿情以同物。」掌握之後，仍舊必須仰賴「名」來維繫此世的和諧，此即「存禮」與「誠謙」。

除了袁宏與王坦之的論點，尚有韓康伯的〈辯謙〉，存於《晉書·韓伯傳》：

> 夫尋理辯疑，必先定其名分所存。所存既明，則彼我之趣可得而詳也。夫謙之為義，存乎降己者也。以高從卑，以賢同鄙，故謙名生焉。孤、寡、不穀，人之所惡，而侯王以自稱，降其貴者也。執御執射，眾之所賤，而君子以自目，降其賢者也。與夫山在地中之象，其致豈殊哉！捨此二者，而更求其義，雖南轅求冥，終莫近也。
>
> 夫有所貴，故有降焉，夫有所美，故有謙焉。譬影響之與形聲，相與而立。道足者，忘貴賤而一賢愚；體公者，乘理當而均彼我。降挹之義，於何而生！則謙之為美，固不可以語至足之道，涉乎大方之家矣。然君子之行己，必尚於至當，而必造乎匿善。至理在乎無私，而動之於降己者何？誠由未能一觀於能鄙，則貴賤之情立；非忘懷於彼我，則私己之累存。當其所貴在我則矜，值其所賢能之則伐。處貴非矜，而矜己者常有其貴；言善非伐，而伐善者驟稱其能。是以知矜貴之傷德者，故宅心於卑素；悟驟稱之虧理者，故情存於

不言。情存於不言，則善斯匿矣；宅心於卑素，則貴斯降矣。夫所況君子之流，苟理有未盡，情有未夷，存我之理未冥於內，豈不同心於降挹洗之所滯哉！體有而擬無者，聖人之德；有累而存理者，君子之情。雖所滯不同，其於遣情之累緣有弊而用，降己之道由私我而存，一也。故懲忿窒欲，著於損象，卑以自牧，實繫謙爻。皆所以存其所不足，拂其所有餘者也。

王生之談，以至理無謙，近得之矣。云人有爭心，善不可收，假後物之迹，[79]以逃動者之患，[80]以語聖賢則可，施之於下斯者，豈惟逃患於外，亦所以洗心於內也。[81]

　　據史載，此論寫於袁宏和王坦之辯難之後，且寓有對兩造「折中」之意。[82]一開始的「夫尋理辯疑，必先定其名分所存。所存既明，則彼我之趣可得而詳也」，展現出韓康伯論理的態度，他認為應該先清楚界定探討對象的「名分」為何，才能夠進一步彰明彼此的旨趣。若以此檢視王坦之的〈公謙論〉，顯然王坦之在議論「謙」時並沒有先界定其內容為何，直接就以「公」的角度採取批判，這恐怕是造成袁宏與殷康子「並有疑難」的起因所在。至於袁宏的辯難已佚，故無由得知是否也有相同的問題。韓康伯自己則認為，所謂「謙」就是「以高從卑，以賢同鄙」。其後的「孤、寡、不穀，人之所惡，而侯王以自稱」與「山在地中」用的是《老子・四十二章》和《周易・謙卦・大象傳》的典故。[83]但這樣的連結和袁宏一樣，

---

[79] 疑此處化用了《老子・七章》思想：「天長地久。天地所以能長且久者，以其不自生，故能長生。是以聖人後其身而身先，外其身而身存。非以其無私邪？故能成其私。」參見〔魏〕王弼，樓宇烈（校釋）：《王弼集校釋》，頁 19

[80] 《周易・繫辭傳下》：「八卦成列，象在其中矣。因而重之，爻在其中矣。剛柔相推，變在其中矣。繫辭焉而命之，動在其中矣。吉凶悔吝者，生乎動者也。」參見〔魏〕王弼，樓宇烈（校釋）：《王弼集校釋》，頁 556。

[81] 〔唐〕房玄齡 等：《晉書・韓伯傳》，冊 7，頁 1993-1994。

[82] 〔唐〕房玄齡 等：《晉書・韓伯傳》：「王坦之又嘗著〈公謙論〉，袁宏作論以難之。伯覽而美其辭旨，以為是非既辯，誰與正之，遂作〈辯謙〉以折中曰：……」，冊 7，頁 1993。

[83] 《老子・四十二章》：「道生一，一生二，二生三，三生萬物。萬物負陰而抱陽，沖氣以為和。

都將《老子》「柔弱」之道以「謙」的道德條目儒家化了，《老子》全文從未表彰過「謙」之美德，對於人世間的道德條目（如仁、義、禮）還時常有戒懼之感。

　　隨後，韓康伯從正反兩面評議王坦之的〈公謙論〉。首先，「道足者，忘貴賤而一賢愚；體公者，乘理當而均彼我。降挹之義，於何而生！則謙之為美，固不可以語至足之道，涉乎大方之家矣」一段，肯定了王坦之〈公謙論〉崇「公道」而貶「謙義」的立場；而從「然君子之行己」至第二段末尾，都在表明「謙」固然比起「公」在價值位階上屬於次等，但它的出現與表彰，確實也是起自一般人「未能一觀於能鄙，則貴賤之情立；非忘懷於彼我，則私己之累存」的客觀限制。下文的「言善非伐，而伐善者驟稱其能」更是呼應了前文指出王坦之〈公謙論〉可能會遇上的困境：無法單從外在行為上判斷「言善者」（即王坦之認為「稱公言惠」的皋陶、大禹）與「伐善者」的區別。既然連王坦之自己也不得不承認，屬於「公」的「稱功言惠」也有招致虛偽的可能，則他在批評「謙」會招致虛偽的效力也就不全是金剛不壞了。

　　韓康伯或許是有鑑於此，於是區別出「聖人」與「君子」兩種類型：「體有而擬無者，聖人之德；有累而存理者，君子之情」。「聖人」自可契證「道」之「至公」，優游處於「道」（無）、「物」（有）之間，故能「忘貴賤而一賢愚」、「乘理當而均彼我」，根本不必行使「謙」的舉措。以韓康伯一開始定義「謙」的「以高從卑，以賢同鄙」來看，固著於「謙」的結果，難免會使人固著在「高」、「卑」、「賢」、「鄙」的品第，甚至助長虛偽的興起；然而，並不是所有人都能夠像「聖人」一樣順利地契證「道」之「至公」。因此，即便「謙」確實有王坦之所說的問題，也不能否認它確實讓境界較為次等的「君子」有修身的入手之處（「豈惟

人之所惡，唯孤、寡、不穀，而王公以為稱。故物，或損之而益，或益之而損。人之所教，我亦教之。強梁者不得其死，吾將以為教父。」「山在地中」為《周易‧謙卦》上卦與下卦的卦象，即〈謙卦‧大象傳〉所謂「地中有山」：「地中有山，謙；君子以裒多益寡，稱物平施。」以上參見〔魏〕王弼，樓宇烈（校釋）：《王弼集校釋》，頁 117-118、293。

逃患於外，亦所以洗心於內也」）。換言之，「謙」即便有弊，也不應當
完全揚棄，這就是所謂「有累而存理者，君子之情」。這和袁宏的〈明謙〉
與「名教」思想所呈現出的整體性格是較為接近的。當然，在袁宏思想中，
根本不存在以「公」為究竟、以「謙」為次等的架構。如樓宇烈解讀韓康
伯的態度是：「把『謙』作為達到『公』的一種修養手段。」[84]甚為允當，
但袁宏恐怕不會認同「謙」只是一種暫時性的過渡工具。

關於當時王坦之、袁宏、韓康伯的辯論（仍必須切記袁宏對王坦之的
辯難文字已佚），周大興在〈公謙之辯：東晉玄學主題〉一文稱這三人的
思維差異「表現出玄學中的老學派、傳統名教政論，與莊學派的差別」，[85]
可見袁宏被其歸屬於「傳統名教政論」一派，周大興細論其意義是：

> 袁宏則將公謙合論，去伐以明謙，立場傾向於「量才任以授官，參
> 善惡以毀譽」、「稱誠而動，以理為心」的傳統名教政制，但其中
> 也有道本儒用的精神貫注，本公用謙，「勞而不伐，施而不德」，
> 有勞施之用，而無自伐自賢之私，主張委任無為的公平無私。[86]

「量才任以授官，參善惡以毀譽」和「勞而不伐，施而不德」皆出自
史論 9，「稱誠而動，以理為心」出自史論 46 袁宏用以形容「情存乎名
教」者。其論述仍有些疑義：其一，他認為袁宏原文中的「勞」、「施」
都可以算得上是「公」的表現，在他處甚至說他「以謙為公」，[87]但袁宏的
現存文獻並無此說，他也並不存在王坦之那種二分對立的架構：「大通之
道公坦於天地，謙伐之義險巇於人事」。即便袁宏真如周大興所說是「以

---

84 樓宇烈：〈袁宏與東晉玄學〉，頁 85。
85 周大興：《自然‧名教‧因果——東晉玄學論集》，〈公謙之辯：東晉玄學的主題〉，頁 13。
86 周大興：《自然‧名教‧因果——東晉玄學論集》，〈公謙之辯：東晉玄學的主題〉，頁 65。
87 周大興：「坦之公謙分論，而著眼於現實名教世界『險巇於人事』的謙伐關係；袁宏則明快地
區隔了謙伐之間的不同，以謙為公；韓伯的折中欲得二者之趣，則『窮理體化，坐忘遺照』，
另外提出了一個冥絕群異，忘懷彼我的玄同境界。」參見氏著：《自然‧名教‧因果——東晉
玄學論集》，〈公謙之辯：東晉玄學的主題〉，頁 68。

謙為公」，那跟王坦之的定義就根本不同。既然不同，則無對話可言，根本無法成立「公」、「謙」之辯，反而是在消解「公」、「謙」之辯；其二，即便如周大興所述，以「量才任以授官，參善惡以毀譽」與「稱誠而動，以理為心」為「傳統名教政論」的內容，有別於王坦之的「老學派」與韓康伯的「莊學派」，他也並未進一步說明為何「傳統名教政論」可以歸諸「玄學」的共名底下。至於「道本儒用的精神」將在下一節詳細梳理，證明袁宏「道本儒用」說的本義根本與「玄學」的「自然」、「名教」論題無涉，因而此說也不足以作為袁宏隸屬於「玄學」的鐵證；其三，倘若再參照周大興〈袁宏「道本儒用」的名教觀〉中所說的「袁宏道本儒用的名教觀，顯然屬於王弼老學式的綜合」，則袁宏又被逕歸於「老學」一派，和此處認為袁宏是別立在「老學派」之外的「傳統名教政論」相較，兩處的判斷殊難統合。

透過以上討論可以見得，袁宏其實難以被毫無疑問地劃歸在「玄學家」之列。周大興視「公謙之辯」為「魏晉玄學有關『自然與名教』的天人關係問題在後期玄學的另一個表達方式」確實有其正當性，如王坦之「公道體於自然」與「謙義生於不足」二分對立的架構，[88]及其「謙光之義與衒競而俱生，卑挹之義與夸伐而並進」的思維方式，除了符契玄學「自然」與「名教」之辨，[89]也深合《老子》「天下皆知美之為美，斯惡已」及「大道廢，有仁義」的旨趣。[90]在大旨上認同王坦之〈公謙論〉的韓康伯也是如此。

---

[88] 此「對立」並不是說「公」與「謙」乃是作為相反的概念存在（非謙即公，非公即謙），而是指價值上的優與劣、全面與偏頗。

[89] 不過，須注意的是，若依據「老莊」或「三玄」的視角來界定「玄學家」，恐怕曾經因為「時俗放蕩，不敦儒教」而撰寫過〈廢莊論〉的王坦之，也未必全然吻合「玄學家」的條件，故本書姑視之為「玄談之士」，而非將其逕歸為「玄學家」。〈廢莊論〉的全文詳見〔唐〕房玄齡 等：《晉書》，〈王坦之傳〉，頁 1965-1966。此外，蕭公權曾說：「自王弼至葛洪約百年間，道家政治思想由老入莊，再經反動而復入於老。」葛洪經楊明照《抱朴子外篇校箋》之考證，於東晉初年卒；而王坦之在〈廢莊論〉中推崇「孔老」而廢黜「莊子」的情況，即呼應了蕭公權「由莊入老」之說。此發展或為考察東晉學術或政治思想的一條蹊徑，但非本書重點，姑置不論。蕭公權之說參見氏著：《中國政治思想史》（臺北：聯經出版事業股份有限公司，2011 年 3 月），上冊，〈王弼至葛洪〉，頁 411。

[90] 《老子·二章》：「天下皆知美之為美，斯惡已；皆知善之為善，斯不善已。故有無相生，難

不過，「公謙之辯」與「魏晉玄學」關係的成立是一回事，袁宏與「魏晉玄學」的聯繫則是另外一個問題。如今看來，袁宏不時關心道德條目與現世制度的存廢與否、頻繁稱引聖王與經典，他顯然就是個不折不扣的儒者。

第三節 袁宏作為「玄學殿軍」的疑義

承前所述，周大興在《自然・名教・因果——東晉玄學論集》承繼了樓宇烈〈袁宏與東晉玄學〉的觀點，對「袁宏的玄學」做出了更多篇幅的闡發，而在後來卓季志、楊曉菁等人的徵引中，都可以見得周大興的論述具有一定的代表性。因此，仔細檢視周大興以袁宏為「玄學家」的各項論述（所用材料皆不出《後漢紀》史論），對於釐清袁宏史論與玄學的關係也有直截了當的幫助。

周大興在書中將袁宏史論的思想判為對王弼思想（曹魏正始玄學）的復歸，並依據袁宏史論 28 中的「道本儒用」說（史論原文為：「道明其本，儒言其用」），稱他為「東晉後期綜合儒道的最後成果，殿軍之作」，故本書以「玄學殿軍」概括周大興對於袁宏的思想史定位。以下小節將首先釐清袁宏「道本儒用」說在史論 28 原文中的真正意涵；再者，解開周大興分別以《老子・三十八章》與東晉李充（字弘度）〈學箴〉對袁宏史論 45 與 46 的附會之處；最後指出，袁宏的思維模式雖然也可以說是「名教本於自然」，但和王弼式的「名教本於自然」截然不同，[91]這不但是因為

易相成，長短相較，高下相傾，音聲相和，前後相隨。是以聖人處無為之事，行不言之教，萬物作焉而不辭，生而不有，為而不恃，功成而弗居。夫唯弗居，是以不去。」《老子・十八章》：「大道廢，有仁義；慧智出，有大偽；六親不和，有孝慈；國家昏亂，有忠臣。」參見〔魏〕王弼，樓宇烈（校釋）：《王弼集校釋》，頁 6-7、43。

[91] 以「名教本於自然」概括王弼的名教與自然觀以及玄學史地位，應始於余敦康之說：「玄學的主題是自然與名教的關係，道家明自然，儒家貴名教，因而如何處理儒道之間的矛盾使之達於會通也就成為玄學清談的熱門話題。……就理論的層次而言，玄學家關於這個問題的討論，經歷了一個正、反、合的過程。正始年間，何晏、王弼根據名教本於自然的命題對儒道之所同作了肯定的論證，這是正題。魏晉禪代之際，嵇康、阮籍提出了『越名教而任自然』的口號，崇道而反儒；西晉初年，裴頠為了糾正虛無放誕之風以維持名教，崇儒而反道，於是儒道形成了

兩者對於「自然」和「名教」的界定有天淵之別，也攸關他們的學術性格
與價值取向，不當混為一談。

一、史論28「道本儒用」說的真相──兼反思「袁宏反玄說」

周大興概括袁宏名教觀的「道本儒用」說，乃出自袁宏《後漢紀》史
論 28 條所說的「道明其本，儒言其用」。其論頗長，但意見整飭，故全
文徵引如下：

> 袁宏曰：堯舜之傳賢，夏禹、殷湯授其子，此趣之不同者也。夏后
> 氏賞而不罰，殷人罰而不賞，周人兼而用之，此德刑之不同者。殷
> 人親盡則婚，周人百世不通，此婚姻之不同也。立子以長，三代之
> 典也，文王廢伯邑考而立武王，廢立之不同者也。「君親無將，將
> 而必誅。」周之制也；《春秋》殺君之賊，一會諸侯，遂得列於天
> 下，此褒貶之不同者。彼數聖者，受之哲王也，然而會通異議，質
> 文不同，其故何邪？所遇之時異。
> 夫奕者之思，盡于一局者也；聖人之明，周於天下者也，苟一局之
> 勢未嘗盡同，則天下之事豈必相襲哉！故記載廢興，謂之典謨；集
> 敘歌謠，謂之詩頌；擬議吉凶，謂之易象；撰錄制度，謂之禮儀；
> 編述名迹，謂之《春秋》。然則經籍者，寫載先聖之軌迹者也。聖
> 人之迹不同如彼，後之學者欲齊之如此，焉可得哉！故曰「《詩》
> 之失愚，《書》之失誣，《易》之失賊，《禮》之失煩，《春秋》
> 之失亂」，不可不察。聖人所以存先代之禮，兼六籍之文，將以廣
> 物慣心，通於古今之道。
> 今去聖人之世，幾將千年矣，風俗民情，治化之術，將數變矣。而
> 漢初諸儒，多案《春秋》之中，復有同異。其後殷書禮傳，往往間

對立，這是反題。到了元康年間，郭象論證了名教即自然，自然即名教，把儒道說成是一種圓
融無礙、體用相即的關係，在更高的程度上回到玄學的起點，成為合題。」參見氏著：《魏晉
玄學史》（第二版），〈魏晉玄學與儒道會通（代序）〉，頁 1。

出，是非之倫，不可勝言。六經之道可得詳，而治體云為遷易無度矣。昔仲尼沒而微言絕，七十子喪而大義乖，諸子之言紛然殽亂，太史公談判而定之，以為六家；班固演其說，而明九流。觀其所由，皆聖王之道也，支流區別，各成一家之說。夫物必有宗，事必有主，雖治道彌綸，所明殊方，舉其綱契，必有所歸。尋史談之言，以道家為統；班固之論，以儒家為高。二家之說，未知所辯。

嘗試論之曰：●夫百司而可以總百司，非君道如何情動，動而非已也。虛無以應其變，變而非為也。夫以天下之事，而為以一人，即精神內竭，禍亂外作。故明者為之視，聰者為之聽，能者為之使。惟三者為之慮，不行而可以至，不為而可以治，精神平粹，萬物自得。斯道家之大旨，而人君自處之術也。●○夫愛之者，非徒美其車服，厚其滋味，必將導之訓典，輔其正性，納之義方，閑其邪物。故仁而欲其通，愛而欲其濟，仁愛之至，於是兼善也。然則百司弘宣，在於通物之方，則儒家之算，先王教化之道。○●居極則玄默之以司契，●○運通則仁愛之以教化。○故道明其本，儒言其用，其可知也矣。

夫大道行，則仁愛直達而無傷；及其不足，則抑參差而竝陳。患萬物之多惑，故推四時以順，此明陰陽家之所生也。懼天下擾擾，竟故辯加位以歸真，此名家之所起。畏眾寡之相犯，故立法制以止殺，此法家之所興也。慮有國之奢弊，故明節儉以示人，此墨家之所因也。斯乃隨時之迹，總而為治者也。後之言者，各演一家之理，以為天下法，儒道且猶紛然，而況四家者乎！夫為棺槨，遂有厚葬之弊；喪欲速朽，亦有棄尸之患。因聖人之言迹，而為支辯之說者，焉可數哉？故自此以往，略而不論。[92]

袁宏認為，先王、聖人的舉措與制度不同，乃因「所遇之時異」，唯一能

92　〔東晉〕袁宏，周天游（校注）：《後漢紀校注》，頁 337-340。

留下來讓後世考察聖人之意的唯有「先代之禮」與「六籍之文」，然而「六籍」（六經）雖為「先聖之軌迹」，卻分屬於不同聖人所作，也存在各自的缺點（愚、誣、賊、煩、亂）。後人受限於去古已遠以及六籍來源不同，想要有統一和諧地運用與理解自然不易，因此造成「治體」遷易無度的情況，史家司馬談與班固在孔子（名丘，前 551-前 479）、七十子、諸子之後，撰文分判出的「六家」與「九流」就反映了這種現象。但袁宏特別的地方在於，他認為各家其實都反映了「聖王之道」的不同面向，包括史論最後所舉的陰陽家、名家、法家與墨家，是故應該承認他們平等並列的價值，而非像司馬談與班固一般各有所主：「尋史談之言，以道家為統；班固之論，以儒家為高」。

因此，袁宏主張的「道明其本，儒言其用」在這個脈絡下，顯然並非是為了統合儒、道而作的思想創發，也與「名教」、「自然」之辨無涉，只是清楚交代了這兩家在一開始出現時，就各自展現了「君人南面之術」不同的用途與內涵。總之，在他眼中的儒、道二家其實就與文末的陰陽家、名家、法家、墨家一樣，都隸屬於聖人之道，都是為了統治天下而生的（「總而為治者也」）。

至於「儒」、「道」二家各自作為「君人南面之術」不同的用途與內涵，袁宏在史論中有很清楚地辨析：從「虛無以應其變」至「斯道家之大旨，而人君自處之術也」一段可知（引文第一次標記兩個●處），「道家」用於政治上，是為了達到「明者為之視，聰者為之聽，能者為之使」之效。換言之，主要目的是為了讓臣下為君主效命，不使君主本身的身心耗損過多，[93]從實際經驗推想，君主獨自一人確實難以顧及國家大政的方方面面，

---

[93] 「道家」一詞就現存文獻來說最早出現在《史記・太史公自序》中的司馬談〈論六家要旨〉，其內容即是「黃老」之學，而非「老莊」，此點胡適已明白指出：「古代無『道家』之名，秦以前的古書沒有提及『道家』一個名詞的。『道家』一個名詞專指那戰國末年以至秦漢之間新起來的『黃老之學』，而黃老之學起於齊學。」參見氏著：《中國中古思想史長編》，收入《中國中古思想史二種》（北京：北京師範大學出版社，2014 年 1 月），頁 23。總之，司馬談所說的「道家」與後來普遍用以指稱「老莊」的「道家」不盡相同，且象徵了學術思想的變遷，如錢穆說：「黃帝之學，其殆盛興於秦皇之世，而大立於漢武之代者歟？及秦、漢帝王大統之運既衰，魏、晉名士清談踵起，乃復黜黃帝，進莊生。『黃老』之復轉而為『老莊』，此又學

必須倚賴百官的輔佐與分工。而「道家」在治術上的意義並非袁宏所造，早在《老子·四十九章》就有相同的思想：「聖人在天下歙歙，為天下渾其心，百姓皆注其耳目，聖人皆孩之。」[94]王弼於「百姓皆注其耳目」下注說：「各用聰明。」指的是聖人因任百姓的聰明為聰明，而非「勞一身之聰明，以察百姓之情」，以致「物亦競以其明避之」。[95]再如西漢司馬談說：「道家無為，又曰無不為，其實易行，其辭難知。其術以虛無為本，以因循為用。無成埶，無常形，故能究萬物之情。不為物先，不為物後，故能為萬物主。」東漢的班固亦說：「道家者流，蓋出於史官，歷記成敗存亡禍福古今之道，然後知秉要執本，清虛以自守，卑弱以自持，此君人南面之術也。」[96]皆可見「道家」於政治上的功效。由此亦可知，周天游《後漢紀校注》在注解袁宏論「斯道家之大旨，而人君自處之術也」時，認為這是「時人儒道合流說之濫觴」其實並不妥當，[97]乃因袁宏所論，完全符合「道家」一詞從兩漢草創以來本有的面目，不待與「儒家」合流之後方有政治上的效能可說，也與「玄學」的側重點無涉。[98]

術隨世運為轉移一好例也。」參見氏著：《莊老通辨》（北京：九州出版社，2011 年 1 月），〈道家與黃帝〉，頁 312-313。

[94] 〔魏〕王弼，樓宇烈（校釋）：《王弼集校釋》，〈老子道德經注·四十九章〉，頁 129。129頁於「為天下渾其心」之下應補上「百姓皆注其耳目」一句，此據樓宇烈的校釋可知，參見前揭書，頁 130-131。

[95] 以上引號內文句皆王弼注文，參見〔魏〕王弼，樓宇烈（校釋）：《王弼集校釋》，〈老子道德經注·四十九章〉，頁 129-130。

[96] 無論道家是否真的出於史官，「道家」起初與「君人之術」密切相關是毫無疑問的。

[97] 周天游：「袁宏所論，乃時人儒道合流說之濫觴。張湛《列子·說符》篇注：『自賢者即上所謂孤而無輔；知賢則智者為之謀，能者為之使，物無棄才，則國易治也。』又〈仲尼〉篇注：『不能知眾人之所知，不能為眾人之所能，羣才並為之用者，不居知能之地，而無惡無好，無彼無此，則以無為心者也。故明者為視，聰者為聽，智者為謀，勇者為戰，而我無事焉。』參見氏著：《後漢紀校注》，頁 339。

[98] 參照湯一介對「魏晉玄學」的定義，即可知其與袁宏所說的「道家」側重不同：「魏晉玄學是指魏晉時期以老莊思想為骨架企圖調和儒道，會通『自然』與『名教』的一種特定的哲學思潮，它所討論的中心為『本末有無』問題，即用思辨的方法來討論有關天地萬物存在的根據的問題，也就是說表現為遠離『世務』和『事物』形而上學本體論的問題。」參見氏著：《郭象與魏晉玄學》（第三版），〈論魏晉玄風〉，頁 10。

　　而從「夫愛之者」至「則儒家之籌，先王教化之道」都是在說明「儒
家」在政治上的效用（引文第一次標記兩個○處）。與「道家」不同的是，
袁宏認為「儒家」主要展現了君主對於人民的愛護。此愛護不僅僅是物質
上的照顧，還包含了導正民性的教化之責。

　　總之，這兩家正反映了君人之術的兩種面向，即袁宏下文所說的：「居
極則玄默以司契，運通則仁愛以教化，故道明其本，儒言其用」。進一步
說，道家之術主要涉及的是「君」與「臣」的關係，讓臣子為了君主賣命、
協助君主統治國家（「居極則玄默以司契」，引文第二次標記兩個●處），
此即張舜徽所謂「君無為而臣有為」；[99]儒家之術則聚焦在「君」與「民」
的關係，[100]展現一國之主在物質與教化上的重責大任（「運通則仁愛以教
化」，引文第二次標記兩個○處）。君主一方面任使臣下以維持自己的君
位，一方面則為了百姓必須施以照顧與教化，這就是「居極則玄默以司契，
運通則仁愛以教化」的真正意涵，而此「居極」與「運通」正分別呼應下
兩句「道明其本，儒言其用」的「本」與「用」。

　　而「居極則玄默以司契」與「道明其本」，緊扣的正是袁宏前文所謂
「斯道家之大旨，而人君自處之術也」；「運通則仁愛以教化」與「儒言
其用」，對應的正是前文所謂「則儒家之籌，先王教化之道」，環環相扣，
絲毫無意義的滑轉。[101]因此，袁宏的「道」與「儒」實際上是彼此兩存並
行、毫無優劣之分的「君人之術兩面向」，與王弼的「本」、「末」、「體」、
「用」等等論述「道」與「物」之間的概念毫不相涉，[102]絕不能混為一談，

99　張舜徽：「道家言主術，在能任人而不任智，故君無為而臣有為。以視儒者所言人主為天下儀
　　表，事必躬親為之先倡者，固不可同日語。但就君道一端而言，則儒者為拙而道家為巧矣。」
　　參見氏著：《周秦道論發微》（武漢：華中師範大學出版社，2005 年 12 月），〈太史公論六
　　家要指述義〉，頁 333。

100　寬泛來說，「臣」當然也屬於「民」。

101　相對應之句，已在前文的引文中用「直底線」（表道家）和「曲底線」（表儒家）區別。

102　王弼：「萬物雖貴，以無為用，不能捨無以為體也。捨無以為體，則失其為大矣，所謂失道而
　　後德也。……載之以道，統之以母，故顯之而無所尚，彰之而無所競。用夫無名，故名以篤焉；
　　用夫無形，故形以成焉。守母以存其子，崇本以舉其末，則形名俱有而邪不生，大美配天而華
　　不作。故母不可遠，本不可失。仁義，母之所生，非可以為母。形器，匠之所成，非可以為匠

遂不如周大興所說：「袁宏『道本儒用』的名教觀，則是玄學家本末體用意義下的『以無為本』。」[103]

　　再者，周大興認為袁宏的「道明其本，儒言其用」乃是「歸本於老子王弼的主張」，[104]細究其推論過程，其實是因為他已經先接受了「自然」歸於「道家」而「名教」歸於「儒家」的二分思維，即《晉書・阮瞻傳》（附於〈阮籍傳〉）所載的「聖人貴名教，老莊明自然」之說，[105]加上王弼的思維方式乃是「名教本於自然」，因此當他看見袁宏主張「道明其本，儒言其用」時，就自動將他和王弼玄學畫上等號。然而如前文所述，非但不能夠以玄學的「本末」、「體用」來理解袁宏此處說的「本」與「用」；單純將「自然」歸於「道」而「名教」歸於「儒」的想法也不適合用來解讀袁宏的「道明其本，儒言其用」。

　　其因在於，從這段史論梳理「道家」與「儒家」的政治效用來看，所謂「道」與「儒」，在袁宏的思想當中皆屬於「名教」的層次。且「聖人貴名教，老莊明自然」這種二分的方式，其預設便是「聖人——老莊」、「名教——自然」這兩組概念皆由涇渭分明、分庭抗禮的兩者所構成。這樣的預設非但和袁宏此處「道明其本，儒言其用」的關懷無關，袁宏在其他史論所提及的「名教」與「自然」，也並沒有各自隸屬於「道家」與「儒家」之意。而且他在其他史論中出現過的「自然」一詞，大多指稱一般人欲生俱來的情性，作為日後「名教」得以施化、引導的基礎，比起「老莊」，

也。捨其母而用其子，棄其本而適其末，名則有所分，形則有所止。……」參見〔魏〕王弼，樓宇烈（校釋）：《王弼集校釋》，〈老子道德經注・三十八章〉，頁 94-95。

[103] 周大興：《自然・名教・因果——東晉玄學論集》，〈袁宏「道本儒用」的名教觀〉，頁 203。

[104] 周大興：《自然・名教・因果——東晉玄學論集》，〈袁宏「道本儒用」的名教觀〉，頁 205。

[105] 《晉書》：「瞻字千里。……見司徒王戎，戎問曰：『聖人貴名教，老莊明自然，其旨同異？』瞻曰：『將無同。』戎咨嗟良久，即命辟之。時人謂之『三語掾』。」參見〔唐〕房玄齡：《晉書》，冊 5，頁 1363。在《世說新語・文學》中，此故事的對話人物變成了阮脩與王衍：「阮宣子有令聞，太尉王夷甫見而問曰：『老、莊與聖教同異？』對曰：『將無同。』太尉善其言，辟之為掾，世謂『三語掾』。」參見〔南朝宋〕劉義慶，龔斌（校釋）：《世說新語校釋》，頁 400。

實則更貼近「儒家」，此點錢穆和張蓓蓓皆已指出。[106]由此可知，袁宏無論是論「道」論「儒」，還是論「名教」論「自然」，都自有其脈絡與用意，不能隨意附會而簡單化約成王弼的「名教本於自然」。更何況此處史論 28 所指的「道明其本，儒言其用」，所談論的根本不是玄學在討論「道」與「物」之間「本末」、「體用」的問題，而是理想君主如何用過往諸子百家的學術統治天下的問題，也絲毫和「自然」與「名教」之間的論爭無涉。

　　如此，則可知周大興進而稱袁宏「顯然是要回歸會通孔老、名教以自然為本的正始玄學主流」的結論實有疑義。[107]承前所述，袁宏大篇幅闡發「道明其本，儒言其用」只是為了調停司馬談與班固各執一家的情況，其究極目的則在闡發天下學術「觀其所由，皆聖王之道，支流區別，各成一家之說」的道理。是故諸子百家無論何者，包括「儒」與「道」，都只是「聖王之道」的一部分而已，後人遂不該出現「各演一家之理以為天下法」的情事。因此，與其說袁宏是為了像「玄學」一樣在個人思辨上調和「儒」、「道」思想，不如說是為了闡發上古三代聖王之道，同時運用了「子」（史論）與「史」（編年史）的方式以延續《五經》所載的「聖人之所以迹」來得更為精確，此一目的錢穆已經敏銳指出（詳見下文）。至於袁宏筆下的「儒家」與「道家」不過是眾多例子中的其中兩者而已，否則難以理解為何他在文末仍要提及陰陽、名、法、墨四家的興起與價值，可見他的根本目的自始至終都不在「調和儒、道」，而在「闡發聖王之道」。[108]

　　錢穆對袁宏史論 28 評價甚高：

106　詳見後文第三小節：〈史論 46「情存乎名教」與「利名教」之分的用意〉。

107　周大興：《自然‧名教‧因果——東晉玄學論集》，〈袁宏「道本儒用」的名教觀〉，頁 205。

108　從史論 28「及其不足，則抑參差而竝陳」以降的敘述可以得知，在袁宏心中的名家、陰陽家、法家、墨家都是衰世時應時代弊病而生的產物，在價值的普遍性、永久性上較遜儒家與道家一籌，然而依據袁宏形容「六家」或「九流」時所說的「觀其所由，皆聖王之道也」，可知袁宏同樣也認為這四家符合「聖王之道」，顯現聖王之道的廣泛以及應世的靈活性。關於這四家在袁宏心中略遜於儒道兩家的情況，口考時承蒙吳冠宏師提點，謹此銘謝。

宏之此節，蓋自附孔子、馬、班之遺意，所謂「道明其本，儒言其用」，一部《東漢紀》，即本此作。凡本篇所稱引，其論議評騭，皆此二語可以賅之。此亦袁氏一家之言也。范曄《後漢書》，特汲其遺緒。而陳壽《三國志》，則距此尤遠。後世特以宏書有紀無傳，不獲預於正史之列，遂忽而輕之。然此乃著書體制，非關史識也。其論經籍，謂是「寫載先王之軌迹」，此即後世所謂「六經皆史」，莊子所謂「古人之糟粕」。又曰：「六經先王之陳迹，而非其所以迹。」以此較之漢儒尊經，豈不卓出遠甚乎？夫尚論古代學術者，必先《六經》，次百家。司馬遷著《史記》，自謂聞之董生，本原《春秋》，其意在以史代經，而發明其所以迹。故班氏分別九流，司馬《史記》列六藝【略】春秋【類】（略）。則經即舊史，史即新經，此惟馬、班下迄於宏，抱此宏旨，而後無嗣響矣！[109]

錢穆的評議精準掌握了袁宏此論的真正用意，並且敏銳指出司馬談父子與班固以史書上承「聖人之道」與「聖人之迹」的寄託。袁宏同樣也看出此點，並且附己論於司馬談（主道家）與班固（主儒家）二家頡頏之後，試圖評議並且超越他人「各演一家之理以為天下法」的偏頗情況，顯然也紹繼了同樣的精神，此即錢穆所謂「以史代經」、「史即新經」。依據袁宏整理東漢一代歷史、撰寫史論以闡明聖人「名教」的動機來看（「夫史傳之興，所以通古今而篤名教也」），更可以明白錢穆所說恰如其分。

　　值得一提的是，江建俊在〈玄風中的反玄〉中解讀袁宏「道明其本，儒言其用」之說時，大異於周大興視袁宏為「玄學殿軍」的判斷，將袁宏放在「反玄」陣營的脈絡下理解：

袁宏《後漢紀·孝章皇帝紀》亦言：「居極則秉玄默以司契，運通則本仁愛以教化，故道明其本，儒言其用，其可知也」，此處似與

---

[109] 錢穆：《中國學術思想史論叢（三）》，〈袁宏政論與史學〉，頁143。

其貶道崇儒之立場矛盾，易讓人產生誤解。其實「道本儒末」或「道本儒用」，是當時普遍流行的說法，**「本」、「末」於此並非價值判斷，反玄者援其說而反其義**，蓋王弼早有「聖人體無，無又不可以訓，故言必及有，老莊未免於有，恆訓其所不足」之論，聖人體無是已泯有、無，但為了訓世，不得已而言有；老子言無而實有，以其未能泯有、無，此一說法，背後雖大有企圖，別有用心，但此「言柄」，落到反玄者的口中，乃明言「道本儒用」、「聖教救其末，老莊明其本」或「道明其本，儒言其用」，此關要處，若不仔細推敲，則會視為其學說的矛盾。於此，吾人除前言「本、末」非價值判斷外，**「本」於此皆指虛玄、無為、根源的意思，而「末」即實用、有為、現實的意思**，而一切政治、社會的問題，既已出現種種弊端，威脅到國脈民命，那般玄學之士，竟仍大談虛玄本體之道，將「無」將「道」說得天花亂墜，其於「道」於「無」固已明矣，卻何補於國計民生？所以當務之急，是應回歸現實，去救蔽、去拯亂，多強調境界層次明顯高於道家的儒家的用世精神及積極有為，才是正本清源之正途。……透過以上證定，**則「反玄」者利用「玄」之話頭，來達到「反玄」的目的**，在其語辭上的迷惑，也就豁然而解。[110]

此說雖然避免了將袁宏「道本儒用」說附會成「玄學」思想的謬誤，然而仍有需要商榷的空間：其一，從先前「道本儒用」完整的出處（史論 28）可知，袁宏從頭到尾並未聲明「反玄」思想，其「道本儒用」說僅僅是在君主治術的角度上談論「儒家」與「道家」的功用，既然不涉及「玄學」的議題，當然也就無關「反玄」與否；其二，袁宏的「道本儒用」說的「本」與「用」，前文已辨明和玄學探討「道」、「物」關係的「本末」、「體用」無涉，只不過是袁宏在談論君主治術「居極則玄默以司契」和「運通

[110] 江建俊：《于有非有，于無非無——魏晉思想文化散論》，〈玄風中的反玄〉，頁 399-400。

則仁愛以教化」的濃縮語而已。遂不如江建俊所說：「『本』於此皆指虛玄、無為、根源的意思，而『末』即實用、有為、現實的意思，而一切政治、社會的問題，既已出現種種弊端，威脅到國脈民命，那般玄學之士，竟仍大談虛玄本體之道，將『無』將『道』說得天花亂墜，其於『道』於『無』固已明矣，卻何補於國計民生？」他將袁宏的「用」擅自抽換成「末」已不契合袁宏本意（周大興之說也有相同的問題）；再者，袁宏的「本」，原意只在君主如何用「道家之術」讓臣下替自己分憂解勞（袁宏：「明者為之視，聰者為之聽，能者為之使。」）、維繫自己的統治，並不涉及萬物價值根源──「道」或「本體」──的討論；更進一步，若將江建俊所界定的「本」與「末」套回袁宏史論 28 來解讀，則袁宏頓時成為以「道家」為玄虛、以「儒家」為實用的立場，抑彼而崇此，完全和袁宏此論試圖打破「後之言者，各演一家之理為天下法」的中心主旨相互矛盾了。

　　從以上的辨析可知，袁宏的「道本儒用」說其實也並不是江建俊所謂：「『反玄』者利用『玄』之話頭，來達到『反玄』的目的。」而且根據史籍記載，袁宏對於玄學之士從未嚴厲抨擊過，他甚至一度為了維護西晉王衍等人駁斥桓溫，且為正始（曹魏）、竹林（曹魏）與中朝（西晉）時期的名士撰寫了三卷《名士傳》，其中包含了「玄學」的主要代表人物何晏、王弼、嵇康、阮籍、向秀諸人。比起同時代戴逵（字安道）的〈放達非道論〉所說的：「竹林之為放，有疾而為顰者也；元康之為放，無德而折巾者也，可無察乎！」[111]他對於所有的「玄學家」與「名士」反而更能同情地包容與理解，但必須注意的是，這仍舊和《後漢紀》史論所反映出的思想內容不能混為一談。

　　換言之，無論袁宏生平對玄學家有多麼友善的理解，或《後漢紀》史論涉及多少「名教」與「自然」之論，都不能直接斷言他就是個「玄學家」；同樣地，即便袁宏《後漢紀》的史論時常涉及儒家的《五經》與聖王，而

---

111 〔唐〕房玄齡 等：《晉書‧隱逸傳‧戴逵》，冊 8，頁 2458。「元康」為西晉惠帝第三個年號，時間從公元 291 至 299。

且浸沐在龔鵬程所謂「強調儒學禮教」的東晉時期，[112]也不能藉此將他劃歸在「反玄」的行列，「非玄學」並不等同於「反玄學」。總之，一切的定位與評價都必須緊扣著他的著作本文方能斷言。

二、史論 45 與《老子・三十八章》的關係釋疑

袁宏史論 45 乃為當時「太學生三萬餘人，皆推先陳蕃、李膺，被服其行。由是學生同聲競為高論，上議執政，下議卿士」而發。[113]首先說明了各種情性的表現，以及「古先哲王」對於這些情性的安撫，因而造就了適才適性的「風」與「流」。進而再言「中古」時期，上位者與下位者盡皆失序，眾人違逆自身的天性，共同追逐某種偏頗的風氣：

> 袁宏曰：夫人生合天地之道，感於事〔而〕動，性之用也。故動用萬方，參差百品，莫不順乎道，本乎情性者也。是以<u>為道者</u>清淨無為，少思少欲，沖其心而守之，雖爵以萬乘，養以天下，不榮也。<u>為德者</u>言而不華，默而有信，推誠而行之，不媿於鬼神，而況於天下乎！<u>為仁者</u>博施兼愛，崇善濟物，得其志而中心傾之，然忘己以為千載一時也。<u>為義者</u>潔軌迹，崇名教，遇其節而明之，雖殺身糜軀，猶未悔也。故因其所弘則謂之風，節其所託則謂之流，自風而觀，則同異之趣可得而見，以流而尋，則好惡之心於是乎區別。是以古先哲王，必節順群風而導物，為流之途而各使自盡其業。故能班敘萬物之才以成務，經綸王略，<u>直道而行</u>者也。
> 中古陵遲，斯道替矣。上之才不能以至公御物，率以所好求物。下之人不能博通為善，必以合時為貴，故一方通而群方塞矣。夫好惡通塞，[114]萬物之情也；背異傾同，世俗之心也。中智且猶不免，而

---

112 龔鵬程：「東晉其實根本就不是個玄學的時代，儒學傳統在此一時期不僅未中斷或衰微，反而甚為強勁有力。」參見氏著：《儒學新思》，〈失落的儒學史：東晉名教論〉，頁 216。

113 〔東晉〕袁宏，周天游（校注）：《後漢紀校注》，頁 624。

114 觀上下文意，以及與下文「背異傾同」對仗，似應作「好通惡塞」。

況常人乎？故欲進之心，斐然向風，相與矯性違真，以徇一時之好，故所去不必同而不敢暴，則風俗遷矣。[115]

周大興對於袁宏此論，徵引了《老子‧三十八章》來解讀：

這裏進一步區分道、德、仁、義四種境界，明顯對應《老子》三十八章「失道而後德，失德而後仁，失仁而後義，失義而後禮」的批判，值得注意的是，袁宏把「崇名教，潔軌跡」置於「為義者」的層次，已有高下之分。為道者「清淨無為」，亦即「上德不德，上德無為而無以為」，這是天地之性自然之理的無名之域。為德者「言而不華，默而有信」，屬於「下德為之」，已落於有德有名的現實世界。

隨後又徵引了王弼一大段對《老子‧三十八章》的注解，並且說：

袁宏的「為義者」猶如此處的「上義」，是「愛不能兼，則有抑抗正直而義理之者」，「上義為之而有以為」。較之自然親愛的「為仁者」博施兼愛、崇善濟物的得志而忘己，為之而無以為，已落下乘。袁宏認為，為義者的抑引作為乃是觀其同異區別好惡，[116]助彼攻此，所謂的「滅身不為徒死，所以固名教也」，[117]其價值正在東漢黨錮之禍中義士殺身不悔的風操志節裏表現出來。這當然不是更

---

[115] 〔東晉〕袁宏，周天游（校注）：《後漢紀校注》，頁 624-627。

[116] 「抑引」一詞，應為化用嵇康〈難〈自然好學論〉〉：「《六經》以抑引為主，人性以從欲為歡。抑引則違其願，從欲則得自然。」參見〔魏〕嵇康，戴明揚（校注）：《嵇康集校注》，頁 447。

[117] 史論 46：「當其治隆，則資教以全生；及其不足，則立身以重教。然則教也者，存亡之所由也。夫道衰則教虧，幸免同乎苟ñ；教重則道存，滅身不為徒死，所以固名教也。」參見〔東晉〕袁宏，周天游（校注）：《後漢紀校注》，頁 644。

下的「禮者，忠信之薄而亂之首」，或是以刑名檢物的法家之治；
但是「為義者，潔軌跡，崇名教」之說，正把名教安排在存名為己、
立名對物，有所為而為的「失仁而後義」的地位，這是「遇其節而
明之」，有區別彼我好惡之心的相對層次。[118]

綜合其說，有幾點頗有值得再討論的空間：其一，周大興對於此段史論，
完整節錄的部分，只節錄了「夫人生合天地之道」至「則好惡之心於是乎
區別」一段，也就是袁宏分論「為道者」、「為德者」、「為仁者」與「為
義者」以及定義「風流」的地方，周大興自此以降刪節了**「是以古先哲王，
必節順群風而導物，為流之途而各使自盡其業，故能班敘萬物之才，以成
務經綸王略直道而行者也」**（以下稱為「甲段」），保留了「中古陵遲，
斯道替矣」兩短句，其下又刪節了**「上之才不能以至公御物，率以所好求
物，下之人不能博通為善，必以合時為貴，故一方通而群方塞矣。夫好惡
通塞，萬物之情也。背異傾同，世俗之心也。中智且猶不免，而況常人乎！
故欲進之士，斐然向風，相與矯性違真，以徇一時之好，故所去不必同而
不敢暴」**（以下稱為「乙段」），徒留一句「風俗遷矣」，然而他所刪節
處都是袁宏此論不能輕易放過者，其因在於：「甲段」乃是袁宏承接上文
對於「風流」的定義而來：「故因其所弘則謂之風，節其所託則謂之流，
自風而觀則同異之趣可得而見，以流而尋則好惡之心於是乎區別」，所謂
「風」乃是指統治者因順著「為道者」、「為德者」、「為仁者」、「為
義者」等等各種情性及其表現，不予干預；所謂「流」指的是統治者適度
地節制這些情性與表現，不會形成偏頗之風。如此解讀，方能接下文被周
大興刪節掉的「是以古先哲王，必節順群風而導物，為流之途而各使自盡
其業，故能班敘萬物之才，以成務經綸王略直道而行者也」。總之，成功
的統治者必須是對於各種情性之人有所「因順」與「節制」，才能達致萬

---

[118] 以上兩段引文見於周大興：《自然・名教・因果——東晉玄學論集》，〈袁宏「道本儒用」的
名教觀〉，頁 196-198。

民「自盡其業」、自己「能班敘萬物之才，成務經綸王略」的結果。袁宏此論開頭先提各種人才天生情性不同，是以「動用萬方，參差百品」，繼而言「為道者」等四種情性、「風流」的產生以及與統治者的關係，都是為了扣緊此處理想統治者應具備的「班敘萬物之才」而說，周大興忽此脈絡，遂將「為道者」、「為德者」、「為仁者」與「為義者」四者以《老子‧三十八章》的「失道而後德，失德而後仁，失仁而後義，失義而後禮」層層滑落的道德觀附會解說，且言「道、德、仁、義」為四種「境界」，倘作如此解讀，則袁宏史論本身原有的萬民「各盡其業」、聖王「班敘萬物之才」的脈絡幾乎不可通解。因為既言「境界」，則訴諸個人身心修養即可，無須特別安置聖王於其上，並且侈言聖王責無旁貸的職分。[119]

　　至於被周大興刪節掉的「乙段」，乃是言上下皆失序的情況，用方才「甲段」的話來說，即是言君主沒有「班敘萬物之才」、使民各盡其業，而下位者只會競逐當時之風、「相與矯性違真」。透過「乙段」可知，袁宏其實並未將道、德、仁、義四者視作層層遞減的「境界」，否則亦不會有「乙段」所說，眾人會違逆天生「差異性」而造成「斐然向風，相與矯性違真」的情形。自始至終，袁宏都主張人的天生情性各有不同，而且此差異性對於統治者來說不可消弭、必須正視，詳細來說則有「為道者」、「為德者」、「為仁者」、「為義者」四者之別；而君主所該做的，就是讓這四者各安其位，[120]不要因為自己的私心所好，導致天下人違逆自己天生的情性，去效法與跟風不合乎自己情性的行為，此為袁宏不會全然肯定李膺（字元禮，？-169）、陳蕃（字仲舉，？-168）諸人引領時代風氣，最後造成「黨錮之事」的一大例證。

　　總之，《老子》所謂「失道而後德，失德而後仁，失仁而後義，失義

---

[119] 關於統治者須「班敘萬物之才」的精神，亦可見於袁宏史論 6：「袁宏曰：夫金剛水柔，性之別也；員行方止，器之異也。故善御性者，不違金水之質；善為器者，不易方員之用。物誠有之，人亦宜然。故肆然獨往，不可襲以章服者，山林之性也；鞠躬履方，可屈而為用者，廟堂之材也。是以先王順而通之，使各得其性，故有內外隱顯之道焉。……」參見〔東晉〕袁宏，周天游（校注）：《後漢紀校注》，頁 128-129。

[120] 現實中的情性種類應當更多，袁宏此四者當然只是舉其大略。

而後禮」根本與袁宏此處史論的精神無涉,這一點倘若再對照他史論 41 中說的「失仁而後義,必由於仁;失王而後霸,而致於霸必出於忠義,誠仁之不足,然未失其為忠也」,以「權變的道德」來對「理想的道德」補偏救弊,[121]即可知他十分肯定聖人「因事作制以通其變」的靈活性。與《老子》批評仁不足而生義,義不足而生禮,而禮又是「忠信之薄而亂之首」,認為道德條目越多,反而造成世界越來越混亂偏頗、違反人性的主張相比,根本是涇渭分明的兩種態度,亦反襯出袁宏的儒者情懷。

其二,周大興除了刪節掉頗為重要的文句,以致脈絡不暢外,還將袁宏的「為道者」、「為德者」、「為仁者」、「為義者」與《老子》的「上德無為而無以為」、「下德為之而有以為」、「上仁為之而無以為」、「上義為之而有以為」四者相比附。[122]取其中一項為例,周大興認為袁宏所謂「為德者言而不華,默而有信」屬於《老子》的「下德為之」,且「已落於有德有名的現實世界」。但詳細比較《老子・三十八章》王弼注與袁宏史論 45,袁宏所謂「言而不華,默而有信」只是形容「為德者」的言行舉止,與王弼注認為「下德」的「立善以治物」有別,前者只是某類情性的展現,後者則是在說明統治者建立道德條目去治理萬物,不可一概而論。再者,回到《老子》本有的脈絡,顯然「無以為」的「上德」與「上仁」是比「有以為」的「下德」與「上義」更值得肯定的,若按照周大興四者

---

[121] 前文所謂「權變的道德」與「理想的道德」,即古籍中所謂「權」與「經」,可以《公羊傳》的「經」、「權」觀理解:「權者何?權者反於經,然後有善者也。權之所設,舍死亡無所設。行權有道,自貶損以行權,不害人以行權。殺人以自生,亡人以自存,君子不為也。」參見〔東漢〕何休(解詁),〔唐〕徐彥(疏):《春秋公羊傳注疏》(上海:上海古籍出版社,2014 年 11 月),頁 172。

[122] 《老子・三十八章》所說的「下德」其實包含了「仁」、「義」、「禮」三者,王弼注亦說:「下德求而得之,為而成之,則立善以治物,故德名有焉。……善名生,則有不善應焉。……凡不能無為而為之者,皆下德也,仁義禮節是也。」至於《老子》會言「上仁為之而無以為」,似乎與最理想的「上德無為而無以為」可堪比擬,事實上,那是就著「仁」、「義」、「禮」三者相比較時來說,總之,與「上德」相比,「仁」顯然不足;但與「義」、「禮」相比,「仁」還是值得肯定的,從此章下文的「失道而後德,失德而後仁,失仁而後義,失義而後禮」即可體會彼此絕對與相對的優劣,王弼注也緊扣《老子》的意旨。詳見〔魏〕王弼,樓宇烈(校釋):《王弼集校釋》,頁 93-94。

對四者的比附，則形同認為袁宏史論中的「為道者」、「為仁者」是優於「為德者」與「為義者」的，但就袁宏史論整體的上下文意來看並無此種用意，否則下文不會將四者並列稱為「道德仁義之風」，且認為此風勝過「遊說」、「任俠」、「守文」與「肆直」的偏頗風氣。

此處提及「道德仁義之風」與「遊說」等四種偏頗風氣，便是袁宏史論 45 後半段的重點所在：

> （1）春秋之時，禮樂征伐，霸者迭興，以義相持。故道德仁義之風，往往不絕，雖文辭音制，漸相祖習，然憲章軌儀，先王之餘也。（2）戰國縱橫，彊弱相陵，臣主側席，憂在危亡，無不曠日持久，以延名業之士，而折節吐誠，以招救溺之賓。故有開一說而饗執珪，起徒步而登卿相，而遊說之風盛矣。
>
> （3）高祖之興，草創大倫，解褚衣而為將相，舍介冑而居廟堂，皆風雲豪傑，屈起壯夫，非有師友淵深，可得而觀，徒以氣勇武功彰於天下，而任俠之風盛矣。（4）逮乎元、成、明、章之間，尊師稽古，賓禮儒術。故人重其學，各見是其業，徒守一家之說，以爭異同之辯，而守文之風盛矣。（5）自茲以降，主失其權，閹豎當朝，佞邪在位，忠義之士，發憤忘難，以明邪正之道，而肆直之風盛矣。【2】夫排憂患，釋疑慮，論形勢，測虛實，則遊說之風有益於時矣。然猶尚譎詐，明去就，間君臣，疎骨肉，使天下之人專伺利害，弊亦大矣。【3】輕貨財，重信義，憂人之急，濟人之險，則任俠之風有益於時矣。然豎私惠，要名譽，感意氣，讎睚眦，使天下之人，輕犯叙之權，弊亦大矣。【4】執誠說，修規矩，責名實，殊等分，則守文之風有益於時矣。然立同異，結朋黨，信偏學，誣道理，使天下之人奔走爭競，弊亦大矣。【5】崇君親，黨忠賢，潔名行，屬風俗，則肆直之風有益於時矣。然定臧否，窮是非，觸萬乘，陵卿相，使天下之人，自置於必死之地，弊亦大矣。
>
> 古之為政，必置三公以論道德，樹六卿以議庶事，百司箴規諷諫，

閭閻講肄，以修明業。於是觀行於鄉閻，察議於親鄰，舉禮於朝廷，考績於所蒞。【2】使言足以宣彼我，而不至於辯也；【3】義足以通物心，而不至於為佞也；【4】學足以通古今，而不至於為文也；【5】直足以明正順，而不至於為狂也，野不議朝，處不談務，少不論長，賤不辯貴，先王之教也。《傳》曰：「不在其位，不謀其政。」「天下有道，庶人不議。」此之謂矣。苟失斯道，庶人干政，權移於下，物競所能，人輕其死，所以亂也。至乃夏馥毀形以免死，袁閎滅禮以自全，豈不哀哉！[123]

由於袁宏議論頗長，且十分緊湊，為了避免割裂文意，同時輔助論述的清晰，對於袁宏肯定的「道德仁義之風」和他偶有微詞的「遊說之風」、「任俠之風」、「守文之風」與「肆直之風」，本書先後加上了「圓括號的數字」以方便區別，其下的「方括號的數字」則皆對應著前文的「圓括號的數字」，如（2）與【2】相對應。圓括號所標記的段落乃是該風氣的時代與綜論，方括號所標記的段落乃是該風氣的特色與優劣。

此段議論甚為重要，但全數都被周大興引文所省略，因此他直接將方才前半段引文中的「為義者」（造成「道德仁義之風」的其中一項情性）與此後半段中評議黨錮之禍的「肆直之風」畫上等號：

為義者的抑引作為乃是觀其同異區別好惡，助彼攻此，所謂的「滅身不為徒死，所以固名教也」，其價值正在東漢黨錮之禍中義士殺身不悔的風操志節裏表現出來。[124]

實際上，袁宏史論原文中所指的「為義者」，根本不是在評議東漢引發黨錮之禍的名士，而是造就理想風氣「道德仁義之風」的其中一種情性。至

---

[123] 〔東晉〕袁宏，周天游（校注）：《後漢紀校注》，頁 625-627。
[124] 周大興：《自然・名教・因果——東晉玄學論集》，〈袁宏「道本儒用」的名教觀〉，頁 198。

於東漢末年的黨錮之事，是世風衰變為「肆直之風」的結果，與他所推崇的「道德仁義之風」不可同日而語，此從他在史論中詳細評議「遊說」、「任俠」、「守文」與「肆直」四風「弊亦大矣」的內容可見；另一方面，還可以透過下文袁宏所主張的理想世界推敲箇中含意：「古之為政，必置三公以論道德，樹六卿以議庶事，百司箴規諷諫，閭閻講肄以修明業。於是觀行於鄉閭，察議於親鄰，舉禮於朝廷，考績於所蒞，【2】使言足以宣彼我而不至於辯也，【3】義足以通物心而不至於為佞也，【4】學足以通古今而不至於為文也，【5】直足以明正順而不至於為狂也，野不議朝，處不談務，少不論長，賤不辯貴，先王之教也。」袁宏此處的文句頗有巧思，他所謂的「使言足以宣彼我而不至於辯也」對應的正是「遊說之風」的偏頗；「義足以通物心而不至於為佞也」對應的是「任俠之風」；「學足以通古今而不至於為文也」呼應的是「守文之風」；「直足以明正順而不至於為狂也」則指向了「肆直之風」的弊病。換言之，在袁宏的理想世界中，「遊說」等四風是不宜存在的，即便有「言」、「義」、「學」、「直」四者也不會出現「遊說」等四風的亂象。袁宏雖未明說，但這個「古之為政」的理想世界極有可能就是他前文所謂的「道德仁義之風」。[125]周大興以末世陵遲的「肆直之風」去理解促成「道德仁義之風」的「為義者」，已經喪失袁宏的基本定義，恐怕也無法真正理解袁宏為何對陳蕃、李膺這些漢末名士造就的黨錮之事頗有微詞。[126]

倘若推究周大興思路，他極有可能是因為看到袁宏在論述「為道者」、「為德者」、「為仁者」與「為義者」四者時，唯有在「為義者」的敘述下出現了「名教」一詞，故而認為「名教」較遜一等，遂套用《老子‧三

---

[125] 雖然袁宏出現「道德仁義之風」一詞時是在史論 45 的「中古陵遲，斯道替矣」一句之後，然而從他認為「春秋之時，禮樂征伐，霸者迭興，以義相持，故道德仁義之風往往不絕」的「往往不絕」，反而恰好證明了在中古陵遲的春秋時代以前，都是「道德仁義之風」。

[126] 袁宏理想世界中的「野不議朝，處不談務，少不論長，賤不辯貴，先王之教也」，形同批評了陳蕃、李膺諸人帶動的風氣與行為，可參見本書第肆章第三節中的〈李膺與「黨錮之禍」的批判〉。

十八章》「失道而後德」的層層起弊之說。[127]然而誠如前文所言,「為道者」等四者只是指四種情性之人,與《老子》思路和道德觀不同,而雖然袁宏只有在形容「為義者」時出現了「名教」一詞,卻不足以證明袁宏將「名教」置於較遜於「自然」的地位。總之,袁宏與王弼應當界別,否則亦難理解袁宏為何要在史論當中不停窮究「名教」背後的聖王苦心,以及「名教之益萬物之情大也」(史論 46)等等諸多揭示「名教」存在必要性的思想。

　　從以上諸項對於周大興之說的反思可知,他將袁宏史論 45 與《老子‧三十八章》及其王弼注相比附是缺乏說服力的,且使得袁宏獨到的史論思想與東晉護持「名教」的時代特色隱而不彰。[128]

三、史論　46「情存乎名教」與「利名教」之分的用意

　　除了「道本儒用」的誤讀(史論 28)與《老子‧三十八章》的附會(史論 45)之外,周大興在解讀袁宏史論 46 的「情存乎名教」與「利名教」時,將其視為「玄學家」校實定名的表現。袁宏原說如下:

> 袁宏曰:夫稱至治者,非貴其無亂,貴萬物得所,而不失其情也。言善教者,非貴其無害,貴性理不傷,性命咸遂也。故治之興,所以道通羣心,在乎萬物之生也。古之聖人,知其如此,故作為名教,平章天下。天下既寧,萬物之生全也。保生遂性,久而安之,故名

---

[127] 周大興的解讀,也頗有可能是脫胎自陳寅恪之說:「寅恪案,彥伯此節議論(案:史論 45)乃范蔚宗《後漢書‧黨錮傳序》所從出。初觀之,殊不明白其意旨所在,詳繹之,則知彥伯之意古今世運治亂遞變,依老子『失道而後德,失德而後仁,失仁而後義』以為解釋。『本乎性情』即出於自然之意。若『為義者崇名教,雖殺身糜軀猶未悔也』,意謂為義者雖以崇名教之故,至於殺身,似與自然之旨不合,但探求其本,則名教實由自然遞變而來,故名教與自然並非衝突,不過就本末先後言之耳。」但陳寅恪以《老子‧三十八章》解袁宏,已失史論 45 根本宗旨,且其徵引史論 45 時自「春秋之時」以降省略文字甚多,恐怕未能真正理解袁宏史論 45 緊密的上下文意。陳寅恪之說參見氏著:《金明館叢稿初編》,頁 212-213。

[128] 此時代特色詳見龔鵬程:《儒學新思》,〈失落的儒學史:東晉名教論〉,頁 216-244。

教之益萬物之情大也。[129]當其治隆，則資教以全生；及其不足，則
立身以重教。然則教也者，存亡之所由也。夫道衰則教虧，幸免同
乎苟生；教重則道存，滅身不為徒死，所以固名教也。汙隆者，世
時之盛衰也。所以亂而治理不盡，世弊而教道不絕者，任教之人存
也。夫稱誠而動，以理為心，**此情存乎名教**者也。內不忘己以為身，
此利名教者也。**情於名教**者少，故道深於千載；**利名教**者眾，故道
顯於當年。蓋濃薄之誠異，而遠近之義殊也。統體而觀，斯利名教
之所取也。[130]

此段評議的史事為：在大將軍竇武（字游平，?-168）與太傅陳蕃被宦官逼
迫而死後，由於宦官「既息陳、竇之黨，又懼善人謀己」，因此羅織罪名
讓王暢（字叔茂）、趙典（字仲經）、劉祐（字伯祖）、李膺、范滂（字
孟博）等人全被誅殺，[131]「其餘死者百餘人，天下聞之莫不垂泣」。[132]史
論最後所謂「斯利名教之所取也」的「斯」指的應是因為黨錮之禍而死去
的李膺等人。值得注意的是此處提出了「情存乎名教」（即下文的「情於
名教」）和「利名教」兩種不同的概念。周大興徵引了東晉李充〈學箴〉
的「情仁義」與「利仁義」之說相比附，[133]因而認為：

> 對玄學家來說，校實定名，「情名教」與「利名教」的差別，就是
> 批判名教禮法真偽的關鍵所在。「情」、「利」的分別，可說是魏

---

[129] 周天游點校本作「故名教之益，萬物之情大也」，張烈點校則作「故名教之益萬物之情大也」，
較為順暢合理，參見張烈（點校）：《兩漢紀：後漢紀》，頁 448。

[130] 〔東晉〕袁宏，周天游（校注）：《後漢紀校注》，頁 644。

[131] 范曄《後漢書・黨錮列傳》記載有異，如其中的〈劉祐傳〉：「靈帝初，陳蕃輔政，以祐為河
南尹。及蕃敗，祐黜歸，卒于家。明年，大誅黨人，幸不及禍。」參見氏著，〔唐〕李賢 等（注）：
《後漢書》（北京：中華書局，2006 年 3 月），冊 8，頁 2200。

[132] 〔東晉〕袁宏，周天游（校注）：《後漢紀校注》，頁 644。

[133] 李充〈學箴〉：「《老子》云：『絕仁棄義，家復孝慈。』豈仁義之道絕，然後孝慈乃生哉？
蓋患乎情仁義者寡而利仁義者眾也。道德喪而仁義彰，仁義彰而名作，禮教之弊，直在茲也。」
詳見《晉書・文苑傳・李充》，冊 8，頁 2389。

晉思想家看待名教問題的共識與方法。現實的社會總是利名教者
眾，難逃「內不忘己以為身」的動機，而不能情乎仁義，稱誠而
動。[134]

「內不忘己以為身」原是袁宏史論裡頭界定「利名教者」的話語，總之，
周大興認為袁宏的「情存乎名教」與「利名教」之別，和李充區分「情仁
義」與「利仁義」的意義完全一樣：「情○○」指出於真誠、具有真正的
情感基礎；「利○○」則出於利益的算計，使道德價值淪為虛偽。[135]然而，
觀察袁宏史論上下文意，他確實將黨錮之禍死去的名士歸在「利名教」者
之列，也曾在史論 45 對此種「肆直之風」頗有微詞。但在史論 46 這裡
顯然通篇未批評李膺等人，反而言：「當其治隆，則資教以全生；及其不
足，則立身以重教」、「夫道衰則教虧，幸免同乎苟生；教重則道存，滅
身不為徒死，所以固名教也」、「所以亂而治理不盡，世弊而教道不絕者，
任教之人存也」。東漢末年正是所謂「及其不足」之時，「名教」本來能
夠「全萬物之生」的功效開始衰褪，因此才需要有人「立身以重教」，以
一己之身重新彰顯、喚回「名教」的價值，以致「教重而道存」，所以李
膺等人的死去不單單只是生命的喪失而已，而是為了鞏固「名教」本有的
真精神獻出的必要犧牲（「滅身不為徒死，所以固名教也」）。換個方向
來說，在亂世當中之所以「教」與「道」始終沒有滅絕，完全是多虧了李
膺這些「任教之人」的存在。

　　由此可見，周大興將「內不忘己以為身」視同《老子》「絕仁棄義」
所要批判的「假仁義」（李充〈學箴〉稱「利仁義」），根本不能吻合袁

---

[134] 周大興：《自然・名教・因果──東晉玄學論集》，〈公謙之辯：東晉玄學的主題〉，頁 19。

[135] 周大興解讀李充〈學箴〉說：「李沖【充】『幼好刑名之學，深抑虛浮之士』，但是他也知道，
道家『絕仁棄義』的說法不能單純的從字面上去了解。絕仁棄義的說法，乃是要批判『利仁義』
的仁義之名，而不是『情仁義』的仁義之實；更不是主張仁義之道絕，『然後』孝慈乃生的因
果關係，毋寧是說，仁義之道的實踐必須以孝慈的真實情感作為基礎。這正是道家『正言若反』
的批判精神的表現。」詳見氏著：《自然・名教・因果──東晉玄學論集》，〈公謙之辯：東
晉玄學的主題〉，頁 19。

宏此篇的原意，即便此句意義確實不太顯豁，單獨來看也像是批評之語。[136]
然而綜合袁宏前述的各種文句可知，單憑此句就將「利名教」視為袁宏批
評的對象亦屬勉強。如此，方能體會袁宏史論的下文說：「利名教者眾，
故道顯於當年」。否則假使「道」真的可以憑藉著虛偽、只為求利的心念
與言行而彰顯，則如同解消掉了「名教」的價值與值得推崇的力道，為投
機之士開了一道方便之門，重視「名教」本來出自於聖王作意的袁宏，不
大可能作出此種退而求其次的解讀。因此，儘管李充〈學箴〉提出的兩個
概念確實在結構上與袁宏近似，也不足以作為理解袁宏史論的真接證據，
而袁宏對於黨錮之事「既批評又肯定」的態度，完全可以從方才徵引過的
史論 45 來理解：「崇君親，黨忠賢，潔名行，厲風俗，則肆直之風**有益
於時矣**；然定臧否，窮是非，觸萬乘，陵卿相，使天下之人自置於必死之
地，**弊亦大矣**。……《傳》曰：『不在其位，不謀其政。天下有道，庶人
不議。』此之謂矣。苟失斯道，庶人干政，權移於下，物競所能，人輕其
死，所以亂也。至乃夏馥毀形以免死，袁閎滅禮以自全，豈不哀哉！」

　　另一方面，從此篇史論也可以直接感受到袁宏對於「名教」抱持十分
肯定的態度：「故治之興，所以道通群心，在乎萬物之生也。古之聖人，
知其如此，故作為名教，平章天下，天下既寧，萬物之生全也。保生遂性，
久而安之，故名教之益萬物之情大也。」以此造就讓「萬物」各得其所、
「性理不傷」、「性命咸遂」的理想世界。換言之，「名教」本就是為了
有益於「萬物」創制而出，成為「萬物」保生遂性的現世屏障，此即統治
階層**「資教以全生」**（「生」指萬物之生）的責任。然而，若是此種精神
開始喪失，則世人該做的，並非是追究與禁絕一切作為外在規範的「名教」，
而是重新找回「名教」起初被賦予的意義，因此和「資教以全生」的階段
有別，此階段乃是**「立身以重教」**。但這兩種情況對於「名教」的推崇與

---

[136] 袁宏為文，頗重對仗排偶，此觀整體史論可知，且從「夫稱誠而動，以理為心，此情存乎名教
者也。內不忘己以為身，此利名教者也。情於名教者少，故道深於千載；利名教者眾，故道顯
於當年」這樣整飭的結構看來，也有可能「內不忘己以為身」一句本有脫漏：「以為身」可能
作「以□為身」，方能與上文的「以理為心」相對。但這都僅是臆測，並無版本可證。

護持完全一致，因此即便袁宏並未言明，但他下文所謂「情存乎名教」和
「利名教」極有可能對應的正是這兩種情況，依據他將李膺等人歸為「利
名教」的態度亦可推敲一二。

四、「名教本於自然」的兩種型態：王弼的「消解型」與　袁宏的「建構型」[137]

　　綜觀以上幾節論述，可見袁宏對於「儒」、「道」、「名教」的態度
都和王弼有所不同，至於王弼對於「名」（與「名教」一詞密切相關）的
態度，他說：

> 天地任自然，無為無造，萬物自相治理，故不仁也。仁者必造立施
> 化，有恩有為。**造立施化，則物失其真。有恩有為，則物不具存。**
> 物不具存，則不足以備載。天地不為獸生芻，而獸食芻；不為人生
> 狗，而人食狗。無為於萬物而萬物各適其所用，則莫不贍矣。若慧
> 由己樹，未足任也。（《老子‧五章》「天地不仁，以萬物為芻狗」
> 句下注）
> 始制官長，不可不立名分以定尊卑，故始制有名也。過此以往，將
> 爭錐刀之末，故曰『名亦既有，夫亦將知止』也。遂任名而號物，
> 則失治之母也。（《老子‧三十二章》「始制有名，名亦既有，夫
> 亦將知止，知止可以不殆」句下注）[138]

可以見得王弼承襲《老子》思想，對於「造立施化」、「官長」、「名分
以定尊卑」、「任名而號物」的政治措施都表示較為悲觀與批判的態度，
然而對於暢論「名教之益萬物之情大也」的袁宏來說，這幾項政治措施根
本是護持「名教」不可或缺的關鍵元素。而王弼所謂「無為於萬物而萬物

---

[137] 此兩種型態的命名乃承蒙學長莊勝涵惠賜建議，特此銘謝。
[138] 以上兩段參見〔魏〕王弼，樓宇烈（校釋）：《王弼集校釋》，頁 13、82。

各適其所用，則莫不贍矣」顯然也和袁宏的「作為名教，平章天下，天下既寧，萬物之生全也」可謂冰炭不能同器的思想。這又是他們的思維方式雖然同樣都是「名教本於自然」，但就內容與開展來說不可混為一談的鐵證，也見得袁宏對於「名教」肯定之深。

　　除此之外，從上一節袁宏史論 46 中所說的「道衰則教虧」、「教重則道存」可知，「道」與「教」之間的關係可說是風雨同舟、牽一髮而動全身。「道」本身是不可見的，因此必須落實在經驗界的政教而展現，這也是為何袁宏要不斷提揭「名教」價值的用心所在。連帶地，由於「情存乎名教」和「利名教」都對於「名教」的推行與護持付出了貢獻，當然都具有被推崇的價值了。

　　至於王弼對於「教」的態度是：

> 我之教人，非強使從之也，而用夫自然。舉其至理，順之必吉，違之必凶。故人相教，違之必自取其凶也。亦如我之教人，勿違之也。（《老子・四十二章》「人之所教，我亦教之」句下注）[139]

所謂「至理」，應指「自然」無疑，至於「順之」、「違之」與否也以此為判準，而王弼所理解的「教人」，就是不違背對方的「自然」（「勿違之也」）。進一步探究他的「自然」觀則是：

> 法自然者，在方而法方，在圓而法圓，於自然無所違也。自然者，無稱之言，窮極之辭也。用智不及無知，而形魄不及精象，精象不及無形，有儀不及無儀，故轉相法也。……（《老子・二十五章》「人法地，地法天，天法道，道法自然」句下注）[140]

---

[139] 〔魏〕王弼，樓宇烈（校釋）：《王弼集校釋》，頁 118。
[140] 〔魏〕王弼，樓宇烈（校釋）：《王弼集校釋》，頁 65。

「自然」無法以任何一個具體事物限定他的內涵（「無稱之言」），但就「法自然」的具體表現來說，可以用「在方而法方，在圓而法圓」理解。可見其「自然」的判準來由，不在於「法自然」者的主觀認定，而在於隨順外物，因任萬物本有的性質，而各種萬物本有的性質又有所不同。王弼在他章所謂的「棄己任物，則莫不理」、「舍己任物，則無為而泰」都是如此，[141]而其中「有儀不及無儀」也正說明了王弼與袁宏「名教」觀的分歧。

　　值得注意的是，其實袁宏史論也涉及了道家所喜的「自然」一詞，共計五條十次：

　　（1）故立君之道，有仁有義。夫崇長推仁，**自然**之理也；好治惡亂，萬物之心也。（史論 2）

　　（2）夫男女之別，**自然**之理，君臣酬答，通物所因也。（史論 29）

　　（3）夫禮也，治心軌物，用之人道者也。其本所由，在於愛敬**自然**，發於心誠而揚扵事業者。聖人因其**自然**而輔其性情，為之節文，而宣以禮物，於是有尊卑親疏之序焉。（史論 30）

　　（4）古之帝王所以篤化美俗，率民為善者也，因其**自然**而不奪其情，民猶有不及〔者〕，而況毀禮止哀，滅其天性乎！（史論 35）

　　（5）光武之繫元帝，可謂正矣。夫君臣父子，名教之本也。然則名教之作，何為者也？蓋準天地之性，求之**自然**之理，擬議以制其名，因循以弘其教，辯物成器，以通天下之務者也。……未有違天地之

---

[141] 王弼：「愈為之則愈失之矣。物樹其慧，事錯其言，不慧不濟，不言不理，必窮之數也。橐籥而守數中，則無窮盡，棄己任物，則莫不理。若橐籥有意於為聲也，則不足以共吹者之求也」（《老子‧五章》「多言數窮，不如守中」句下注）、「以無為用，故得其母，故能己不勞焉而物無不理。……舍己任物，則無為而泰。守夫素樸，則不順典制。」（《老子‧三十八章》注）參見〔魏〕王弼，樓宇烈（校釋）：《王弼集校釋》，頁 14、94-95。而關於王弼的「自然」義，錢穆說：「《老子》書言『自然』，僅凡五見；而王弼注《老子》用『自然』字，共二十七條。其說以道為自然，以天地為自然，以至理為自然，以物性為自然，此皆《老子》本書所未有也。然則雖謂道家思想之盛言『自然』，其事確立於王弼，亦不過甚矣。」參見氏著：《莊老通辨》，〈郭象莊子注中之自然義〉，頁 489。其中「此皆《老子》本書所未有也」應有再商榷的空間，然而錢穆點出了王弼對於道家「自然」義的推重之功。

性，而可以序定人倫；失乎**自然**之理，而可以彰明治體者也。末學庸淺，不達名教之本，牽於事用，以惑**自然**之性，見君臣同於父子，謂兄弟可以相傳為體，謂友于齊於昭穆，違天地之本，滅**自然**之性，豈不哀哉！夫天地靈長，不能無否泰之變；父子**自然**，不能無天絕之異。故父子相承，正順之至也；兄弟相及，變異之極也。（史論 51）

引文（1）、（2）與（5）的「自然」乃作「狀詞」用，藉以形容「崇長推仁」、「男女之別」與「天地、父子尊卑」作為「普遍性原則」（「理」）或「萬事萬物的本質」（「性」），引文（3）與（4）出現的「自然」皆作「名詞」使用，指稱的是萬民本有的情性，即第（4）條（史論 35）所說「天性」，似與王弼之說不悖。但實際上無論是作何種用法，袁宏史論中運用「自然」一詞都是為了說明「崇長推仁」、「男女之別」、「禮」、「尊卑親疏」、「君臣關係」這些儒家「名教」的正當性乃是天經地義、無可置疑，遂與老莊道家的「自然」大異其趣；[142]再者，從第（3）條（史論 30）的「聖人因其自然而輔其性情，為之節文，而宣以禮物，於是有尊卑親疏之序焉」可知，「名教」對於萬民自然的情性不單單只是因順與滿足而已，它還具有一定程度的「節制」之效，以避免萬民之間產生爭執與混亂，這也是現實當中「名教」必須存在、不能放任萬民自然發展的大本所在。錢穆已經清楚指出這種「自然」觀的轉向：

---

[142] 楊儒賓：「『自然』一詞，老子始用，《道德經》中其例有五。……老子的『自然』有三個重要的面向：（一）作狀詞用，用以形容『道』一直處在連續的活動中，『自然』可視為『道』的基本屬性；（二）它是個層次極高的境界語彙，不隸屬於日常經驗語言的範圍，體道之士才可達到此境界；（三）『自然』確實也可用在一切存在物之上，所以有『萬物之自然』一詞，『自然』顯然可視為萬物的本質。然而，作為萬物本質的『自然』對萬物而言是『自己』（in-itself）的存在，而不是『自為』（for-itself）的存在。萬物的『自然』要如其自然的呈現，仍有待一個體現的心靈。」參見氏著：〈理學論述的「自然」概念〉，收入楊儒賓（編）：《自然概念史論》（臺北：國立臺灣大學出版中心，2014 年 12 月），頁 186-187。

錢穆：「道家尚自然，此義盡人知之。然道家書莫先於《莊子》，而《莊子》內篇言及自然者實不多。……僅兩見。似莊子心中，『自然』尚未成一特定之觀念。莊子之所謂『自然』，不過曰順物之自為變化，不復加以外力，不復施以作為而已。」參見氏著：《莊老通辨》，〈郭象莊子注中之自然義〉，頁 483。

先秦莊老道家，特揭自然的歷史觀，反議儒家，謂儒家主張一切人
文建設，皆違逆自然；宏（案：袁宏）變其說，重建一種性理的歷
史觀，為儒家迴護，謂性理即自然；**若人文建設一皆本之性理，即
無背自然也。**[143]

而關於方才第三條引文（史論 30）的「愛敬自然」一詞，張蓓蓓也說：

他（案：袁宏）說情性本屬自然，又說這自然的情性就是「愛敬」，
或云「愛敬忠信」；**順此情性而下，自然就會有尊卑親疏的名教和
禮文發生。**這裡用「愛敬」字、「忠信」字，原出《論語》、《孟
子》，雖未用「仁」字、「義」字，等於已經承認了人性之善，肯
認了仁義就是天性，此是袁宏**儒家本色的流露**。道家者流，似不肯
言此。[144]

「愛敬忠信」一詞出於史論 2 的「夫愛敬忠信，出乎情性者也。故因其愛
敬，則親疏尊卑之義彰焉；因其忠信，而存本懷舊之節著焉」。[145]總之，
王弼除了對於名教制度存有一份戒慎、不信任之心，他價值的判準也始終
來自於「不違逆萬物自然本性」這條鐵則上，這種精神在袁宏的思想當中
也可以見得，然而袁宏對於「名教」總是讚賞大於戒懼，在他肯定「名教」
合乎萬民「自然」情性之時，真正目的其實是為了加深「名教」在現世不
可撼動的價值與必要性，而非對於「名教」的僵化提出原則性的質疑。所
以他對於古代聖王、實際政教的肯定與訴求，就比王弼來得積極正面許多，
張蓓蓓所謂「從此『名教』遂變成一美詞」，反映的正是這種深刻的差
異。[146]

---

143 錢穆：《中國學術思想史論叢（三）》，〈袁宏政論與史學〉，頁 127。

144 張蓓蓓：《魏晉學術人物新研》，〈袁宏新論〉，頁 201-202。

145 〔東晉〕袁宏，周天游（校注）：《後漢紀校注》，頁 61-62。

146 張蓓蓓：「『名教』的說解轉變，意味亦隨之而轉變。當嵇康造詞之時，『名教』本是一貶詞。

　　總之，倘若就「價值判準的取向」上來細論王弼與袁宏的差別：王弼重在將萬物「自然」視為宇宙秩序與價值判準，是故常常叮囑統治者要「棄己任物」，無須任用自身過多的智巧，只要因任萬物的「自然」即可治理天下，至於「名教」則是不得已而為之，且要時時提防它會違逆萬物的「自然」；[147]袁宏則重在統治者對於萬物「自然」的認取與安撫，並藉此創制出安頓世界的「名教」，以作為萬世不易的法則。即便「名教」失序、失去了照顧「自然」之功，也非「名教」之責，而是後世統治者與士人的共同責任，因此必須透過士人「立身以重教」以及「損益隨時」的「變禮」原則，讓聖王可貴的「名教」作意繼續保留下去。換言之，王弼重在統治者對「自然」的呼應與隨順，以避免「名教」僵化、戕害「自然」的危機，故崇尚「聖人處無為之事，行不言之教」；[148]袁宏則重在統治者對「名教」的修整與維護，至於「自然」一詞，就萬民的整體而言，內容差異紛陳、各有不同；就個體來說，「自然」也不僅止於「道德」、「名教」的內在根源（史論 2 的「愛敬忠信」、史論 30 的「愛敬自然」），同時還包含了會衝擊「道德」、「名教」的天生欲望（史論 53 的「嗜慾之情」），因此全幅的「自然」並不足以直接作為治世的標準。[149]在這樣的情況下，

　　『名教』不可取，『自然』方可貴。故曰『越名教而任自然』。一經袁宏如此說解，『名教』乃成天經地義，無可置疑。從此『名教』遂變成一美詞。儒家者流，亦往往以『名教』自信自重。此一轉變亦必須推功於袁宏。」詳見氏著：《中古學術論略》，〈「名教」探義〉，頁 31。

[147] 西晉的郭象亦然，可參莊耀郎之說：「從理論上分析，王弼仍將名教和自然分為兩概，必須以自然保住名教之不使異化，這是工夫的起點，也是魏晉『名教與自然』理論的建構者。其後現實名教的異化，使得阮籍、嵇康、鮑敬言等採取對名教重新省察其存在的意義，呼籲回到人性的自然，從這個意義上來說，嵇、阮等人並沒有悖離名教要本於自然的大原則，只在於對已經異化的名教採取離棄及強烈批判的態度，但仍意謂自然才是最終的理想，這個理念在郭象的《莊子註》亦可見得，其所謂『忠信發乎天光，用其光則其朴自成』的觀點，並未脫王弼的理論範圍。」參見氏著：《郭象玄學》（臺北：里仁書局，1999 年 9 月），〈名教觀〉，頁 242。

[148] 王弼對於「聖人處無為之事」的注解：「自然已足，為之則敗。」「為」應指違逆「自然」的人為之舉。參見：《王弼集校釋》，〈老子道德經注，二章〉，頁 6。

[149] 史論 49：「夫仁義者，人心之所有也。濃薄不同，故有至與不至焉。」從袁宏史論以「濃薄」言人心之「仁義」，即可知他眼中的人性之「自然」並不能和「道德本性」畫上等號。參見〔東晉〕袁宏，周天游（校注）：《後漢紀校注》，頁 727。

統治者「作為名教，平章天下。天下既寧，萬物之生全也」（史論 46）的必要性便呼之欲出。[150]是故，張蓓蓓認為袁宏「亦主張『名教』出于『自然』，然其思路實是儒家本位的，見地遂與當時一輩玄學家皆有不同，頗有自己的造至」，[151]確為不刊之論。

倘若要簡潔區別王弼與袁宏對「名教」的態度，前者可稱為「消極名教觀」，所重更在「自然」，「名教」則乃**不得已**而為之，甚至有反過來戕害「自然」的隱患；後者則為「積極名教觀」，所重更在「名教」，「自然」**必然要**經過「名教」的節制與滿足方能獲得貞定。更進一步，就「名教本於自然」的型態差異而論，王弼可以說是「消解型」，消解「名教」對於「自然」的傷害，最終目的在敦使萬物復歸於自身最原初的「自然」，「名教」幾乎對「自然」而言只有負面作用，在這個意義下的「名教本於自然」，只是逐漸消解了「名教」的價值地位，以彰顯「自然」才是萬事萬物的根本原則；而袁宏的型態則可以說是「建構型」，建構安頓「自然」的「名教」，最終目的是為了確立萬世不移的「名教」以統濟群生，滿足萬物的嗜欲同時又適度節制萬物的發展，所以他在其他史論說：「萬物之非能自止者也，上之所為，民之準的也。」（史論 37）又言：「名教之益萬物之情大也。」（史論 46）因此，在這個脈絡下的「名教本於自然」，只不過是他建構「名教」的一個初步原則而已，「本於」並不意味著要照

---

150 明儒王廷相（字子衡，號浚川，1474-1544）曾在《慎言・問成性》提出善、惡皆出於人性，以及「名教立而善惡準」之說，頗能和此處袁宏的思維相參：「性者緣乎生者也，道者緣乎性者也，教者緣乎道者也。聖人緣生民而為治，修其性之善者以立教，名教立而善惡準焉。是故敦於教者，人之善者也；戾於教者，人之惡者也。為惡之才能，善者亦具之；為善之才能，惡者亦具之。然而不為者，一習於名教，一循乎情欲也。夫性之善者，固不俟乎教而治矣；其性之惡者，方未有教也，各任其情以為愛憎，由之相戕相賊胥此以出，世道惡乎治！聖人惡乎不憂！故取其性之可以相生、相安、相久而有益於治者，以教後世，而仁義禮治定焉。背於此者，則惡之名立矣。故無生則性不見，無名教則善惡無準。」其單篇文章〈性辯〉亦然：「善固性也，惡亦人心所出，非有二本。善者足以治世，惡者足以亂。聖人懼世紀弛而民循其惡也，乃取其性之足以治世者而定之，曰仁義中正，而立教焉，使天下後世由是而行則為善，畔於此則為惡。出乎心而發乎情，其道一而已矣。」參見〔明〕王廷相，王孝魚（點校）：《王廷相集》（北京：中華書局，2009 年 2 月），頁 765、609。
151 張蓓蓓：《魏晉學術人物新研》，〈自序〉，頁 3。

單全收，重點更在於「名教」建構得完善與否。倘若沒有，則「自然」的價值無由彰顯；但同樣地，沒有經過「名教」的節制與滿足，「自然」並不足以作為統治天下的準則，由此，王弼與袁宏之間的天差地別豁然可見。

　　而這樣的思維差異，頗能呼應鄭吉雄曾以「一之多」和「多之一」來區分兩種古代思想家的思想架構，其所謂「一」和「多」，乃分別指稱了「唯一真理」與「殊別萬物」。關於「一之多」，鄭吉雄所舉的例證乃是何晏、王弼、龍樹、程頤（字正叔，1033-1107）與朱熹（字元晦，1130-1200），歸納這些人的思維是：

> 玄學家之中的貴無論者、大乘佛學的大師，以及宋代重要的理學家，**都對於僅僅認知萬物萬有的個別特殊之相，感到不滿足，或認為其非宇宙的根源，或認為其為空為假，於是他們透過各種玄思方法，努力論證一個超越於相對、群有、萬有、諸相之上的「與物無對」（絕對）的本體或本然之真。**借用「一多」觀念來說明，他們是屬於「一之多」的思想架構。他們觀念中的「一」是先驗的、是凌駕於宇宙萬物萬殊之相的「多」之上的；**宇宙萬物的價值與秩序，都是依靠此一本體或本然之真來衡量、來確定的。**換句話說，「一」絕不能透過歸納的方法，從「多」（宇宙萬物萬殊之相）中推論出來。[152]

再者是「多之一」，代表是西晉的裴頠與清代的戴震（字東原，1724-1777）：

> 裴逸民和東原則反對跳過「群有」的層次，作更進一步的抽象玄思。**他們一方面承認「群有」、「萬有」之物本身各有限制，同時又強調，唯有順應、促進群有、萬有的合作，使彼此附益，相互支援，**

---

[152] 鄭吉雄：《戴東原經典詮釋的思想史探索》（臺北：國立臺灣大學出版中心，2008 年 9 月），〈戴東原「分殊」「一體」觀念的思想史考察〉，頁 38

> 才符合自然的法則。借用「一多」觀念來說明，他們是屬於「多之一」的思想架構。他們觀念中的「一」是貫串於宇宙萬物萬殊之相的「多」之中的。**他們先承認宇宙萬物各有其價值，如果說這些殊別的價值上有一個一貫之理或唯一之秩序，它也是貫串在殊別萬物裡面的。**換句話說，「一」只能透過歸納的方法，從「多」（宇宙萬物萬殊之相）中抽繹出來。[153]

其中所謂「他們一方面承認『群有』、『萬有』之物本身各有限制，同時又強調，唯有順應、促進群有、萬有的合作，使彼此附益，相互支援，才符合自然的法則」，即頗似袁宏所謂「萬物之非能自止者也，上之所為，民之準的也」的前提，因而要在「自然」之外別立「名教」。差別只在於，裴頠、戴震強調的是萬物必須走向互相附益、支援的一面，袁宏強調的則是從統治者的視角出發，正視萬民本身具有的「限制」，以及得以作為「一貫之理」的基礎，再透過統治者的慧眼與苦心，施設「一」來安頓「多」，且在袁宏的名教思想下，萬民若要「彼此附益，相互支援」也需要靠統治者費心設置的「名教」方能完成。[154]但無論如何，比起企求超乎萬物之上的「本體」，袁宏之思維顯然更深契於裴頠與戴震，這或許也是為什麼他的史論缺乏對「道體」的正面描述，遂與「貴無論」的王弼拉開了遙遠的距離。而若以袁宏與王弼的「自然」、「名教」觀放進「一多」思維來討論，在王弼「一之多」的思維下，只需重視「道」與「物」之「自然」，至於「名教」在價值的序列上可謂敬陪末座；然而在袁宏「多之一」的思維下，「多」是萬民之「自然」，「一」則是統治者為了滿足、節制其自然而創設的「名教」，萬民的「自然」必須奉行此「名教」方能獲得貞定，以致和諧共存。

---

[153] 鄭吉雄：《戴東原經典詮釋的思想史探索》，〈戴東原「分殊」「一體」觀念的思想史考察〉，頁 38-39。

[154] 史論 23：「袁宏曰：古之人明救卹之義，開取與之分，所以周急拯難，通乎人之否泰也。」參見〔東晉〕袁宏，周天游（校注）：《後漢紀校注》，頁 261。

　　總之，由以上討論可見，有學者主張袁宏為王弼思想的回歸、魏晉玄學的殿軍之作，顯然是不能夠成立的。亦可見袁宏史論的「名教」、「自然」之論，完全可以視作有意識紹繼「儒家」精神的東晉士人，在面對魏晉以來發話權幾乎掌握於「玄學家」之手的積極回應。

第肆章

「名教之益萬物之情大也」：《後漢紀》史論的名教思想

　　前一章已經清楚釐清了袁宏與玄學之間的關係，證明袁宏的學術性格根本是不折不扣的「儒家本色」。但僅僅是辨析劉知幾「務飾玄言」說與周大興「玄學殿軍」說，對於把握袁宏《後漢紀》試圖掘發的「名教之本，帝王高義」，以及作為史論骨幹的「名教思想」仍顯不足。因此，本書將透過此章正面梳理袁宏如何論述「名教」的建立過程與正當性來源；再者，順著袁宏對於諸多制度背後聖王作意的闡發（即袁宏序中所謂「帝王高義」），分析其「名教之本」的具體內容，理解他怎樣主張透過現世的「聖王」與「名教」，達到「使之得所而安其性」（史論 11）、「使天下之民，各安性命，而無夭昏之災」（史論 21）、「貴萬物得所，而不失其情也」（史論 46）的終極目標。同時以這些實例說明其「名教」思想的多面性、靈活性與側重點；最後，探究他在「名教」思想的視野之下，對於東漢末年著名人物李膺與荀彧的批判，乃因這兩處批判含攝了袁宏對於東漢末年「黨錮之禍」與「曹魏代漢」兩場政治事件的評價，亦是反過來理解他「名教」思想的一大敲門磚，而龔鵬程所謂東晉人「以名教衡人論史」，[1]正在袁宏身上充分體現。

---

[1] 龔鵬程：「東晉，恰好與大家想像的相反，乃是個強調儒學禮教的時代。儒者不僅興學、議禮，還本著儒家義理，經世理政，進行社會風俗批評，或討論儒佛關係、重定老莊地位、以名教衡人論史。」參見氏著：《儒學新思》，〈失落的儒學史：東晉名教論〉，頁 216。

第一節 「名教」的創建與正當性

本書已在前一章指出，袁宏對於「名教」的態度和玄學家王弼相比之下，屬於「積極名教觀」，王弼則是「消極名教觀」；再者，即便袁宏與王弼的思維方式確實同屬於「名教本於自然」，但細究而論兩者型態並不相同：袁宏為「建構型」而王弼為「消解型」。王弼的「名教本於自然」乃試圖使人鬆脫「名教」的束縛，以回歸「自然」的價值；袁宏的「名教本於自然」則始終呼籲世世代代的子孫，傳承與護持上古三代聖王為了安頓群生所創建的「名教」。至於「自然」只具有原始材質之意，即便有作為「名教」基底的美好源頭，如「愛敬忠信」之情（史論 2），仍舊只隸屬於「自然」的一部份而非全部。換言之，全幅的「自然」並不足以作為價值來由與判準。因此必須由聖王以具體的「名教」制度對所有人的「自然」予以規範、引導與照顧，所以才會說：「萬物之非能自止者也，上之所為，民之準的也。」（史論 37）

這樣的思維方式反映在袁宏史論的書寫上，即是不斷闡發「名教」背後的聖王作意，一方面使人擁有具體召喚與掌握「名教之本，帝王高義」的入手處；另一方面也意在提醒上位者，雖然傳承與維持「名教」至關重要，但若是違逆「名教」原初被聖王所賦予的精神，除了等同於毀棄「名教」，亦為百姓所難容，如史論 1 所說的「民怨其上，懼令名之格物」，[2] 以及史論 9 所說的「誠知民惡其上，眾不可蓋也」。因此，袁宏的「名教」思想絕非單純以上位者宰制下位者的一孔之見，也並非叮囑下位者要一味

2 　這裡的「令名」應是美名之意，而「名教」之「名」乃指「名器」，關涉的是君主與萬民間的「親疏尊卑」，兩者不能混為一談。不過，百姓「懼令名之格物」確實發生在末世陵遲、名教驟壞的情況下，「格」應解釋為抵觸、扞格之意：百姓對於在末世之時名譽甚大之人頗有戒懼之心，害怕在艱困的情況下仍為其所宰制，此即同一篇史論所說的「最下託名以勝物，故名盛而害深」中的「託名以勝物」。此一用法可見於《左傳・襄公二十四年》：「夫令名，德之輿也；德，國家之基也。」周天游卻引《禮記・大學》之「格物」說注解「懼令名之格物」，並不合乎袁宏史論的上下文意。總之，「民怨其上，懼令名之格物」的根本原因也來自於上位者對「名教」的廢弛，而「廢弛名教」與「疏忽對百姓的安頓與照顧」是一體兩面的。周天游校注參見氏著：《後漢紀校注》，頁 58。

地接受上位者的所有措施。

　　總之，掌握了袁宏《後漢紀》的「名教」思想，才算正面掌握了袁宏史論「通古今而篤名教」的寄託與主旨，以及他與魏晉玄風的殊異之處。以下兩小節將梳理他「名教」思想的基礎論述：「創建過程」與「正當性來源」。

一、從「愛敬忠信」到「名器風教」：「名教」的創建過程

　　袁宏在史論 2 詳細論述了「君主」的產生與「名教」的創建過程：

> 袁宏曰：夫天生蒸民而樹之君，所以司牧羣黎而為謀主。故權其所重而明之，則帝王之略也。因其所弘而申之，則風化之本也。夫以天下之大，羣生之眾，舉一賢而加于民上，豈以資其私寵，養其厚大！將開物成務，正其性命，經綸會通，濟其所欲。故立君之道，有仁有義。
> 夫崇長推仁，自然之理也。好治惡亂，萬物之心也。推仁則道足者宜君，惡亂則兼濟者必王。故上古之世，民心純樸，唯賢是授，揖讓而治，此蓋本乎天理，**君以德建者也。**
> 夫愛敬忠信，出乎情性者也。故因其愛敬，則親疎尊卑之義彰焉；因其忠信，而存本懷舊之節著焉。**有尊有親，則名器崇矣；有本有舊，則風教固矣。**是以中古之世，繼體相承，服膺**名教**，而仁心不二。此又因於物性，**君以義立者也。**
> 然則立君之道，唯德與義，一民之心，莫大於斯。先王所以維持天下，同民之極，陳之千載，不易之道。
> 昔周、秦之末，四海鼎沸，義心絕於姬氏，干戈加於嬴族，天下無君，六合無主，將求一時之傑，以成撥亂之功，必推百姓所與，以執萬乘之柄。雖名如義帝，強若西楚，焉得擬議斯事乎？由是觀之，則高祖之有天下，**以德而建矣。**
> 逮於成、哀之間，國嗣三絕，王莽乘權，竊有神器。然繼體之政，

未為失民，劉氏德澤，實繫物心。故立其寢廟，百姓覩而懷舊；正
其衣冠，父老見而垂泣，其感德存念如此之深也。[3]如彼王郎、盧芳，
臧獲之儔耳，一假名號，百姓為之雲集，[4]而況劉氏之胄乎？

于斯時也，**君以義立**。然則更始之起，乘義而動，號令稟乎一人，
爵命班乎天下。及定咸陽而臨四海，清舊宮而饗宗廟，成為君矣。
世祖經略，受節而出，奉辭征伐，臣道足矣。然則三王作亂，勤王
之師不至；長安猶存，建武之號已立，雖南面而有天下，以為道未
盡也。[5]

此段史論乃評議劉秀稱帝（東漢光武帝）而發。袁宏詳細論述了「君主」
與「名教」真正的起因與意義。「君主」的產生之所以天經地義（「天生
蒸民而樹之君」），乃因人世間需要有「領導者」於萬民之上，對萬民「權
其所重而明之」、「因其所弘而申之」、「正其性命」與「濟其所欲」（「其」
指的都是萬民）；換另一個方向來說，「君主」之位得以建立主要立基在

3　《後漢書・光武帝紀》：「九月庚戌，三輔豪桀共誅王莽，傳首詣宛。更始（案：更始帝劉玄）
　　將北都洛陽，以光武行司隸校尉，使前整修宮府。於是置僚屬，作文移，從事司察，一如舊章。
　　時三輔吏士東迎更始，見諸將ідь，皆冠幘，而服婦人衣，諸于繡鑷，莫不笑之，或有畏而走者。
　　及見司隸僚屬，皆歡喜不自勝。老吏或垂涕曰：『不圖今日復見漢官威儀！』由是識者皆屬心
　　焉。」參見〔南朝宋〕范曄，〔唐〕李賢 等（注）：《後漢書》，頁 9-10。

4　關於王郎，事見《後漢書・光武帝紀》：「及更始至洛陽，乃遣光武以破虜將軍行大司馬事。
　　十月，持節北度河，鎮慰州郡。所到部縣，輒見二千石、長吏、三老、官屬，下至佐史，考察
　　黜陟，如州牧行部事。輒平遣囚徒，除王莽苛政，復漢官名。吏人喜悅，爭持牛酒迎勞。進至
　　邯鄲，故趙繆王子林說光武曰：『赤眉今在河東，但決水灌之，百萬之眾可使為魚。』光武不
　　答，去之真定。林於是乃詐以卜者王郎為成帝子子輿，十二月，立郎為天子，都邯鄲，遂遣使
　　者降下郡國。」關於盧芳，事見《後漢書・盧芳列傳》：「盧芳字君期，安定三水人也，居左
　　谷中，王莽時，天下咸思漢德，芳由是詐自稱武帝曾孫劉文伯。……更始至長安，徵芳為騎都
　　尉，使鎮撫安定以西。更始敗，三水豪傑共計議，以芳劉氏子孫，宜承宗廟，乃共立芳為上將
　　軍、西平王，使使與西羌、匈奴結和親。單于曰：『匈奴本與漢約為兄弟。後匈奴中衰，呼韓
　　邪單于歸漢，漢為發兵擁護，世世稱臣。今漢亦中絕，劉氏來歸我，亦當立之，令尊事我。』
　　乃使句林王將數千騎迎芳，芳與兄禽、弟程俱入匈奴。單于遂立芳為漢帝。」參見〔南朝宋〕
　　范曄，〔唐〕李賢 等（注）：《後漢書》，頁 10-11、505-506。

5　〔東晉〕袁宏，周天游（校注）：《後漢紀校注》，頁 61-63。

兩方面：一是「崇長推仁」（仁），二是「好治惡亂」（義），這兩者都
滿足了常人的心理與生理需求。如此一來，老百姓對於能夠「正其性命」
與「濟其所欲」的「領導者」就自然產生了「愛敬忠信」之情。該名「領
導者」再因循這樣的「愛敬忠信」之情，推導與確立「親疏尊卑之義」與
「存本懷舊之節」，供後世繼任的君主作為依循的準則軌範，這就是「名
器」與「風教」的來由。此外亦可發現，「君主」的建立與「名教」的產
生可以說是密切相關的生命共同體，但本意同樣都是為了安頓萬民而設。

　　值得注意的是，袁宏在分論「有尊有親，則**名器**崇矣；有本有舊，則
風教固矣」之後，即刻就說：「是以中古之世，繼體相承，服膺**名教**，而
仁心不二。」可見是有意識地將「名器」與「風教」合稱為「名教」一詞
的。根據張蓓蓓〈「名教」探義〉的考證，現存文獻當中最早使用「名教」
一詞的是曹魏嵇康的〈釋私論〉，但在嵇康原先的用法裡，「名教」乃是
相對於「無形無名」的「道」而生，可以說是有悖於「自然」、「無名」
的「有名之教」，應當要予以超越而復歸「自然」。這就和袁宏對於「名
教」的讚頌與頻繁使用十分不同，張蓓蓓已經明確指出這樣的轉向：

> 當嵇康造詞之時，「名教」本是一貶詞。「名教」不可取，「自然」
> 方可貴。故曰「越名教而任自然」。一經袁宏如此說解，[6]「名教」
> 乃成為天經地義，無可置疑。從此「名教」遂變成一美詞。**儒家者**
> **流，亦往往以「名教」自信自重。此一轉變必須推功於袁宏。**當西
> 晉之時，王衍、阮瞻論「名教」同於「自然」，樂廣論「名教內自
> 有樂地」，裴希聲論忠孝當是「自然」而非「名教」，意中多少都
> 有為「名教」開脫的企圖，他們絕沒有以「名教」為天經地義的想
> 法，不過開始想為「名教」平反而已。**到袁宏手中，「名教」乃成**
> **為順天應人之事，義無可疑。所謂「名教」，不僅解釋全變，意味**

　之性，求之自然之理，擬議以制其名，因循以弘其教，辯物成器，以通天下之務者也。」

亦完全倒轉。[7]

　　除此之外，張蓓蓓實際引證了東晉與後代的「名教」用例，皆可見「名教」
一詞在袁宏當時與後世均已轉為正面意義。[8]不過，雖然嵇康與袁宏共用了
「名教」一詞，賦予的價值位階也確實正反兩極，但兩者創用此詞的「過
程」顯然不同。嵇康創造此詞的思維已如張蓓蓓所說，是在相對於《老子》
「道常無名」的視域下建立的，因此「名教」可以說是「有名之教」；至
於袁宏的思想中當然沒有「有名」與「無名」二分對立的架構，他對「名
教」一詞的創用即如此處史論 2 所說，乃是「名器」與「風教」二者的總
稱，這就與嵇康埋設「道常無名」的批判角度南轅北轍。[9]

　　而「名器」與「風教」各自建立的源頭，則是如此處史論 2 所說的：
「夫愛敬忠信，出乎情性者也。故因其愛敬，則親疏尊卑之義彰焉；因其
忠信，而存本懷舊之節著焉。有尊有親，則名器崇矣；有本有舊，則風教
固矣。」「名器」的建立來自於萬民對統治者的「愛敬」，並以此彰顯君
民之間的「親疏尊卑」；「風教」的建立則來自於萬民對統治者的「忠信」，
並以此彰顯萬民對君主的「存本懷舊」。[10]細繹此中差別，「名器」關涉的

7　張蓓蓓：《中古學術論略》，〈「名教」探義〉，頁 31。

8　詳見張蓓蓓：《中古學術論略》，〈「名教」探義〉，頁 31-33。

9　值得一提的是，日本江戶時代儒者荻生徂徠（名雙松，字茂卿，號徂徠，1666-1728）亦重「名
　　教」觀念，並對此詞有所闡發，如其《辨名・序》：「自生民以來，有物有名。名故有常人名
　　焉者，是名於物之有形者已。至於物之亡形焉者，則常人之所不能睹者，而聖人立為名焉，然
　　後雖常人可見而識之也，謂之名教。故名者教之所存，君子慎焉。孔子曰：『名不正則言不順。』
　　蓋一物紕繆，民有不得其所焉者，可不慎乎？……故欲求聖人之道者，必求《六經》以識其物，
　　求諸秦漢以前書以識其名，名與物不舛而後聖人之道可得而言焉已，故作《辨名》。」參見：
　　〔日〕井上哲次郎、蟹江義丸（編）：《日本倫理彙編》（京都：臨川書店，1970 年）冊 6，
　　頁 29。不過徂徠雖重「名教」，然其釋「名教」為「名者教之所存」，且強調抽象的道理必然
　　要透過聖人立「名」，百姓才得以學習與生存，和袁宏「名教」論述重視君主對百姓「愛敬忠
　　信」的提取與安頓，又略有不同。但重視必須由君主一端進行「名」的創制，兩人的價值觀足
　　相唱和。

10　「風教」一詞，有可能典出《毛詩・大序》當中的「〈風〉，風也，教也。風以動之，教以化
　　之。」參見〔西漢〕毛亨，〔東漢〕鄭玄，〔唐〕孔穎達：《毛詩注疏》（上海：上海古籍出
　　版社，2015 年 2 月），頁 6。

是君主位勢的確立與否，所以必須嚴格界別出君與民之間的尊卑秩序，[11]即便它的來由是萬民對君主的「愛敬」之情；而「風教」的意義主要發揮在君主的位勢已然確立之後，憑藉著萬民的「忠信」，時時提點他們以往君主對他們的愛護與照顧，此即為「存本懷舊」的意涵。

回到「君主」與「名教」的建立來說，就君主一端而言，君道的「仁」與「義」乃是為了「崇長推仁」、「好治惡亂」這些萬民的心理和生理需求而生，不明此理者就不足以為君，如他史論中所批評的「義帝」（熊心，楚懷王之孫）與「西楚」（項羽）；而就百姓一端來說，因為受到了君主的照顧，自然產生了「愛敬忠信」之情，同時君主設立的名教（名器與風教）也必然建立在這股情感的基礎上，這也是新朝末年王郎、盧芳可以「一假名號，百姓為之雲集」的緣故，全因百姓對於漢朝的「愛敬忠信」之情尚在。此時只要打著漢家的旗號，當然就能促使老百姓為其效力而產生莫大的影響，東漢光武帝的崛起遂不言可喻，這也是袁宏此篇史論 2 接在「劉秀稱帝」一事之後的原因所在。

值得一提的是，袁宏史論一開始所說的「夫天生蒸民而樹之君」，[12]乃為「君主」的出現確立了無庸置疑、天經地義的價值。但與袁宏大約同時代的鮑敬言，[13]就曾經以「天生蒸民而樹之君」的看法作為極力破斥的對象，

---

11 關於這裡的「名器」一詞，雖然意義與脈絡不見得能完全等同《左傳》的「器與名，不可以假人」，但《左傳》之說亦關乎君主位勢的確立，也呼應了袁宏史論 54 中的「劉氏之澤未盡，天下之望未改。故征伐者奉漢，拜爵賞者稱帝，名器之重，未嘗一日非漢。魏之平亂，資漢之義」，表達對於曹魏假借漢朝「名器」的厭惡，故還是有相參的價值：「仲尼聞之曰：『惜也，不如多與之邑，唯器與名，不可以假人，君之所司也，名以出信，信以守器，器以藏禮，禮以行義，義以生利，利以平民，政之大節也，若以假人，與人政也。政亡，則國家從之，弗可止也已。』」（《左傳·成公二年》）「（史墨）對曰：『……魯文公薨，而東門遂殺適立庶，魯君於是乎失國，政在季氏，於此君也四公矣。民不知君，何以得國？是以為君，慎器與名，不可以假人。」（《左傳·昭公三十二年》）參見楊伯峻：《春秋左傳注》，頁 788-789、1519-1520。

12 袁宏被收錄於《文選》中的作品〈三國名臣序贊〉中亦說：「夫百姓不能自治，故立君以治之。」詳見《文選》，冊 5，頁 2121。《晉書·文苑傳·袁宏》則作「夫百姓不能自牧，故立君以治之」，且將〈三國名臣序贊〉記作〈三國名臣頌〉，參見〔唐〕房玄齡 等：《晉書》，冊 8，頁 2392。

13 楊明照認為《抱朴子外篇》寫於東晉初年，作者葛洪則卒於東晉康帝建元元年（343），因此鮑敬言雖然生卒年與生平不詳，但以《抱朴子外篇》的寫作時程來看，至少可以確定是兩晉之間

其論述現今保留在葛洪（字稚川，號抱朴子，283-343）《抱朴子外篇‧詰鮑》當中，學者習稱為〈無君論〉，[14]以下節錄一小部分：

> 鮑生敬言，好老莊之書，治劇辯之言，以為古者無君，勝於今世，故其著論云：「**儒者曰：『天生烝民而樹之君。』**豈其皇天諄諄然亦將欲之者為辭哉！夫強者凌弱，則弱者服之矣；智者詐愚，則愚者事之矣。服之，故君臣之道起焉；事之，故力寡之民制焉。然則隸屬役禦，由乎爭強弱而校愚智。彼蒼天果無事也，**夫混茫以無名為貴，群生以得意為歡。**故剝桂刻漆，非木之願；拔鸝裂翠，非鳥所欲；促轡銜鑣，非馬之性；荷車兀運重，非牛之樂。詐巧之萌，任力違真，伐生之根，以飾無用，捕飛禽以供華玩，穿本完之鼻，絆天放之腳，蓋非萬物並生之意。夫役彼黎烝，養此在官，貴者祿厚而民亦困矣。夫死而得生，欣喜無量，則不如向無死也。讓爵辭祿，以釣虛名，則不如本無讓也。天下逆亂焉而忠義顯矣，六親不和焉而孝慈彰矣。……」[15]

從鮑敬言將「天生烝民而樹之君」一語歸於「儒者」的情況看來，儒者為君主尋求「存在的合法性」應是由來已久的常態。鮑敬言認為，「君臣之

的人。關於《抱朴子外篇》寫定時間，楊明照說：「《外篇‧自敘》說『至建武中乃定』。攷建武（案：東晉元帝年號）僅一年，次年三月即改元為太【大】興。〈鈞世〉篇又道及郭璞的〈南郊賦〉，而此賦奉上於太【大】興元年（見《北堂書鈔》卷五七引何法盛《晉中興書》）。是《外篇》成書後續有訂補，故本文說它是東晉初年寫定。」參見氏著：《抱朴子外篇校箋》（上冊）（北京：中華書局，2011 年 12 月），頁 18、葛洪「卒年」的推論參氏著：《抱朴子外篇校箋》（下冊）（北京：中華書局，2012 年 2 月），頁 805。

有趣的是，被楊明照認為最可信、因而用來推算葛洪卒年的，正是袁宏僅存佚文於《太平寰宇記》的《羅浮記》（又名《羅浮山記》，程章燦於《世族與六朝文學‧陳郡袁宏及其時代：袁宏考〉有些許考論，可參），楊明照說：「袁宏江左史家，且擅文名，年歲又與葛洪相接，對博聞深洽、著述富於班馬之葛洪，諒多所瞭解。撰《羅浮記》不描繪羅浮山自然風光，而專記憩於此山之葛洪，其景仰之情，已可概見。……」參見前揭書，頁 805-806。

[14] 如任繼愈（主編）：《中國哲學史》（二）（北京：人民出版社，2010 年 6 月），頁 217。

[15] 〔西晉〕葛洪，楊明照（校箋）：《抱朴子外篇校箋》（下冊），〈詰鮑〉，頁 493-498。

道」乃起於強者欺壓弱者、智者欺騙愚者，因此不符合天地萬物「無事」、「無名」、「得意」的自然狀態，而所謂「讓爵辭祿」一類的美德，也只不過是等而下之的虛名，完全比不上萬物各任其性、各得其意後的和諧狀態。換言之，在自然和諧的狀態下，完全無需「辭讓」等道德條目存在，而正因為這些道德條目的根本性質違逆自然，連帶孳生了名實不相符的可能，反而使得世間秩序更加紊亂。總而言之，他的精神完全脫胎自《老子》所說的「大道廢，有仁義；智慧出，有大偽；六親不和，有孝慈；國家昏亂，有忠臣」。但顯然態度比《老子》來得極端許多，不但從根柢上質疑一切的人文制度與道德條目，連由來已久的「君臣之道」都主張直接揚棄。

鮑敬言之說當然不能代表所有「老莊」道家在兩晉的聲音，但他與袁宏之間的巨大落差，正可顯見兩晉士人在思考「君主」與「名教」正當性上的一種「儒」、「道」角力。更進一步還可發現，鮑敬言在〈無君論〉中所謂的「詐巧之萌，任力違真，伐生之根，以飾無用，捕飛禽以供華玩，穿本完之鼻，絆天放之腳，蓋非萬物並生之意。夫役彼黎烝，養此在官，貴者祿厚而民亦困矣」，和袁宏史論 2 所謂的「夫以天下之大，羣生之眾，舉一賢而加于民上，豈以資其私寵，養其厚大」根本是相映成趣，前者批評儒者「有君」主張的流弊，恰好就是後者身為一介儒者，藉以說明「理想君主」的負面教材。顯然他們同樣都發現了「有君之弊」，只是主張的應對方式不同，前者主張棄如敝屣，後者則認為「有君」的可能弊端並不足以推翻「君主」存在的正當性，端看後世之君有沒有掌握為君的真精神罷了，因此根本無需論及「君位」的存廢問題。這和前一章提及袁宏固守先王用樂的「移風易俗」以及「謙」之美德是一樣的道理，而和嵇康、王坦之呈現不同的價值取向。

至於「天生蒸民而樹之君」（蒸或作烝）一句，意思相近的句子在史書中經常出現，[16]儼然是君主下詔與臣子諫言的既定套語，但在兩晉之前字

16　《左傳・襄公十四年》：「（師曠）對曰：『……天生民而立之君，使司牧之，勿使失性。……天之愛民甚矣，豈其使一人肆於民上，以從其淫，而棄天地之性？必不然矣。』」參見楊伯峻：《春秋左傳注》，頁 1016-1018。《史記・孝文本紀》：「十一月晦，日有食之。十二月望，

句完全一樣的，僅見於西漢劉向（字子政，原名更生，前 77-前 6）整理的
《說苑·君道》：

> 邾文公卜徙於繹，史曰：「利於民，不利於君。」君曰：「苟利於
> 民，寡人之利也。**天生烝民而樹之君，以利之也**，民既利矣，孤必
> 與焉。」侍者曰：「命可長也，君胡不為？」君曰：「命在牧民，
> 死之短長，時也；民苟利矣，吉孰大焉。」遂徙於繹。[17]

必須先注意的是，邾文公在回答侍者「命可長也，君胡不為」之時偷換了
「命」的概念，侍者所言顯然指的是「壽命」，因而有長短之別；而邾文

日又食。上曰：『朕聞之，天生烝民，為之置君以養治之。人主不德，布政不均，則天示之以
菑，以誡不治。乃十一月晦，日有食之，適見于天，菑孰大焉！……』」參見〔西漢〕司馬遷：
《史記》，頁 422。《漢書·谷永傳》：「永（案：谷永）對曰：『……臣聞天生烝民，不能
相治，為立王者以統理之，方制海內非為天子，列土封疆非為諸侯，皆以為民也。垂三統，列
三正，去無道，開有德，不私一姓，明天下乃天下之天下，非一人之天下也。……』」參見〔東
漢〕班固，王先謙（補注）：《漢書補注》，頁 5249。《後漢書·孝桓帝紀》：「夏四月丁卯
晦，日有食之。五月乙亥，詔曰：『蓋聞天生烝民，不能相理，為之立君，使司牧之。君道得
於下，則休祥著乎上；庶事失其序，則咎徵見乎象。……』」《後漢書·楊震列傳》：「賜（案：
楊震之孫楊賜）復上疏曰：『臣聞天生烝民，不能自理，故立君長使司牧之，是以唐虞兢兢業
業，周文日昃不暇，明慎庶官，俊乂在職，三載考績，以觀厥成。……』」《後漢書·宦者列
傳》：「（呂強）因上疏陳事曰：『……臣又聞後宮綵女數千餘人，衣食之費，日數百金。比
穀雖賤，而戶有飢色。……夫天生烝民，立君以牧之。君道得，則民戴之如父母，仰之猶日月，
雖時有征稅，猶望其仁恩之惠。……』」參見〔南朝宋〕范曄，〔唐〕李賢 等（注）：《後漢
書》，頁 293、1777-1778、2528-2529。而相同的精神其實在《尚書》中業已出現，如：「天
降下民，作之君，作之師，惟曰其助上帝寵之。」此句保留在《孟子·梁惠王下》，參見〔清〕
焦循：《孟子正義》（北京：中華書局，2007 年 5 月），頁 115。今本今文《尚書》並無此
句，偽古文《尚書》則列於〈泰誓上〉一篇。此條材料經業師張蓓蓓師提醒，謹此銘謝。

17　邾文公這段故事，最早可遡自《左傳·文公十三年》的記載，文字幾乎一樣，但《說苑》裡的
「天生烝民而樹之君」，在《左傳》裡作「天生民而樹之君」：「邾文公卜遷于繹，史曰：『利
於民而不利於君。』邾子曰：『苟利於民，孤之利也。天生民而樹之君，以利之也。民既利矣，
孤必與焉。』左右曰：『命可長也，君何弗為？』邾子曰：『命在養民，死之短長，時也。民
苟利矣，遷也，吉莫如之！』遂遷于繹，五月，邾文公卒，君子曰：『知命。』」參見楊伯峻：
《春秋左傳注》，上冊，頁 597-598。《說苑》的記載參見〔西漢〕劉向，向宗魯（校證）：
《說苑校證》，頁 24。

公所回答的「命在牧民」的「命」卻是「使命」的意思，無長短可言，所以下文言「死之短長」卻不言「命之短長」。徵引此段引文，並不是認為袁宏史論 2 的「天生蒸民而樹之君」出自於《說苑》，畢竟類似的語句在《說苑》之前業已存在。但《說苑》這段文字，足以幫助我們理解、佐證「天生蒸民而樹之君」這句套語或前提的出現，其原初精神應該是根植於上位者「利民」的「使命」，如此處郱文公說：「天生丞民而樹之君，以利之也。」這和史書（《左傳》、《史記》、《漢書》、《後漢書》）裡出現的相似語句大旨相同，只是史書中所用多半偏重在百姓「不能自治」一點上，但這和「君主造福百姓」（郱文公的「以利之也」）只是各自從不同的角度切入而已。同樣都說明了「天生蒸民而樹之君」的根本精神乃在「利民」，而「利民」就必須「樹君」，君主宛如是萬民幸福的保證。然而，鮑敬言直接忽視這樣的脈絡不談，單取「天生蒸民而樹之君」一句，質疑「君」有「天意」作為支撐的合理性，在他看來，只要能夠引證現世之「君」的存在不能利民，則「天生蒸民而樹之君」這句「儒者」原先用來說明「君位」正當性的套語，形同不攻自破了。

總之，透過與鮑敬言〈無君論〉相參，又再次可見袁宏的儒者情懷，「君主的建立」既然與「名教的存廢」休戚與共，自然都是他所深切倚重的對象，且認為唯有維持這兩者被創制而出的原有精神，才能保證現世大多數人的幸福。

二、「天地」與「父子」：「名教」的正當性來源

方才以史論 2 說明了袁宏「名教」的創建過程，其實也涉及了「名教」的正當性來源，主要在於萬民對成功領導者的「愛敬忠信」之情，不過他在史論 51 對於「名教」的「正當性來源」尚有更多闡發：

> 袁宏曰：光武之繫元帝，可謂正矣。**夫君臣父子，名教之本也。然則名教之作，何為者也？蓋準天地之性，求之自然之理，擬議以制其名，因循以弘其教，辯物成器，以通天下之務者也。是以高下莫**

尚於天地，故貴賤擬斯以辯物；尊卑莫大於父子，故君臣象茲以成器。天地，無窮之道；父子，不易之體。夫以無窮之天地，不易之父子，故尊卑永固而不逾，名教大定而不亂，置之六合，充塞宇宙，自古及今，其名不去者也。未有違天地之性，而可以序定人倫；失乎自然之理，而可以彰明治體者也。末學庸淺，不達名教之本，牽於事用，以惑自然之性，見君臣同於父子，謂兄弟可以相傳為體，謂友于齊於昭穆，違天地之本，滅自然之性，豈不哀哉！夫天地靈長，不能無否泰之變；父子自然，不能無夭絕之異。故父子相承，正順之至也；兄弟相及，變異之極也。變則求之於正，異則本之於順，故雖經百世而高卑之位常崇，涉變通而昭穆之序不亂。由斯而觀，則君臣父子之道焉可忘哉！[18]

此段史論曾在本書第壹章、第貳章提及，用以證明袁宏史論被「去脈絡化」使用而遭到誤讀的現象。此段原先乃是評議蔡邕向獻帝進言，以東漢光武帝上承西漢元帝以正「昭穆之制」，獻帝最後採納其言。[19]袁宏對此舉甚為嘉許，所以說：「光武之繫元帝，可謂正矣。」認為人君須以「天地」、「自然」的尊卑理序，辨別「萬物」的貴賤，制定為天下所遵奉的「名教」，進而治理天下，正面闡述了「名教本於自然」的道理。然而如前文所辨析過的，袁宏比起王弼「消解型」的「名教本於自然」，實則更看重基於「自然」制定後的「名教」，認為唯有透過「名教」方能落實與貞定「自然」的價值，此便是雷家驥評議此段時所說的「主張名教治體乃是順性理自然

18　〔東晉〕袁宏，周天游：《後漢紀校注》，頁 743-744。

19　依據《後漢紀・光武皇帝紀》的世系記載，光武帝一脈應為：（1）漢景帝—（2）長沙定王劉發—（3）舂陵節侯劉買—（4）鬱林太守劉外—（5）鉅鹿都尉劉回—（6）南頓令劉欽—（7）光武帝，再比照中央皇室的（1）漢景帝—（2）漢武帝—（3）戾太子劉據—（4）漢昭帝（昌邑王被廢後即位，劉據之子）—（5）漢宣帝—（6）漢元帝，就輩分上來看，光武帝確實屬於西漢元帝的子姪輩。光武帝世系記載參見〔東晉〕袁宏，周天游（校注）：《後漢紀校注》，頁 1。

而生，而後者則得前者始能彰明」。[20]

袁宏認為，**就「名教」成立的過程來說**，呼應著天地自然的尊卑理序，在重視「血緣關係」的人倫世界中，沒有任何關係比「父子」關係更能凸顯尊卑之別了。因此，擔負了治理萬民之責、理應具有尊卑之別的「君臣」關係，便必須藉由類比「父子」關係而產生意義，叮嚀、敦促一般人不僅僅是在「血親」的脈絡當中犧牲奉獻和尊奉長上；**而就「名教」已經成立的結果來說**，「名教」因為有了「天地」之序與「父子」之親的類比支撐（「天地」與「父子」皆屬於「自然」），奠定了名義上的正當性與權威性。而此種精神若是表現在君主的宗廟祭祀上，就是「昭穆制度」合乎「父子相承」的道理，袁宏之所以大加讚賞以光武帝繫於西漢元帝之後的原因正是如此。同時亦反映出「父死子繼」的君位繼承模式才是「正順之至」的正道，至於「變異之極」的「兄終弟及」乃勢非得已。不過，即便有「兄終弟及」的情況發生，只要「變則求之於正，異則本之於順」，大可於宗廟祭祀的安排上，以毀棄某些帝廟來廓清絕不可亂的「父子」之序，這非但是治世「名教」的基礎，亦是「君臣」關係得以作為推演的濫觴。再次展現袁宏推究聖王「名教」作意的苦心，即袁宏〈後漢紀序〉中所謂的「名教之本，帝王高義」。除此之外，袁宏始終主張後世的繼體之君必須維護制度背後的創制精神，以作為天下人的表率。

由此看來，袁宏在此史論 51 所謂「末學膚淺，不達名教之本，牽於事用，以惑自然之性」，就並非如陳寅恪所謂「自高聲價之詞」、「裝飾門面語」。陳寅恪之所以做此評論，乃是為了批判東晉時代的「清談」已經成了「口頭虛語，紙上虛文，僅為名士之裝飾品而已」，失落了西晉一代與政教密切相關的精神。然而細繹袁宏之說，顯然他未嘗措意無濟於國

---

20 雷家驥：「袁宏此論，在思想史上甚有價值，他從融合玄儒的角度，辨明自然與名教、性理與事用的關係，主張名教治體乃是順性理自然而生，而後者則得前者始能彰明，由此而論向倫理政治，對傳統家長式統治的倫理意識，具有甚大的震撼力。」參見氏著：《中古史學觀念史》，〈魏晉史家理念的發揮：史家經世性的表現〉，頁 347。可惜雷氏並未進一步說明「對傳統家長式統治的倫理意識，具有甚大的震撼力」的實際內容為何。

事民生的玄談，單就此處陳寅恪不太肯定的史論 51 來看，反而更貼近陳寅恪認為「東晉名士」所沒有的「政治上之實際性質」。[21]

　　相較於陳寅恪對史論 51 不太積極正面的評價，余英時則將袁宏此論放在東晉時代看重「家庭秩序」勝過「政治秩序」的情境來解讀，同時修正陳寅恪對於「名教」僅僅限縮在「官長君臣之義為教」與「出仕與否」的解釋，因而解讀為：「由於門第勢力的不斷擴大，父子之倫（即家庭秩序）在理論上尤超乎君臣之倫（即政治秩序）之上，成為基礎的基礎了。」[22]

　　如第壹章〈緒論〉所說過的，余英時的解讀其實也不吻合袁宏此論的真意。乃因此段史論主要目的在說明「君臣」與「父子」之序不可亂，遑論是理應維護「名教」以作天下表率的皇家父子之序。換言之，袁宏史論 51 的中心主旨並不是在提倡「父子之倫」更勝「君臣之倫」；相反地，父子之倫只是「名教」論述的基礎與源頭，袁宏實際上更措意的是作為「名教」護持者與實踐者的皇家父子之序，以及進而推演出的君臣關係，所以才說：「尊卑莫大於父子，故君臣象茲以成器。」史論 51 整段的目光始終都只聚焦在朝廷的君主、繼體之君與臣子之上，全無涉及臣子自身的家族，這也是他之所以會讚許蔡邕之議的原因；再者，從先秦兩漢以「孝」為「忠」之基底的思想看來，其背後預設便是「父子」之倫為「君臣」之倫的基礎，[23]所以余英時單憑袁宏「強調『君臣』關係是仿效『父子』關係而來」，就

---

21 陳寅恪：「茲請略言魏晉兩朝清談內容之演變：當魏末西晉時代即清談之前期，其清談乃當日政治上之實際問題，與其時士大夫之出處進退至有關係，蓋藉此以表示本人態度及辯護自身立場者，非若東晉一朝即清談後期，清談只為口中或紙上之玄言，已失去政治上之實際性質，僅作名士身分之裝飾品者也。」參見氏著：《金明館叢稿初編》，〈陶淵明之思想與清談之關係〉，頁 201。

22 余英時：《中國知識階層史論（古代篇）》，〈名教危機與魏晉士風的演變〉，頁 332。

23 《論語・學而》：「有子曰：『其為人也孝弟，而好犯上者，鮮矣；不好犯上，而好作亂者，未之有也。君子務本，本立而道生。孝弟也者，其為仁之本與！』」參見〔清〕劉寶楠、劉恭勉：《論語正義》，頁 5-7。《孝經・士》：「資於事父以事母而愛同；資於事父以事君而敬同。故母取其愛，而君取其敬，兼之者父也。故以孝事君則忠，以敬事長則順。忠順不失，以事其上，然後能保其祿位而守其祭祀，蓋士之孝也。」《孝經・廣揚名》：「子曰：『君子之事親孝，故忠可移於君；事兄悌，故順可移於長；居家理，故治可移於官。是以行成於內，而

認為「可見東晉時代士大夫是把家族秩序放在比政治秩序更為基本的位置上」，[24]恐怕引證不足，也忽略了袁宏真正的脈絡與用意所在。

即便真的要將此論放回袁宏身處的「東晉門閥政治」下而論也並非不可，[25]但反而不能忽略的是此處史論批評了「兄終弟及」的君位繼承模式是「違天地之本，滅自然之性」。乃因此一批評比起「父子之倫為君臣之倫為基礎」更具有特殊性，極有可能是暗諷了強權之臣以皇帝的兄弟擅行廢立的大逆之舉，比如此段史論位於〈孝獻皇帝紀〉中，董卓（字仲穎，141-192）廢少帝而改立獻帝；另一方面，展現了袁宏對於東晉時局違反「父死子繼」的君位繼承模式，深感不滿與不安，[26]乃因即便權臣沒有擅行廢立，新君的繼立也依舊難逃權臣的掌控，這對於強調「親疏尊卑」的「名教」來說是莫大的損害：不但皇家父子之序遭到破壞，同時也反映了君臣綱常

名立於後世矣。』」參見：〔唐〕李隆基（注），〔北宋〕邢昺（疏）：《孝經注疏》（上海：上海古籍出版社，2013 年 10 月），頁 19-20、69。

24 余英時：「袁氏首先說明『君臣父子』是『名教之本』，接著又強調『君臣』關係是仿效『父子』關係而來的，可見東晉時代士大夫是把家族秩序放在比政治秩序更為基本的位置上。（至於『貴賤』法『天地高下』之說，則顯然是為當時門第社會的階級制度作為辯護。）所以我們如果對『名教』一詞採取廣義的看法，則東晉以後的清談仍然具有重大的現實意義，決不可視為『紙上空文』。」參見氏著：《中國知識階層史論（古代篇）》，〈名教危機與魏晉士風的演變〉，頁 332。

25 關於「東晉門閥政治」此一特殊的時代政治現象，可另參田餘慶：《東晉門閥政治》（北京：北京大學出版社，2013 年 12 月）。田餘慶：「本書所指門閥政治，質言之，是指士族與皇權的共治，是一種在特定條件下出現的皇權政治的變態。它的存在是暫時的。它來自皇權政治，又逐步回歸於皇權政治。本書定名《東晉門閥政治》，原意並不是截取歷史上門閥政治的一個段落加以研究。在作者看來，嚴格意義的門閥政治只存在於江左的東晉時期，前此的孫吳不是，後此的南朝也不是；至於北方，並沒有出現過門閥政治。」參見前揭書，〈自序〉，頁 1-2。

26 張蓓蓓在〈袁宏新論〉對史論 51 的推闡亦涉及此義，此外則認為，袁宏可能藉此論表達對晉簡文帝繼任的支持：「我們或可合理的推想，此論（案：史論 51）之提出或許有擁護簡文帝即位的寓意。漢光武上繼元帝，跳過兄弟輩的成帝，更無論子姪輩的哀帝、平帝（二人乃從祖兄弟相繼），重新導正了帝室的統系；而東晉之簡文帝也是上繼元帝（他本是元帝親子），跳過兄弟輩的明帝，子姪輩的成帝、康帝（二人乃兄弟相繼），孫輩的穆帝、哀帝、廢帝（三人乃兄弟及從祖兄弟相繼），接回了本宗；兩者在君統上正本清源的作用不是很近似嗎？桓溫之所以贊成簡文帝接位，當然有他的私心考慮；不過就袁宏身為晉臣而言，國有長君，又兼統系清正，也算是晉室振衰起敝的一個契機。此時唯一可慮的仍是桓溫的篡奪企圖。這就要以名教之義、正順之理大聲疾呼了。……」參見氏著：《魏晉學術人物新研》，頁 192-193。

的崩解,如東晉的晉成帝(司馬衍,321-342)與繼任的晉康帝(司馬岳,322-344),皆為晉明帝(司馬紹,299-325)之子,而晉康帝為庾冰(字季堅,296-344)所力主扶持;晉穆帝(司馬聃,343-361)之後繼任的晉哀帝(司馬丕,341-365),為晉穆帝的堂兄,時政為桓溫所把持;再如隨後桓溫廢黜司馬奕(晉哀帝之子,342-386)而改立司馬昱(東晉簡文帝,晉元帝之子,320-372),司馬昱在輩分上應和「司馬奕的祖父」份屬同輩,可見東晉朝局在君位繼承與親屬名分上的不穩定以及混亂。[27]根據袁宏認為「君主」與「名教」為生命共同體的態度,這當然除了是帝室的危難之外,也是「名教」的黑暗時期。

　　而關於臣下行廢立之事,袁宏在史論 49 就有一段辭氣激烈的批評:

> 袁宏曰:丁宮可謂非人矣,以為雖遇伊尹之事,猶將涕泣而從之,而況凌虐其君,而助讚其惡?夫仁義者,人心之所有也。濃薄不同,故有至與不至焉。當其至者,在君親之難,若身首之相衛也;其不至者,猶有兒女之愛焉。無情於斯者,不得豫夫人倫矣。[28]

此段史論評議董卓廢少帝為弘農王、立陳留王為帝(即漢獻帝)的舉措,當時「太后流涕,群臣不敢言」,唯有丁宮說:「天禍漢室,喪亂弘多。

27　清代史家趙翼在《廿二史札記‧東晉多幼主》中的觀察亦反映此亂象,並對一些維繫政治穩定的強臣略有肯定之意:「晉南渡後,惟元帝年四十二即位,簡文帝年五十一即位,其餘則踐祚時多幼弱。明帝二十四歲,成帝五歲,康帝二十一歲,穆帝二歲,哀帝二十三歲,廢帝二十一歲,孝武帝十二歲,安帝二十二歲,至恭帝即位年三十二,而國已歸劉宋矣。蓋運會方隆,則享國久長,生子亦早,故繼體多壯年,所謂國有長君,社稷之服也。及其衰也,人主既短祚,嗣子自多幼沖,故非人力所能為矣。然東晉猶能享國八九十年,則猶賴大臣輔相之力。明帝、成帝時,有王導、庾亮、郗鑒等;康帝、穆帝,有褚裒、庾冰、蔡謨、王彪之等;孝武時,有謝安、謝玄、桓沖等。主雖屢弱,臣尚公忠,是以國脈得以屢延。一桓溫出而宗社幾移,迨會稽王道子昏庸當國,元顯以狂愚亂政,而淪胥及溺矣。國家所貴,有樹人之計也。」參見〔清〕趙翼,王樹民(校證):《廿二史劄記校證》(北京:中華書局,2013 年 3 月),頁 170。

28　〔東晉〕袁宏,周天游(校注):《後漢紀校注》,頁 727。

昔祭仲廢忽立突，[29]《春秋》善之。今大臣量宜為社稷計，誠合天心，請稱萬歲。」而太傅袁隗（字次陽，？-190）「解帝璽綬，立陳留王為帝，年九歲」。[30]初步來看，此段史論當然是在批判以春秋時代祭仲「廢忽立突」之事勸進董卓的丁宮，也訴諸一般人對於君主猶有「兒女之愛」的自然情感，[31]因此無論在「情」或在「理」都不應該廢黜少帝。至於所謂「至」與「不至」是緊扣上文「仁義」在人心有「濃薄不同」來說；進一步看，袁宏更恐懼的其實是「名教」的鬆動瓦解，如前文提到的史論 51 說：「夫君臣父子，名教之本也。然則名教之作，何為者也？蓋準天地之性，求之自然之理，擬議以制其名，因循以弘其教，辯物成器，以通天下之務者也。」這樣的情緒恐怕與袁宏所處的東晉時代「主弱臣強」的「門閥政治」脫離不了關係。[32]一如同時代的葛洪在《抱朴子外篇・良規》中，也對臣下行「廢立」與「革命」之舉深感不屑與不安，完全可以和袁宏史論 49 交相輝映：

　　抱朴子曰：周公之攝王位，伊尹之黜太甲，霍光之廢昌邑，孫綝之
　　退少帝，謂之舍道用權，以安社稷。然周公之放逐狼跋，流言載路；

29　「忽」即鄭昭公之名，「突」即鄭厲公之名，皆春秋時代鄭莊公之子，祭仲為其大夫。「廢忽立突」一事可見《左傳・桓公十一年》的記載：「夏，鄭莊公卒。初，祭封人仲足有寵於莊公，莊公使為卿。為公娶鄧曼，生昭公。故祭仲立之。宋雍氏女於鄭莊公，曰雍姞，生厲公，雍氏宗，有寵於宋莊公，故誘祭仲而執之，曰：『不立突，將死。』亦執厲公而求賂焉。祭仲與宋人盟，以厲公歸而立之。秋九月丁亥，昭公奔衛。己亥，厲公立。」楊伯峻：《春秋左傳注》，頁 132。

30　〔東晉〕袁宏，周天游（校注）：《後漢紀校注》，頁 726。

31　根據《後漢書・孝靈帝紀》的說法：「戊午，皇子辯（案：少帝劉辯）即皇帝位，年十七」，隨後同年「九月甲戌，董卓廢帝為弘農王」，可知少帝劉辯被廢時年僅十七歲，這應該是袁宏會以「兒女之情」喻東漢大臣不忍君親有難的緣故。

32　田餘慶：「《魏書》卷九六〈司馬睿傳〉以及同書卷三三〈張濟傳〉，均謂江左『主弱臣強』；《十七史商榷》卷四九，謂『晉少貞臣』。這些都是確當之論。其實從西晉後期以來，惠、懷、愍帝都是權臣的掌中物，其時已是『主弱臣強』，且『少貞臣』，不獨江左如此。不過西晉的權臣都是宗室強王，士族名士往往要依附於他們才能起作用。東晉則不然，士族名士本人就是權臣，宗室王公也要仰食於士族名士。『五馬渡江』，除元帝一馬之外，其餘四馬，即彭城、汝南、南頓、西陽諸王，都因不見容於士族權臣而喪生。」參見氏著：《東晉門閥政治》，〈釋「王與馬共天下」〉，頁 25。

伊尹終於受戮，大霧三日；霍光幾於及身，家亦尋滅，孫綝桑蔭未
移，首足異所。皆笑音未絕，而號咷已及矣。夫危而不持，安用彼
相？爭臣七人，無道可救。致令王莽之徒，生其姦變，外引舊事以
飾非，內包豺狼之禍心，由於伊、霍，基斯亂也。將來君子，宜深
鑒茲矣。**夫廢立之事，小順大逆，不可長也。**召王之譖，已見貶抑。
況乃退主，惡其可乎！……若有姦佞翼成驕亂，若桀之干辛、推哆，
紂之崇侯、惡來，屬之黨也，改置忠良，不亦易乎？除君側之眾惡，
流凶族於四裔，擁兵持疆，直道守法，嚴操柯斧，正色拱繩，明賞
必罰，有犯無赦，官賢任能，唯忠是與，事無專擅，請而後行；君
有違謬，據理正諫。戰戰兢兢，不忘恭敬，使社稷永安於上，己身
無患於下。功成不處，乞骸告退，高選忠能，進以自代，不亦綽有
餘裕乎？**何必奪至尊之璽紱，危所奉之見主哉！夫君，天也，父也。
君而可廢，則天亦可改，父亦可易也。**……**而世人誠謂湯、武為是，
而伊、霍為賢，此乃相勸為逆者也。**……獨見者乃能追覺桀、紂之
惡不若是其惡，湯、武之事不若是其美也。[33]

葛洪先舉出歷史上專行廢立卻得到悲慘下場的四個臣子：周公、伊尹、霍
光、孫綝。[34] 甚至將「王莽之徒」的出現，歸咎於伊尹與霍光等「始作俑
者」。隨後列舉了身為臣下應當極力為君主效忠、輔助其施行正道的諸項
舉措，而非「奪至尊之璽紱，危所奉之見主」：直接將自己認為不適任的
君主驅逐與更換。葛洪亦將「君」與「天」的位階相比附，如同在袁宏史
論 51 主張的「高下莫尚于天地，故貴賤擬斯以辯物；尊卑莫大於父子，
故君臣象茲以成器」，表面上都看似迂腐固著，實際上則是忌憚類似王莽、
孫綝等「計在自利，未必為國」的動亂產生，[35]蕭公權徵引葛洪此篇時便說：

33　〔西晉〕葛洪，楊明照（校箋）：《抱朴子外篇校箋》上冊，〈良規〉，頁 277-288。

34　孫綝之事發生在三國時代的東吳，對於出身江東的葛洪來說，內心的衝擊自然更甚。

35　〔西晉〕葛洪，楊明照（校箋）：《抱朴子外篇校箋》上冊，〈良規〉，頁 288。

「洪所以大明此論者，殆以深有感於魏晉權臣之跋扈，君勢之微弱，故思有以矯之歟！」[36]

回到袁宏本身來看，這篇史論除了投射複雜的東晉時局之外，[37]放在與其他史論之間的關係來說，其實也是為了呼應其後史論 54「劉氏（案：指漢王朝）之澤未盡，天下之望未改」的觀點。他認為王莽篡漢後的光武帝崛起也是基於相同的道理，[38]遂彰顯出「天命」不能由「強臣」恣意地解讀與置換。[39]總而言之，無論是「天命」還是「名教」，都必須經由「民心」所向才能具體呈現，這也是聖王得以建立「名教」的真正憑準。

---

36 蕭公權：《中國政治思想史》，上冊，〈王弼至葛洪〉，頁 412。

37 張蓓蓓對此有頗為細緻的分析：「論中一本名教立場，批判丁宮『無情』、『無仁義之心』，在廢君大事上竟然助贊權臣之惡而凌虐其君，毫無臣道可言，甚至可謂之『非人』、『不得豫夫人倫』。丁宮在廢君大事上不過是略表同意而已，即遭袁宏如此撻伐，董卓則又何說？袁宏所以在《紀》中從未直批董卓，實有一微妙的心理障礙；蓋桓溫也曾廢帝司馬奕為海西公，改立簡文帝司馬昱，且亦以伊尹、霍光為辭，亦脅太后為主，其事恍如董卓廢帝事件的再現，……是故袁宏勢不能極言董卓廢立之非，否則豈不等於直指桓溫之非？權臣又兼雄猜，袁宏勢不得不有所顧忌。此時為伸張名教大義，唯一的辦法只有轉而痛責丁宮了。責丁宮就是責董卓，善讀史者自知之。」參見氏著：《魏晉學術人物新研》，〈袁宏新論〉，頁 191-192。

38 史論 2：「逮於成、哀之間，國嗣三絕，王莽乘權，竊有神器。然繼體之政，未為失民，劉氏德澤，實繫物心。故立其寢廟，百姓觀而懷舊；正其衣冠，父老見而垂泣，其感德存念如此之深也。」參見〔東晉〕袁宏，周天游（校注）：《後漢紀校注》，頁 62。

39 袁宏史論 55 批評曹氏脅迫漢獻帝禪位，亦基於相同的態度：「袁宏曰：夫君位，萬物之所重，王道之至公。是以古之聖人，知治亂盛衰有時而然也，故大建名教，以統羣生，本諸天人，而深其關鍵。以德相傳，則禪讓之道也；暴極則變，則革代之義也。廢興取與，各有其會，因時觀民，理盡而動。然後可以經綸丕業，弘貫千載。是以有德之興，靡不由之；百姓與能，人鬼同謀，屬于蒼生之類，未有不蒙其澤者也。其政化遺惠，施及子孫，微而復隆，替而復興，豈無僻王？賴前哲以免。及其亡也，刑罰淫濫，民不堪命。匹夫匹婦，莫不憔悴於虐政；忠義之徒，無由自效其誠。故天下豁然，新主之望，由茲而言。君理既盡，雖庸夫得自絕於桀、紂；暴虐未極，縱文王不得擬議於南面，其理然也。……漢苟未亡，則魏不可取。今以不可取之實，而冒揖讓之名，因輔弼之功，而當代德之號，欲比德堯舜，豈不誣哉！」參見〔東晉〕袁宏，周天游（校注）：《後漢紀校注》，頁 862-863。

第二節　「大建名教，以統羣生」：「名教」精神與「聖王」作意

　　由上一節可見，袁宏認為「名教」得以成立的基礎與正當性來源有：其一，因為受到成功領導者的照顧與滿足，百姓油然產生的「愛敬忠信」之情；其二，呼應與比擬「天地」的自然秩序與「父子」的人倫關係。皆顯現袁宏對於「名教之本，帝王高義」慎重其事的態度，但必須強調的是，這絕不是袁宏的一種個人抽象的理論玄想與附會而已，他還透過《後漢紀》的其他史論，具體說明了制度背後的「帝王高義」，除了作為自身理論的實踐之外，這樣的行為本身也是對聖王「大建名教」（史論 55）之舉的一種精神演繹。

　　必須注意的是，除了前文提及的「名器」與「風教」之說，袁宏並沒有明確說明「名教」的內容與細項，[40]但根據史論 46 所說的：「故治之興，所以道通羣心，在乎萬物之生也。古之聖人，知其如此，故作為名教，平章天下。天下既寧，萬物之生全也。保生遂性，久而安之，故名教之益萬物之情大也。」可以推想，舉凡是聖王為了確立位勢、治理天下、安頓群生所建立的制度，在袁宏的思想中皆應隸屬於「名教」的範圍。以下就透過三節說明袁宏對「名教之本，帝王高義」的闡發，分別展現了「名教」的「多面性」、「靈活性」與「側重點」。

一、名教的多面性：「封建制」的「至公」與「親情」

　　袁宏在史論 14 大篇幅闡發對「諸侯之治」（即「封建制」）的探義與主張，並且視為讓天下安定的重要基礎：

　　　　袁宏曰：《書》稱：「協和萬邦」，《易》曰：「萬國咸寧」。然

---

[40]　袁宏史論出現「名教」一詞者有史論 2、41、45、46、51、55 六則，張蓓蓓〈「名教」探義〉已指出袁宏史論中共有十七次「名教」用例。參見氏著：《中古學術論略》，頁 38。

則**諸侯之治**，建於上古，未有知其所始者也。嘗試言之曰：夫百人聚，不亂則散；以一人為主，則斯治矣。有主則治，無主則亂。故分而主之，則諸侯之勢成矣；總而君之，則王者之權定矣。然分而主之，必經綸而後寧；總而君之，必統體而後安。**然則經綸之方，在乎設官分職，因萬物之所能。統體之道，在乎至公無私，與天下均其欲。**故帝王之作，必建萬國而樹親賢，置百司而班群才。所以不私諸己，共饗天下，分其力任，以濟民事。《周禮》：天子之田方千里，公之田方五百里，侯伯子男降殺之，謂之五等。雖富有天下，綜理不過王畿；臨饗一國，政刑不出封域。故眾務簡而才有餘，所任輕而事不滯。諸侯朝聘，所以述職納賦，盡其禮敬也。天子巡狩，所以觀察風教，知其善惡也。功德著於民者加地進律，其有不善者則明九伐之制。是以世祿承襲之徒，保其富厚，而無苟且之慮，修績述官之疇，務善其禮，不為進取之計。故信義著而道化成，名器固而風俗淳，推之百世，可久之道也。

爰自唐虞，至于三代，文質相因，損益有物，諸侯之制，存而不革，長世育民，所由遠矣。及王略不震，諸侯違度，官失其序，民移其業。然而眾國扶持，大小相制，雖彊毅之國，不能擅一時之勢，豪傑之士，無所騁嘯咤之心。昔周室微弱，政教陵遲，桓文翼戴，二國是賴。憂勤王室，則諸侯慕而率從；振而驕之，則九國叛而不至。楚恃江、漢，秦據崤、函，心希九鼎，志存神器。然畏迫宗姬，忌憚齊晉。歷載八百，然後降為庶人。豈非列國扶疏，根深難拔，已然之效哉！戰國之時，志在兼并，伐國而貪其民，得邑而置其私，而郡縣之勢萌矣。秦有天下，覽周之弊，毀廢五等，因而用之。傾天下之珍，以奉一身之欲；舉四海之務，以關一人之聽。故財有餘而天下分，怨不理而四海叛。高祖既帝，鑒秦之失，分裂膏腴，封殖子弟。至於將相功臣，租稅而已，郡縣之官，即而弗改。夫畫土分民，止於親戚，班爵施勞，不逮功賢。猶賴宗室之固，以折諸呂之難，況萬國親賢兼樹者哉！文帝時，賈誼言曰：「夫欲天下之安，莫若眾建諸侯而少其力。使海內之勢，若身之使臂，臂之使

指。則諸國之君，莫有異心，輻湊並進，而歸命天子矣。」文帝不從，
卒有吳、楚之變。忿而懲之，大懼諸侯。推恩以分其國，因事以削其邑，
枝葉既落，本根從焉，遂使王莽假託恩道，揖讓稱帝，豈不易哉！光武
中興，振而復之，奄有天下，不失舊物，而建封略，一遵前制。諸侯禁
網，日月增密。末世衰微，遂以卑弱，宗室懼於罪敗，同姓挫於庶民，
一夫攘臂，故以能亂天下矣。

由此觀之，五等之治，歷載彌長，君臣世及，莫有遷去。雖元首不
康，諸侯不為失政；一國不治，天下不為之亂。故時有革代之變，
而無土崩之勢。郡縣之立，禍亂實多。君無常君之民，尊卑迭而無
別，去來似於過客。人務一時之功，家有苟且之計。機務充於王府，
權重并於京師。一人休明，則王政略班海內；元首昏闇，則匹夫擬
議神器。是以閭閻不淨，四海為之鼎沸；天網一弛，六合為之窮兵。
夫安危之勢，著於古今，歷代之君，莫能創改，而欲天下不亂，其
可得乎？嗚呼！帝王之道，可不鑒歟？[41]

此段史論接在東漢光武帝封諸子為公一事之後，兩者相參，顯然袁宏只是
在借題發揮，根本不是在評論史事。袁宏認為，「諸侯之治」（封建制）
雖不知起於何時，然而追溯其背後的精神，就「分」的一端來說，乃是「設
官分職，因萬物之所能」；就「合」的一端來說，乃是「至公無私，與天
下均其欲」，君主樹立群賢分治天下，既展現不將天下視作一己私物的美
德，亦能達到分工合作以濟民事的效益，此即下文所謂「眾務簡而才有餘，
所任輕而事不滯」。唐堯、虞舜、三代都以此制度維繫統治，即便君王一
端出了問題，其他諸侯國也能適時扶持，如春秋時代齊桓公、晉文公對周
王室的翼戴之功，縱使楚國與秦國有異心也不敢輕舉妄動。然而時至戰國
以降，「郡縣制」開始萌生，各國「志在兼併」，且由秦國確立了郡縣之
制，吞併天下以滿足一己之私。西漢高祖（劉邦，前 256-前 195）最終也

---

[41] 〔東晉〕袁宏，周天游（校注）：《後漢紀校注》，頁 183-185。

只分封劉姓子弟為諸侯，功臣完全被摒除在外。袁宏認為，之所以後來會發生文帝（劉恆，前 203-前 157）時的七國之亂、末年的王莽篡位，以及東漢的「末世衰微」，根本原因都在於統治者廢除了「封建制」而改行「郡縣制」，即便設有諸侯也像是光武帝一樣存有防範之心（「諸侯禁網，日月增密」），與上古三代聖王傳承「諸侯之治」的精神根本大悖。

　　顯然袁宏主張恢復「封建制」而不喜「郡縣制」，乃因後者違反了「因萬物之所能」及「與天下均其欲」的精神。然而，袁宏的論述也並非是牢不可破，如他自己說：「戰國之時，志在兼并，伐國而貪其民，得邑而置其私，而郡縣之勢萌矣。」可見在「郡縣制」正式出現以前，「兼併」的情況業已存在，此正是「封建制」發展到後來所產生的弊病。換言之，「郡縣制」在秦末與漢末的弊端的確是史籍有徵、斑斑可考，但是在周代之末、戰國之時「封建制」敗壞所引發的「志在兼併」，同樣也是難以遁逃的事實，袁宏卻只見前者，忽略後者，而將「兼併」與「郡縣」綰合一處，恐怕難以真的在擁戴「封建制」的立場上站穩腳跟。[42]

　　另外值得注意的是，袁宏提到的賈誼「眾建諸侯而少其力」之語，完整的原文應出自《漢書·賈誼傳》所載的賈誼奏疏。[43]其主旨乃在防範諸侯

---

[42] 歷代關於「封建制」與「郡縣制」的主張與爭論不絕如縷，可參馬端臨《文獻通考》的記載，其評議公允懇切，亦值得一參，如：「秦既并天下，丞相綰（案：王綰）請分王諸子，廷尉斯（案：李斯）請罷封建，置郡縣，始皇從之。自是諸儒之論封建、郡縣者，歷千百年而未有定說，其論之最精者，如陸士衡（案：陸機）、元元首（案：曹冏）則主綰者也，李百藥、柳宗元則主斯者也。二說互相排詆，而其所發明者，不過公與私而已。……然則之立論者，宜何從以封建為非邪？是帝王之法，所以禍天下後世也。以封建為是邪？則柳、蘇二子之論，其剖析利害，指陳得失，莫不切當，不可廢也。愚嘗因諸家公私之論而折衷之曰：『封建、郡縣皆所以分土治人，未容遽曰此公而彼私也。然必有公天下之心，然後能行封建，否則莫如郡縣。無公天下之心，而欲行封建，是授之以作亂之具也。』嗚呼，封建之難行久矣，蓋其弊不特見於周、秦之際，而已見於三代之初。……蓋時不唐虞，君不堯舜，終不可復行封建。謂郡縣之法出於秦而必欲易之者，則書生不適變之論也。夫置千人於聚貨之槽，授之以挺與刃，而欲其不為奪攘矯度，則為之主者必有伯夷之廉，伊尹之義，使之靡然潛消其不肖之心而後可。苟非其人，則不若藏挺與刃，嚴其撿制，而使之不得以逞。此後世封建之所以不可行，而郡縣所以為良法也。」完整評議詳見氏著《文獻通考》，〈封建考六〉，頁 7209-7212。

[43] 完整段落如下，但仍為賈誼奏疏的一部分：「臣竊跡前事，大抵彊者先反，淮陰王楚最彊，則最先反；韓信倚胡，則又反；貫高因趙資，則又反；陳豨兵精，則又反；彭越用梁，則又反；

因為本身勢力過大而懷有不臣之心，因此天子唯有在「形勢」上迫使諸侯無力造反，方能維持「天下之治安」。可見賈誼在態度上，根本就不信任諸侯會稱職、忠實地為中央效命，與袁宏從封建制「因萬物之所能」及「與天下均其欲」的精神給予正面表彰的態度相比，真可謂判若雲泥。或許因為如此，原先緊接在賈誼奏疏中的「眾建諸侯而少其力」下方兩句：「力少則易使以義，國小則亡邪心」，竟然在袁宏史論的徵引下不見蹤跡，逕自接了「使海內之勢若身之使臂」，其揀擇之意不言可喻。事實上，袁宏史論徵引賈誼之語本來就有些曖昧不明，一方面「眾建諸侯而少其力」並不符合袁宏對於「封建制」正大光明地理解與推崇，然而賈誼該句以後的「使海內之勢若身之使臂，臂之使指，則諸國之君，莫有異心，輻湊並進，而歸命天子矣」，完全又與袁宏認為「封建制」能達成的目標若合符契。因此，他遺落了「力少則易使以義，國小則亡邪心」二句，恐怕不是出於偶然，而是由於該二句比起「眾建諸侯而少其力」，更尖銳地和他嚮往的「眾國扶持，大小相制」的封建制相互扞格。倘若真的讓諸侯國盡數「力少」與「國小」，則無異於讓上古三代以來的「諸侯之治」名存而實亡，

黥布用淮南，則又反；盧綰最弱，最後反。長沙乃在二萬五千戶耳，功少而最完，勢疏而最忠，非獨性異人也，亦形勢然也。曩令樊、酈、絳、灌據數十城而王，今雖以殘亡可也。令信、越之倫列為徹侯而居，雖至今存可也。然則天下之大計可知已。欲諸王之皆忠附，則莫若令如長沙王。欲臣子之勿菹醢，則莫若令如樊、酈等。欲天下之治安，莫若眾建諸侯而少其力。力少則易使以義，國小則亡邪心。令海內之執，如身之使臂，臂之使指，莫不制從。諸侯之君，不敢有異心，輻湊並進，而歸命天子。雖在細民，且知其安，故天下咸知陛下之明，割地定制。令齊、趙、楚各為若干國，使悼惠王、幽王、元王之子孫畢以次各受祖之分地，地盡而止，及燕、梁它國皆然。其分地眾而子孫少者，建以為國，空而置之，須其子孫生者，舉使君之。諸侯之地，其削頗入漢者，為徙其侯國及封其子孫也，所以數償之；一寸之地，一人之眾，天子亡所利焉，誠以定治而已，故天下咸知陛下之廉。地制壹定，宗室子孫莫慮不王，下無倍畔之心，上無誅伐之志，故天下咸知陛下之仁。法立而不犯，令行而不逆，貫高、利幾之謀不生，柴奇、開章之計不萌，細民鄉善，大臣致順，故天下咸知陛下之義。臥赤子天下之上而安，植遺腹，朝委裘，而天下不亂，當時大治，後世誦聖。壹動而五業附，陛下誰憚而久不為此？」參見〔東漢〕班固，〔清〕王先謙：《漢書補注》，〈賈誼傳〉，頁 3660-3661。在賈誼的《新書‧藩彊》亦有相似段落，然而相同文字僅止於「力少則易使以義，國小則無邪心」而止，下文為「若與臣下相殘，與骨肉相飲茹，天下雖危無傷也，則莫如循今之故而勿變。以前觀之，其國最大者反最先□□□□□」。參見〔西漢〕賈誼，鍾夏（校注）：《新書校注》（北京：中華書局，2007 年 10 月），頁 39-40。

袁宏勢必不容許這樣空有形式的「封建制」存在。因而不得不在賈誼的文字上稍作刪減後，再作為自身史論的佐證了。總之，袁宏論「諸侯之治」，乃從統治階層應當「至公無私」的精神展開，此亦為袁宏認為「諸侯之治」之所以會出現的初衷所在，亦視為天下得以安定的根本原因。

雖說一如前文，袁宏並不認為兩漢實踐了上古三代的「諸侯之治」，但東漢畢竟仍有諸侯存在，[44]君主與諸侯間的相處，關涉的亦是制度作意與天下安定與否的問題，故仍可藉此側面理解袁宏為何推崇「封建制」，以及如何主張維繫「封建制」，如其史論 27：

> 袁宏曰：章帝尊禮父兄，敦厚親戚，發自中心，非由外入者也。雖三代之道，亦何以過乎？嘗試言之曰：夫不足則相資，相資則見足，見足則無求，無求則相疎，常人之性也。何以知其然乎？夫終朝之飯，糟糠不飽，壺飧之饋，必習其鄰人者，甘所不足也。貴為王侯，富有國家，聲色之娛，而忘其親戚者，安其餘也。故處不足，則壺餐豆羹不忘其鄰人，安其有餘，徒鈞天廣樂必遺其親戚，其勢然也。故親戚之弊，常在於富貴，不在於貧賤，其可知矣。
> 夫同陰以憩，睠然相應者，一遇之歡也；同生異處，敖然相忘者，不接之患也。故形神不接，雖兄弟親戚，可同之於胡越；交以言色，雖殊途之人，猶有睠恨之心。由斯觀之，王侯貴人乘有餘之勢，處不接之地，唯意而欲恩情含暢，[45]六親和睦，蓋以鮮矣。古之聖人，

44　東漢的諸侯比起西漢的諸侯實力衰弱，離上古三代的「諸侯之治」更為遙遠，如王安泰說：「西漢初年的諸侯王，擁有強大的政治、經濟、軍事實力。但在經歷景帝、武帝的一連串削弱諸侯政策後，西漢後期的諸侯勢力已經大幅減弱。至於東漢明帝以後，諸侯王只有封爵的名號，完全喪失對封國的控制權，因而無力與中央抗衡。而列侯比諸侯王更早失去支配封國的權力，王與列侯遂逐漸轉型為坐食租稅、不管實事的名義身分。王國官員的地位日益下降，且任命權逐步轉移至漢中央，是諸侯王日趨衰弱的重要原因。隨著郡縣制日益完備，諸侯王的經濟收入也日益縮減。」參見氏著：《再造封建──魏晉南北朝的爵制與政治秩序》（臺北：國立臺灣大學出版中心，2013 年 5 月），〈緒論〉，頁 16-17。

45　周天游：「『唯意』二字，陳璞疑衍。或有脫誤，亦未可知。」參見〔東晉〕袁宏，周天游（校注）：《後漢紀校注》，頁 327。

懼其如此，故明儉素之道，顯謙恭之義，使富者不極其欲，貴者不
博其高，里老且猶矜愛，而況兄弟乎？朝會以叙其儀，燕享以篤其
親，聘問以通其意，玉帛以將其心。故欲不滿而和愛生，情意交而
恩義著也。嗚呼！有國有家者，可不親乎？

袁宏此論讚賞章帝對叔叔東平王劉蒼的禮遇是發於至親之心，甚至給予「三
代之道亦何以過乎」的莫大讚譽，隨即闡發他對皇室親戚間的看法，形同
議論君主與諸侯、諸侯與諸侯之間的關係。而他之所以特別讚賞漢章帝對
於東平王劉蒼的舉措，乃因他認為：「夫不足則相資，相資則見足，見足
則無求，無求則相疏，常人之性也」，人的天性如果在物質條件上無需相
互倚賴，則即便是至親之人也必然形同陌路；另一方面，如果親戚之間經
常處於「不接之地」，日久之後感情必然疏遠。古代的聖王觀察到此種情
況，因此才立下了「儉素」與「謙恭」的美德，致使人群之間相互倚賴與
培養情感，此理表現在政治制度上，便是君主與諸侯間的「朝會」、「燕
享」、「聘問」、「玉帛」之禮。這就又補充說明了袁宏提倡「封建制」
的原因：除了它是古聖先賢創立的制度、體現了「至公無私」的精神之外，
更是因為「封建制」同時也展現了「血親」之間相互倚賴與扶持的人之常
情，此斷斷為「郡縣制」之所無。總之，袁宏心目中的「封建制」，本身
既符合人倫常情，又具有作為萬民倫理的軌範的意義，因而相形之下比「郡
縣制」意義更深刻、影響更廣袤了。但仍必須注意的是，這只是借用史論 27
說明、推敲袁宏理想的君主與諸侯間的相處，這在袁宏心目中成功的「諸
侯之治」（「封建制」）中想必是存在的，這也是為什麼明明袁宏史論 27
是接在西漢章帝禮遇叔叔東平王劉蒼一事之後，論中卻又非得回溯「古之
聖人，懼其如此」，因而創制了君主與諸侯、諸侯與諸侯間的「朝會」、
「燕享」、「聘問」、「玉帛」之禮，顯然他的視角與嚮往始終離不開上
古三代的「封建制」。但就兩漢實際的性質來說，無疑都是繼承秦朝的「郡
縣制」，這又再次證明比起評價東漢的歷史事實，袁宏更在意的是闡發上
古三代以來的聖王「名教」，也顯見其理想「名教」所含攝的多方面效益。

二、名教的靈活性：「禮制」的損益與「霸道」的變通

由上節可見，「名教」的意義與效益對袁宏來說是極其豐富的，也就不難理解他為何始終主張世人要護持「名教」，然而這並不意味他是食古不化、不知變通者，這一點分別從他對「禮」與「霸道」的論述可以得知，首先是史論 30 論「禮」：

> 袁宏曰：夫禮也，治心軌物，用之人道者也。其本所由在於愛敬自然，發於心誠而揚於事業者。聖人因其自然，而輔其性情，為之節文，而宣以禮物，於是有尊卑親疏之序焉。推而長之，觸類而申之，天地鬼神之事，莫不備矣。古者民人淳朴，制禮至簡，汙樽抔飲，可以盡歡於君親；蕢桴土鼓，可以致敬於鬼神。將之以誠，雖微物而可重，獻之由心，雖蒲質而可薦。此蓋先王制禮之本也。中古損益，教行文質。范金合土，而棟宇之制麗矣；繪采集色，[46]而衣裳之度彰矣；比聲諧音，而金石之品繁矣。夫簡朴不足以周務，故備物以致用；卑素不足以崇高，故富以成業。此又先王用禮之意也。夫尊卑長幼不得而移者也，器服制度有時而變者也。小則凶荒殊典，大則革伏異禮，所以隨用合宜，易民視聽者也。此又先王變禮之旨也。是故王者之興，必先制禮，損益隨時，然後風教從焉。故曰：「殷因於夏禮，所損益可知也；周因於殷禮，所損益可知也。」漢興撥亂，日不暇給，禮儀制度闕如也。賈誼曰：「夫立君臣，等上下，使綱紀有序，六親和睦，此非天之所設也。人之所為，不修則壞。宜定制度，興禮樂，使諸侯軌道，百姓素朴。」乃草具儀，寢而不行，後之學者，董劉之徒，[47]亦言禮樂之用，而不能詳備其制度。夫政治綱紀之

46　周天游校本原先作「繪集采色」，張烈校本則作「繪采集色」，比照前後文「范金合土」、「比聲諧音」的詞性結構，應以張烈校本為是，周天游校本或為排印者之誤，參張烈（點校）：《兩漢紀：後漢紀》，頁 257。

47　據《漢書‧禮樂志》所載，「董劉之徒」應指董仲舒與劉向：「孔子曰：『殷因於夏禮，所損益，可知也；周因於殷禮，所損益，可知也；其或繼周者，雖百世可知也。』今大漢繼周，久

禮，哀樂死葬之節，有異於古矣。而言禮者必證於古。古不可用，而事各有宜，是以人用其心，而家殊其禮，起而治之，不能紀其得失者，無禮之弊也。曹褒父子慨然發憤，[48]可謂得其時矣。然褒之所撰，多案古式，建用失宜，異於損益之道，所以廢而不修也。[49]

　　袁宏論「禮」的興起，其意義完全如同其論「名教」的興起，如史論 2 所說：「愛敬忠信，出乎情性者也」，君主再依循萬民如斯的情感，樹立了「親疏尊卑之義」與「存本懷舊之節」，「名器」與「風教」遂因此產生。總之，無論是「禮」（別名）還是「名教」（共名），其創制的精神都必須符合且滿足人的自然情性。「自然」一詞雖為「道家」始用，然而袁宏此處的「自然」乃指人人天生具有的「愛敬」、「忠信」之情性，[50]張蓓蓓已指出過這是「儒家本色的流露」。

　　回歸到袁宏此處的禮論來看，一方面固然說明了禮制起於人心人性，但另一方面也在說明禮制的興起，乃是為了安頓「心」與「物」之間的關

曠大儀，未有立禮成樂，此賈誼、仲舒、王吉、劉向之徒，所為發憤而增嘆也。」參見〔西漢〕班固，〔清〕王先謙（補注）：《漢書補注》，頁 1515-1516。《後漢書・曹褒傳》的范曄之論亦然：「論曰：漢初天下創定，朝制無文，叔孫通頗採經禮，參酌秦法，雖適物觀時，有救崩敝，先王之容典蓋多闕矣，是以賈誼、仲舒、王吉、劉向之徒，懷憤歎息所不能已也。……」參見〔南朝宋〕范曄，〔唐〕李賢 等（注）：《後漢書》，頁 1205。

[48]　此處「曹襃」應作「曹褒」，參《後漢書・曹褒傳》、《東觀漢記・曹褒傳》、《東觀漢記・張酺傳》與《後漢紀》載的「曹褒」事相合可證。同書《後漢紀・孝章皇帝紀》中即有「曹褒」，其父為曹充。或參周天游注：「『襃』即『褒』，古通用。」參見〔東晉〕袁宏，周天游（校注）：《後漢紀校注》，頁 372。

[49]　〔東晉〕袁宏，周天游（校注）：《後漢紀校注》，頁 372-374。

[50]　但須注意的是，這並不代表袁宏認為「自然情性」的內容全都是符合社會規範與價值的，此從史論 37 所說的「夫萬物之性，非能自止者也。上之所為，民之準也」即可知之，否則，訴諸於萬民因任自身的「自然情性」即可，「名教」的重要性與必要性相對而言就可有可無。換言之，袁宏的「名教」觀，等於是將萬民「自然情性」中較為美好的一面透過「實際制度」（名教）明確化、具體化，讓萬民有得以學習、反思、守序的憑藉，以致在與其他個體遭遇到物質需求、資源分配的問題時，能夠和平相處；同時又藉此安頓、節制萬民「自然情性」中可能會衝擊、破壞道德與群體和諧的負面區塊。

係。此點在先秦荀子的〈禮論〉業已提出，[51]使人心與外物之間能維持恰當的狀態與分寸，兩者的差別在於：荀子主要透過「使欲必不窮乎物，物必不屈於欲」的角度來談禮之興起，袁宏則偏重從人心本有的「愛敬」進行推衍。[52]

　　進而，袁宏認為，禮的創制受限於環境的關係，一開始單調與粗略，強調的是行禮者「將之以誠」、「獻之由心」的精神，此為「先王制禮之本」；然而時移世易，單調與粗略的禮制已無法呼應越來越繁多的事務與統治者的功業，因此中古之後造就了建築、衣裳、音樂的繁富，此為「先王用禮之意」；順應著時移世易的情況，禮的創制就十分強調「隨用合宜，易民視聽」，此乃「先王變禮之旨」。總之，袁宏所謂「制禮」、「用禮」、「變禮」都必須緊扣著「損益隨時」而說，用以教化百姓的「風教」方能確立，可見袁宏重視具體軌範在創制之時，是否能呼應當世之情況，也重視該軌範對於萬民來說是否具有「因自然」、「輔性情」的功效，以避免制度僵化、殘害人性的弊病。從另外一個角度說，袁宏並不滿足於只是在個人玄想上論述「名教」合乎人的「愛敬忠信」的自然情性，而是不斷地從各方面去談歷代聖王對於萬民的苦心著力，因而立下制度使眾人有明確的目標和方法可以依循，最終維繫世界的秩序。如同袁宏徵引賈誼之語：「此非天之所設也。人之所為，不修則壞。」因此，禮制等等「名教」的設置與傳承，是否真的能貫徹聖王的苦心、滿足萬民之情性，才是袁宏真正的關心所在，從他五十五篇史論（含引用華嶠史論四則）經常離不開對「名教」的思考，可見一斑。

51　《荀子·禮論》：「禮起於何也？曰：人生而有欲，欲而不得，則不能無求。求而無度量分界，則不能不爭；爭則亂，亂則窮。先王惡其亂也，故制禮義以分之，以養人之欲，給人之求。使欲必不窮乎物，物必不屈於欲。兩者相持而長，是禮之所起也。」參見〔戰國〕荀況，王天海：《荀子校釋》，下冊，頁 751。

52　不過，袁宏在史論 53 也採取了與荀子〈禮論〉相似的角度：「夫民心樂全而不能常〔全〕，蓋利用之物懸於外，而嗜慾之情動於內也。於是有進〔取〕（即）陵競之行。希求放肆不已，不能充其嗜慾也，則苟且僥倖之所生也。希求無厭，無以〔悛〕（踈）其慾也，則姦偽忿怒之所興也。先王知其如此，而欲救弊，故先以德禮陶其心，其心不化，然後加以刑辟。……」參見〔東晉〕袁宏，周天游（校注）：《後漢紀校注》，頁 838。

　　而從此篇史論最後說的「然袞之所撰，多案古式，建用失宜，異於損益之道，所以廢而不修也」可知，他確實親眼見過曹充、曹褒父子所制定的禮儀（記載於冊的儀節，非實際的典禮），然而他認為制禮的精神應該與時並進，不要拘泥於古典。曹充、曹褒父子的失敗（「寢而不行」、「廢而不修」）正在於不明此理，而非尚書張敏「擅制禮儀，破亂聖術」的指控。否則，依據《後漢書・曹褒傳》所載，在東漢和帝（劉肇，79-106）前任的章帝，便已經命曹褒一人制作禮樂，甚至對班固言「昔堯作大章，一夔足矣」，否決了班固要讓京師諸儒「共議得失」的提議，曹褒方能「次序禮事，依準舊典，雜以五經讖記之文，撰次天子至於庶人冠婚吉凶終始制度，以為百五十篇，寫以二尺四寸簡。其年十二月奏上」。[53]因此，與其說曹褒是因為「擅制禮儀」而使得漢代新禮樂的推行中途夭折，不如說是曹褒被賦予的權力受到了他人的忌憚。另一方面或許正如袁宏所言：曹褒制禮存在了「多案古式，建用失宜，異於損益之道」的極大缺失，才導致了最終的失敗。

　　除此之外，袁宏尚在史論 41 闡述「霸道」的價值，且視為「聖人因事作制以通其變」的產物，所以也呼應了「隨時損益」的精神：

　　　　袁宏曰：觀崔寔之言，未達王霸之道也。常試言之：夫禮備者德成，禮順者情泰。德苟成，故能儀刑家室，化流天下；禮苟順，故能影響無遺，翼宣風化。古之聖人，知人倫本乎德義，萬物由乎化風，陶鑄因乎所受，訓導在乎對揚。崇軌儀於化始，必理備而居宗；明恭肅以弘治，則理盡而向化。斯乃君臣尊卑之基，而德和洽之本也。是以大道之行，上下順序，君唱臣和，其至德風教，繫乎一人，政化行於四海，無犯禮而王迹彰矣。
　　　　及哲王不存，禮樂凌遲，風俗自興，戶皆為政，君位且猶未固，而

53　以上引文與史事詳見〔南朝宋〕范曄，〔唐〕李賢 等（注）：《後漢書》，〈曹褒傳〉，頁
　　1201-1205。

況萬物乎！於斯時也，臣子自盡之日，將守先王之故典，則元首有降替之憂；欲修封域之舊職，則根本無傾拔之慮。故忠奮之臣，推其義心，不忍其事，思屏王室。故有自下匡上之功，以卑援尊之事，雖失順序之道，然效忠之迹也。欲齊王體，則異乎承宣之美，欲同之不順，而終有翼戴之功。**故聖人因事作制，以通其變，而霸名生焉。**《春秋》書齊晉之功，仲尼美管仲之勳，所以括囊盛衰，彌綸名教者也。

夫失仁而後義，必由於仁；失王而後霸，以致於霸，必出於忠。義誠仁之不足，然未失其為忠也。推斯以觀，則王霸之義於是見矣。[54]

此段乃是為了反駁崔寔之說：

自漢興以來，三百餘年矣，政令刓潰，上下懈怠，風俗彫弊，人民偽巧，百姓囂然，復思中興之功矣。救世之術，豈必體堯舜而治哉？期於狃絕拯撓，去其煩惑而已。……今已不能用**三代之法**，故宜以**霸道**而理之。重賞罰，明法術，自非上德，嚴之則治，寬之則亂，其理然也。為國之法，有似理身，平則致養，疾則致攻。故德教者，治世之粱肉；刑法者，救亂之藥石也。今以德除殘，是猶粱肉治疾也，欲望療除，其可得乎？……[55]

崔寔之論未嘗沒有道理，他認為世人應該要審時度勢，基於東漢桓帝（劉志，132-168）時的上下亂象，不能再繼續採用堯舜三代的德化之政，必須施行「重賞罰，明法術」的「霸道」。其學術性格與關懷宛若戰國末年的韓非再現，故章炳麟（字枚叔，號太炎，1869-1936）在《訄書》曾以崔寔和同時代的王符（字節信，83-170）、仲長統（字公理，180-220）二人並

[54] 〔東晉〕袁宏，周天游（校注）：《後漢紀校注》，頁 571-572。
[55] 〔東晉〕袁宏，周天游（校注）：《後漢紀校注》，頁 570-571。

列，視為「東京之衰，刑賞無章也。儒不可任，而發憤者變之以法家」的三位代表。[56]

但袁宏對崔寔的駁正，不能單純以「儒家與法家」或「王道與霸道」的二分對立來視之。比照兩者之論，顯然都推崇「霸道」，而袁宏史論開頭以「觀崔寔之言，未達王霸之道也」來批駁崔寔，可見讓他深感不滿的是崔寔對「霸道」的解讀。因此在該句以降，極力申說了「王霸之道」的真正意涵：史論 41 的第一段，從「夫禮備者德成」至「無犯禮而王迹彰矣」，是在說明「王道」的情況，此時由於君主稱職、上下秩序穩固，君主只要按照著「既定的禮節」，而臣民按照著「君主的風化」行事即可，自然能夠維持「上下順序，君唱臣和」的美好局面。一切的源頭都起自君主的稱職與合乎禮度，所以說「至德風教，繫乎一人」，那「一人」便是聖王。而從史論 41 的「及哲王不存」以降，全都是在說明「霸道」的情況與價值：一旦聖王不存（袁宏此處稱「哲王」），在位的是衰弱、昏聵之君，導致禮樂敗壞、上下失序，臣下根本無法單憑「既定的禮節」與「君主的風化」以維繫國家。此時就必須要仰賴臣下跳脫自己官位與封域裡的職分，挺身而出，「自下匡上」、「以卑援尊」，輔助君主發揮他原先應有的職分與影響力。而這樣的方式，雖然跟「王道」比起來在價值上稍遜一等，但卻是聖王立下的補偏救弊之方：「聖人因事作制，以通其變，故霸名生焉」，所以一樣具有正當性。且基底同樣出於臣下對君主之「忠」。必須注意的是，在袁宏史論 41 脈絡下的「臣下」顯然並非是指每個臣下都具有匡助中央的資格，而只限於「諸侯」，因此他才會以齊桓公、晉文公、管仲諸人為證，管仲的身分雖不為諸侯，但由於受到齊桓公重用成為了「霸業」的重要推手。袁宏以上以「王道」和「霸道」為兩段時期的應對之方，不得不令人聯想前一章提過史論 46 的「當其治隆，則資教以全生；及其不足，則立身以重教」。無論何時，都必須遵循「名教」，以及

56　〔清〕章炳麟，徐復（詳注）：《訄書詳注》（上海：上海古籍出版社，2013 年 2 月），〈學變〉，頁 92。

支持統治階層對「名教」精神的召喚與護持，而非直接揚棄「名教」以另
尋他方。

至於在崔寔的論述中與「三代之法」相異的「重賞罰，明法術」，恐
怕入不了袁宏的「名教」之林，且崔寔所謂「霸道」，意義較接近於戰國
商鞅（前 390-前 338）在說服秦孝公（前 381-前 338）時，相對於「帝道」、
「王道」而言的「霸道」，商鞅還說：

> 吾說君（案：秦孝公）以**帝王之道**比三代，而君曰：「久遠，吾不
> 能待。且賢君者，各及其身顯名天下，安能邑邑待數十百年以成帝
> 王乎？」故吾以**彊國之術**說君，君大說之耳。然亦難以比德於殷周
> 矣。[57]

可見商鞅也有意識地將「霸道」詮釋為「彊國之術」：諸侯目光只在自己
封國內的自強與兼併天下而已。崔寔的「霸道」論當然不能說與商鞅完全
等同，但重在「賞罰」與「法術」，又強調與「三代之法」的不同，大大
遠離袁宏「封建制」視野下扶翼天子與維護「名教」的本意，而與商鞅、
韓非的家法較為投合。[58]

---

[57] 詳細史事見於《史記‧商君列傳》：「孝公既見衛鞅，語事良久，孝公時時睡，弗聽。罷而孝
公怒景監曰：『子之客妄人耳，安足用邪！』景監以讓衛鞅。衛鞅曰：『吾說公以帝道，其志
不開悟矣。』後五日，復求見鞅。鞅復見孝公，益愈，然而未中旨。罷而孝公復讓景監，景監
亦讓鞅。鞅曰：『吾說公以王道而未入也。請復見鞅。』鞅復見孝公，孝公善之而未用也。罷
而去。孝公謂景監曰：『汝客善，可與語矣。』鞅曰：『吾說公以霸道，其意欲用之矣。誠復
見我，我知之矣。』衛鞅復見孝公。公與語，不自知膝之前於席也。語數日不厭。景監曰：『子
何以中吾君？吾君之驩甚也。』鞅曰：『吾說君以帝王之道比三代，而君曰：「久遠，吾不能
待。且賢君者，各及其身顯名天下，安能邑邑待數十百年以成帝王乎？」故吾以彊國之術說君，
君大說之耳。然亦難以比德於殷周矣。』」參見〔西漢〕司馬遷：《史記》，頁 2228。

[58] 袁宏在史論 11 曾表達對商鞅與韓非之法的反感：「袁宏曰：自古在昔，有治之始，聖人順人
心以濟亂，因去亂以立法。故濟亂所以為安，而兆眾仰其德。立法所以成治，而民氓悅其理。
是以有法有理，以通乎樂治之心，而順人物之情者。豈可使法逆人心，而可使眾兆仰德，治與
法違，而可使民氓悅服哉！由是言之，資大順以臨民，上古之道也。通理以統物，不易之數
也。降逮中世，政繁民弊。牧之者忘簡易之可以致治，御之者忽逆順之所以為理。遂隳先王之
大務，營一時之私議。於是乎變詐攻奪之事興，而巧偽姦吏之俗長矣。陵遲至於戰國，**商 鞅**

　　當然，袁宏與崔寔對「霸道」的界定本就不同，前者對「王道」與「霸道」的理解是昔日聖王建法立制下「經」與「權」的關係，後者的理解涉及的則是統治者主要該以「德教」還是「刑法」治世的問題。因此袁宏對崔寔的批駁，難免給人毫無交集之感，除非二人同樣是在議論「封建制」視野下的「霸道」定義，或是是否該以「重賞罰，明法術」取代「德教」的問題。但可以體會的是，袁宏對於「霸道」一詞的內涵十分介意，既然「霸道」已被他視為「聖人因事作制，以通其變」的產物，他當然不願意把「霸道」的詮釋權輕易地讓渡他人；或是說，他擔心對崔寔之論不加以駁正的結果，會導致後人對聖人的「霸道」與「諸侯之治」產生了誤解，進而懷疑聖王建立「名教」的正當性或誤入歧途，這或許才是他撰寫史論 41 的真正動機。

　　最後值得注意的是，從「夫失仁而後義，必由於仁；失王而後霸，以致於霸，必出於忠。義誠仁之不足，然未失其為忠也」一段可知，袁宏的論調具有一貫的儒學本色，無論在任何情境底下都徹底標舉「仁」、「義」、「忠」等道德條目的價值，並且以其他道德行為補救原先的道德之弊，而不是將造成混亂之由歸罪於道德條目的創制與迭出，這就劃開了他與《老子》學說的距離。換言之，他認為「權變的作法」（霸道）儘管和「治世時的做法」（王道）不同，然而同樣都是出於為了天下安定的動機，是故並不妨害其存在的必要性，反而顯現出聖王具有「因事作制以通其變」的靈活思考，因此完全與《老子‧三十八章》「失道而後德，失德而後仁，失仁而後義」的思想與價值觀兩不相涉。周天游在注釋此論時卻徵引《老子》該章相參，大失袁宏的學術寄託。再如前一章所述，周大興在評議史

設連坐之令以治秦，韓非論捐灰之禁以教國，而修之者不足以濟一時，持之者不能以經易世。何則？彼誠任一切之權利，而不通分理之至數也。故論法治之大體，必以聖人為準格；聖人之所務，必以大道通其法。考之上世，則如彼；論之末世，則如此。然則非理分而可以成治者，未之聞也。若乃變詐攻奪之事興，而飾智謀權冊以勝之；巧偽姦利之俗長，而設禁網陷窘以餌之；患時世之莫從，懸財賞行罰以驅之；毒為下之訐逆，厚威網殺伐以服之。斯所謂勢〔利〕（力）苟合之末事，焉可論之以治哉？……」參見〔東晉〕袁宏，周天游（校注）：《後漢紀校注》，頁 172-173。

論 45 的「道德仁義之風」時，也以《老子·三十八章》的思想來論證袁宏所指的「道」、「德」、「仁」、「義」為層層起弊的發展，並斷言袁宏思路與王弼相同，此段也正好提供了鮮明的反例。

三、名教的側重點：「先德後刑」原則下的「肉刑論」

「名教」涵蓋的具體項目頗多，難免會遇上彼此孰輕孰重的問題，如「德化」與「刑辟」就是如此，而根據袁宏在史論 53 論及對「肉刑存廢」的看法，[59]可以得知他主張「先德化後刑辟」，同時顯現出他「名教」思想實以「德性」與「教化」作為側重之處。「刑罰」即便隸屬於「名教」範圍，亦非最為核心的部分：

> 袁宏曰：夫民心樂全而不能常〔全〕，蓋利用之物懸於外，而嗜慾之情動於內也。於是有進〔取〕（即）陵競之行。希求放肆不已，不能充其嗜慾也，則苟且僥倖之所生也。希求無厭，無以〔愜〕（疎）其慾也，則姦偽忿怒之所興也。先王知其如此，而欲救弊，故先以德禮陶其心，其心不化，然後加以刑辟。《書》云：「百姓不親，五品不遜，汝作司徒，敬敷五教在寬。」「蠻夷猾夏，寇賊姦宄，汝作士，五刑有服。」然德刑之設，參而用之者也。三代相因，其義詳焉。《周禮》：「使墨者守門，劓者守〔關〕（閽），宮者守內，刖者守囿。」此肉刑之制可得而論也。荀卿亦云：「殺人者死，傷人者刑，百王之所同，未〔有〕知其所由來者也。」<u>夫殺人者死，而相殺者不已，是大辟可以懲未殺，不能使天下無殺。</u>[60]傷人者刑，

---

59 關於魏晉時期復肉刑的詳盡討論，可參〔日〕福原啟郎：〈魏晉時代的復肉刑議論及其背景〉，收入民著，陸帥、劉萃峰、張紫毫（譯）：《魏晉政治社會史研究》（江蘇：江蘇人民出版社，2021 年 1 月），頁 15-51。

60 畫底線者乃採用張烈校本的句子，周天游校本則作「夫殺人者死，而大辟可以懲未殺，不能使天下無殺」，「而」字下漏「相殺者不已，是」諸字。參下文的對仗句子：「傷人者刑，而害物者不息，有黥劓可以懼未刑，不能使天下無刑也」，可知張烈校本為確，周天游校本之脫漏恐為排印者之誤。參見張烈（點校）：《兩漢紀：後漢紀》，頁 577。

而害物者不息，有黥劓可以懼未刑，不能使天下無刑也。故將欲止之，莫若先以德禮。夫罪過彰著，然後入于刑辟，是將殺人者不必〔死，欲傷人者不必〕刑也。縱而不〔化〕（死），則陷於刑辟矣。故刑之所制，在於不可移之〔地〕（也）。禮教則不然，明其善惡，所以潛勸其情，消於未〔殺〕（然）也。示以恥辱，所以內化其心，治之未傷也。故過微而不至於著，罪薄而不及於刑也。終入辜辟者，非教化之所得也。故雖殘一物之生，刑一人之體，是除天下之害，夫何傷哉！率斯道也，風化可以漸淳，刑罰可以漸少，其理然也。苟不化其心，而專任刑罰，民失義方，動陷刑網，求世休和，焉可得哉！

周之成、康，豈案三千之文，[61]而致刑措之美乎？蓋德化刑清所致，斯有由也。漢初懲酷刑之弊，務寬厚之論，公卿大夫，相與恥言人過。文帝登庸，加以玄默。張武受賂，賜金以愧其心；吳王不朝，崇禮以讓其失。是以吏民樂業，風化篤厚，斷獄四百，幾于刑措，豈非德刑〔兼〕用之效哉？世之論者，欲言刑罰之用，不先德教之益，失之遠矣。●今大辟之罪，與古同制，免死以下，不過五歲，既釋鉗鑣，復齒於人。是以民不恥惡，數為盜姦，故刑徒多而亂不治也。●○苟教之所去，一離刀鋸，沒身不齒，鄰里且猶恥之，〔而況於鄉黨乎〕？而況朝廷乎？○如此，則夙沙、趙高之儔，無所施其惡，則陳紀所謂「無淫放穿窬之姦」，於是全矣。

古者察言觀行，而善惡彰焉，然則君子之去刑辟，固已遠矣。設有不幸，則〔八〕（入）議之所宥也。若夫卞和史遷之冤，淫刑之所及也。苟失其道，或不免於大辟，而況肉刑哉！又相刑之與枉殺人，其理不同，則死生之論善已踈矣。《漢書》：「斬右趾及殺人先自告；吏坐受〔賕〕財，守官物而即盜之，皆棄市。」此班固所以謂

61　周天游注：「《書·呂刑》曰：『五刑之屬三千。』『三千』乃刑法條文也。」參見〔東晉〕袁宏，周天游（校注）：《後漢紀校注》，頁 840。

當生而令死者也。今不忍截刻之慘，而安剿絕之悲，此皆治體之所
先，而有國所宜改者也。

此段評論陳紀（字元方，129-199）和孔融（字文舉，153-208）「復肉刑」
之議，陳紀主張恢復被漢文帝廢黜的肉刑，孔融則持反對的立場。袁宏首
先論及一般百姓的「嗜欲之情」與「利用之物」的關係，首句所謂「民心
樂全而不能常全」之「全」應是指人的「嗜欲」獲得滿足之意，即下文所
謂「充其嗜欲」與「愜其欲也」。如果萬民的「嗜欲」不能獲得滿足，則
會發生「苟且僥倖」與「姦偽忿怒」的情況，這就是「先王」之所以要先
以「德禮」陶冶百姓之心的緣故。若百姓不願受教化而觸犯律法，才可以
施以「刑辟」。他緊接著徵引《尚書·堯典》中舜帝任命「契」與「皋陶」
分別掌管「教化」與「刑罰」的段落，[62]證明三代先王之時的「德」與「刑」
皆參而用之。而就《尚書》本文先任命「契」掌教化、後任命「皋陶」掌
刑罰的次序，袁宏的徵引或許還暗含「先教化而後刑罰」之意，且刻意在
徵引時抽掉了舜帝對「契」與「皋陶」的呼告，多少有淡化此段文獻只限
於舜帝時空的意圖，而將「德刑參用」與「德先於刑」的思想視為貫串三
代及後世的普遍原則。

　　在確立了人性與教化之間的關係，以及「德」與「刑」的施行原則後，
袁宏才逐漸回歸到所評史事的真正議題上——「肉刑」。他先徵引《周禮》
和《荀子》以證明先王時代確實有「肉刑」的記載，一如史事敘述中陳紀
徵引《周易》：「《易》著劓、刖、滅趾之法」。然而，即便先王之時確
有「肉刑」，其施行仍必須符合「先教化後刑辟」的原則，否則單憑刑辟，
即便處罰再多人，也「不能使天下無殺」、「不能使天下無刑」。這都是
由於刑罰的設置，原意是用以懲罰始終不願意接受教化的人（「不可移之

---

[62]　《尚書·堯典》：「帝曰：『契，百姓不親，五品不遜。汝作司徒，敬敷五教，在寬。』帝曰：
　　『皋陶，蠻夷猾夏，寇賊姦宄。汝作士，五刑有服，五服三就。五流有宅，五宅三居。惟明克
　　允。』」參見〔清〕孫星衍：《尚書今古文注疏》（北京：中華書局，2010 年 4 月），頁 64-67。
　　此段於偽古文《尚書》中列為〈舜典〉。

地」），這樣的人非但放棄了自身的自然之性有被轉化和安頓的機會，還破壞了群體和諧。但就普遍的人性情況來說，唯有透過禮教的教化，讓百姓真正明白是非對錯，「潛勸其情」與「內愧其心」，才能有效地遏止百姓犯罪，這就呼應了他一開始梳理「慾望」、「外物」與「教化」關係的用意。細言之，既然人對於「利用之物」的「嗜慾之情」係屬「自然」，不能泯除，則作為任使萬民的統治者當然必須正視之，以「教化」向百姓申說如何調節慾望跟外物之間的分寸，進而長久地治理萬民，而非濫用刑罰以恫嚇之。此又展現袁宏「建構型」思維的「名教本於自然」：他既重視人性之自然，也重視聖王、名教對於自然的引導與安撫，因而為聖王、名教確立了正當性與亙久不變的價值，從他時常徵引聖王經典、稱揚聖王作意即可體會他這種類型的「名教本於自然」，及其真正的意圖與影響。

必須注意的是，袁宏評議的史事，爭論的其實是「肉刑存廢」問題，但顯然袁宏有點志不在此，他將肉刑存廢的討論，逕帶往了「德」與「刑」誰先誰後的大篇幅論述，如他說：「不化其心，而專任刑罰，民失義方，動陷刑網，求世休和，焉可得哉！周之成、康，豈案三千之文，而致刑措之美乎？蓋德化所致，斯有由也。」並舉漢初（應指漢高祖時）的「寬厚」與漢文帝的「玄默」為證，認為都是「德刑兼用」（以「先德後刑」為原則）的成功典範，[63] 隨後批判東晉當世：「世之論者，欲言刑罰之用，不先德教之益，失之遠矣。」不過，這並不代表袁宏完全不涉及「肉刑存廢」的意見，從下文「今大辟之罪」至「故刑徒多而亂不治也」（引文前後加上兩個●處）乃在說明廢除肉刑後所造成的弊端：肉刑廢除之後，次於最重的死刑（「大辟」）的即是五年的徒刑（「五歲」），輕重失比，罰不當罪，以致「民不恥惡，數為盜姦」，這很明顯是要反駁孔融主張完全廢除肉刑的觀點，所以後文才出現了「則夙沙、趙高之儔，無所施其惡」之語，乃因它呼應的是所評史事中孔融提到的「夙沙亂齊，伊戾禍宋，趙高、

---

63 從這裡亦可略為佐證，東漢實非袁宏真正欣賞的時代。

英布，為世大患」；[64]而緊接在反駁孔融的意見之後，從「苟教之所去」到「而況朝廷乎」（引文前後加上兩個○處），乃在說明即便恢復了肉刑，如果沒有教化作為前提，一樣會造成弊端產生。這是對陳紀單純主張復肉刑的批評，所以後文才說「則陳紀所謂『無淫放穿窬之姦』，於是全矣」。

史論的最終，他承認確實存在著孔融所舉的「卞和」、「史遷」諸人，因為一經肉刑後而深感痛苦、「沒世不齒」的情況，但他認為其根本原因在於當世「失其道」。換言之，如果活在「失其道」的政治現實下，即便沒有肉刑，君子也會遭受到禍害，更有甚者會遭受到比肉刑更慘的大辟之刑，因此這根本不是肉刑當廢的有力理由，形同再一次批駁了孔融的意見。接近史論末尾的「今不忍截刻之慘，而安劓絕之悲」更是對其尖銳地挖苦。總體而言，袁宏自然屬於主張「復肉刑」一派，但這必須是在統治者能貫徹三代「先教化而後刑辟」的大前提之下，亦可見袁宏「名教」論的側重所在。

不過，袁宏的評論也並非完全地天衣無縫，比如他所推崇的漢文帝，便是當初廢除肉刑的主事者，東漢班固〈刑法志〉、崔寔《政論》，以及西晉武帝（司馬炎，236-290）時的劉頌（字子雅，？-300）、東晉元帝時的王導，都對漢文帝提出了嚴厲的指責，認為由於他當年輕率地廢除肉刑，反而造成其他「替代刑罰」輕重失當，[65]可惜袁宏未能觸及，多少衝擊了他

---

64 〔東晉〕袁宏，周天游：《後漢紀校注》，頁836。

65 班固《漢書・刑法志》：「是後（案：指漢文帝廢除肉刑後），外有輕刑之名，內實殺人。斬右止者又當死。斬左止者笞五百，當劓者笞三百，率多死」、「禹承堯舜之後，自以德衰而制肉刑，湯武順而行之者，以俗薄於唐虞故也。今漢承衰周暴秦極敝之流，俗已薄於三代，而行堯舜之刑，是猶以羈而御駻突，違救時之宜矣。且除肉刑者，本欲以全民也，今去髡鉗一等，轉而入於大辟。以死罔民，失本惠矣。故死者歲以萬數，刑重之所致也。至乎穿窬之盜，忿怒傷人，男女淫佚，吏為姦臧，若此之惡，髡鉗之罰又不足以懲也。故刑者歲十萬數，民既不畏，又曾不恥，刑輕之所生也。故俗之能吏，公以殺盜為威，專殺者勝任，奉法者不治，亂名傷制，不可勝條。是以周密而姦不塞，刑蕃而民愈嫚。必世而未仁，百年而不勝殘，誠以禮樂闕而刑不正也。……」參見〔東漢〕班固，〔清〕王先謙：《漢書補注》，頁1543、1559。范曄《後漢書・崔駰傳》載崔寔《政論》：「昔高祖令蕭何作九章之律，有夷三族之令，黥、劓、斬趾、斷舌、梟首，故謂之具五刑。文帝雖除肉刑，當劓者笞三百，當斬左趾者笞五百，當斬右趾者棄市。右趾者既殞其命，笞撻者往往至死，雖有輕刑之名，其實殺也。當此之時，民皆思復肉

引文帝之治為證的意義與效力。

第三節　「以名教衡人論史」：
　　　　《後漢紀》的人物批判

　　如本書第貳章曾經論述過的，《後漢紀》史論具有劉咸炘所說「子家之嘉言」的性質，胡寶國也認為袁宏史論「脫離了歷史本身，而更接近於子書中的議論」。總之說理性較強，經常不評論具體史事，而逕自申說對於制度的探義，以及對理想政治、「自然」與「名教」的看法，東漢史事宛若只是興發他一抒己懷的觸媒，並非他真正要賦予意義與地位的對象。不過，《後漢紀》全書的性質畢竟是史書，故如同《左傳》的「君子曰」、《史記》的「太史公曰」一般，袁宏同樣也會在史論當中闡述對某位歷史人物的評價。

刑。至景帝元年，乃下詔曰：『笞與重罪無異，幸而不死，不可為人。』乃定律，減笞輕捶。自是之後，笞者得全。以此言之，文帝乃重刑，非輕之也；以嚴致平，非以寬致平也。……」參見〔南朝宋〕范曄，〔唐〕李賢 等（注）：《後漢書》，頁 1729。劉頌：「臣昔上肉刑，竊以為議者拘孝文之小仁，而輕違聖王之典刑，未詳之甚，莫過於此。今死刑重，故非命者眾；生刑輕，故罪不禁姦。所以然者，肉刑不用之所致也。」王導：「肉刑之典，由來尚矣。肇自古先，以及三代，聖哲明王所未曾改也，豈是漢文常主所能易者乎！時蕭曹已沒，絳灌之徒不能正其義。逮班固深論其事，以為外有輕刑之名，內實殺人。又死刑太重，生刑太輕，生刑縱於上，死刑怨於下，輕重失當，故刑政不中也。」劉頌、王導的言論參見〔唐〕杜佑：《通典》（北京：中華書局，2012 年 11 月），〈刑法六・肉刑議〉，冊 4，頁 4338、4340。
另外，東漢末的仲長統雖未點名批判漢文帝，但也在其著《昌言・損益》直言「廢肉刑」之弊，載錄於《後漢書・仲長統傳》：「肉刑之廢，輕重無品，下死則得髡鉗，下髡鉗則得鞭笞。死者不可復生，而髡者無傷於人。髡笞不足以懲中罪，安得不至於死哉！夫雞狗之攘竊，男女之淫奔，酒醴之賂遺，謬誤之傷害，皆非值於死者也。殺之則甚重，髡之則甚輕。不制中刑以稱其罪，則法令安得不參差，殺生安得不過謬乎？今惠刑輕之不足以懲惡，則假臧貨以成罪，託疾病以諱殺。科條無所準，名實不相應，恐非帝王之通法，聖人之良制也。或曰：過刑惡人，可也；過刑善人，豈可復哉？曰：若前政以來，未曾枉害善人者，則有罪不死也，是為忍於殺人也，而不忍於刑人也。今令五刑有品，輕重有數，科條有序，名實有正，非殺人逆亂鳥獸之行甚重者，皆勿殺。嗣周氏之祕典，續呂侯之祥刑，此又宜復之善者也。」參見〔南朝宋〕范曄，〔唐〕李賢 等（注）：《後漢書》，頁 1652。

其史論中較值得注意的人物評價，是「欲以天下風教是非為己任」，[66] 最後卻遭遇「黨錮之禍」的領袖人物李膺；以及協助曹操一統中原，卻因為在「加九錫」一事上牴觸曹操而「憂死」的荀彧。[67] 乃因此二人分別和東漢末年的「黨錮之禍」與「曹魏代漢」兩場重大的政治事件密切相關，而袁宏史論對於此二人不乏反思與批判。若探究袁宏對此二人的評價，形同透過袁宏「名教」思想的視野，檢視「黨錮之禍」與「曹魏代漢」的問題與意義，並且回過頭來彰顯袁宏個人特殊的思想主張，同時呼應了東晉「以名教衡人論史」的思潮。

一、李膺與「黨錮之禍」的批判

清儒顧炎武（字寧人，1613-1682）曾在《日知錄》中，將東漢末年的黨錮之事作為「東漢」風俗之美的一大例證：

> 漢自孝武表章六經之後，師儒雖盛，而大義未明，故新莽居攝，頌德獻符者遍於天下。光武有鑑於此，故尊崇節義，敦厲名實，所舉用者，莫非經明行修之人，而風俗為之一變。至其末造，朝政昏濁，國是日非，而**黨錮之流**，獨行之輩，依仁蹈義，舍命不渝，「風雨如晦，雞鳴不已」，三代以下風俗之美，無尚於東京者。[68]

除此之外，顧炎武於〈名教〉一章，以兩漢為「名教」盛行之時，後世之君遂應以「名」治理天下：

66　《後漢紀・孝桓皇帝紀上》：「膺風格秀整，高自標持，欲以天下風教是非為己任，後進之士有升其堂者，皆以為登龍門。」參見〔東晉〕袁宏，周天游（校注）：《後漢紀校注》，頁 587。

67　《後漢紀・孝獻皇帝紀》：「初，董昭等謂曹操宜進爵國公，九錫備物，以彰殊勳，密以語彧。彧曰：『曹公本興義兵，以匡朝寧國，秉忠貞之誠，守退讓之實。君之愛人以〔德〕（禮），不宜如此。』操由是心不平之。是行也，操請彧勞軍，因留彧，以侍中、光祿大夫持節兼丞相軍事。次壽春，彧以憂死。」〔東晉〕袁宏，周天游（校注）：《後漢紀校注》，頁 845。

68　〔清〕顧炎武，黃汝成（集釋）：《日知錄集釋》（上海：上海古籍出版社，2013 年 10 月），〈兩漢風俗〉，中冊，頁 752。

　　後之為治者宜何術之操？曰：唯名可以勝之。名之所在，上之所庸，
而忠信廉潔者顯榮於世；名之所去，上之所擯，而怙侈貪得者廢錮
於家。即不無一二矯偽之徒，猶愈於肆然而為利者。《南史》有云：
「漢世士務修身，故忠孝成俗。至於乘軒服冕，非此莫由。晉宋以
來，風衰義缺。」故昔人之言，**曰名教，曰名節，曰功名，不能使
天下之人以義為利，而猶使之以名為利，雖非純王之風，亦可以救
積污之俗矣。**

　　漢人以名為治，故人材盛。今人以法為治，故人材衰。[69]

對於「名教」一詞如此推崇的袁宏似乎也應該是如此，[70]然而事實上，細繹
他的史論與史事敘述中的安排，便可知他對於引發「黨錮之禍」的領袖人
物李膺、陳蕃諸人並沒有十分高的讚譽，頂多承認其具有某部分的正面意
義，但同樣對於風氣造成了傷害與弊端。如史論 42 就展現出對李膺的微
詞：

　　袁宏曰：鍾生之言，君子之道。古之善人，內修諸己，躬自厚而薄
責於人。至其通者，嘉善而矜不能；其狹者，正身而不及於物。若
其立朝，為不得已而後明焉。事至而應之，非司人之短者也。如得
其情，猶復託以藜蒸，使過而可得悔，失而自新之路長。君子道廣，
而處身之塗全矣。**末世陵遲，臧否聿興，執銓提衡，稱量天下之人，
揚清激濁，繩墨四海之士，於是德不周而怨有餘。**故君子道充，而
無必全之體；小人塗窮，而有害勝之心。風俗彫薄，大路險巇，其

69　以上兩條見於〔清〕顧炎武，黃汝成（集釋）：《日知錄集釋》，〈名教〉，中冊，頁 767、
　　769。

70　仍須注意的是，從顧炎武〈名教〉一文觀之，其「名」偏重在指稱上位者表彰的德性及其所帶
　　來的「名聲」，並以此統治萬民，和袁宏「名教」一詞綜合了「名器」與「風教」，並以「名
　　器」確立君與民之間的「親疏尊卑之義」仍有些微的不同，袁宏「名教」之義詳見本章第一節
　　〈「名教」的創建與正當性〉。

在斯矣。[71]

鍾生為鍾覲，與李膺同年，是李膺姑丈的兄弟鍾皓之子（「皓之嫂，膺之姑也」），他以國武子（名佐，諡號武，？-前 573）為喻評價李膺說：「國武子好昭人過以為怨本，豈其得保身全家？」袁宏遂有感而發，稱許鍾覲所言乃是「君子之道」，認為身為君子無論是否處於際遇通達之時，都應寬大為懷，內修己身而薄責於人，且在朝時不會用職權「司人之短」，讓萬民能有改過自新的機會。不過以上對於士人在朝原則的描述，是處在「名教」尚能維繫國家政治的時候來說，若處於「名教」崩壞的「末世」則情況大不相同。以史論 1 相參可知，袁宏認為當士人處於「末世凌遲」之時，由於「民怨其上」，對於統治階層中仍有美好名聲之人心懷恐懼、擔心受其宰制（「懼令名之格物」），士人即便沒有什麼特殊的舉措，也容易在此時遇害。更遑論是此處史論 42 所批評的「執銓提衡，稱量天下之人，揚清激濁，繩墨四海之士」。總之，士人大可於此時「退藏於密」，只要做得到「潔己而不汙其操，守善而不遷其業」就足夠了，[72]這實際上是士人在「名教」崩壞後不得已而為之的抉擇，避免此處所謂「君子道亢，而無必全之體；小人塗窮，而有害勝之心」的現實慘劇。

　　至於史論 42 中的「末世」指的正是東漢末年，李膺則為漢靈帝「黨錮之禍」前夕天下推崇的風雲人物之一。[73]根據上下文可知，顯然袁宏對李

71　〔東晉〕袁宏，周天游（校注）：《後漢紀校注》，頁 576-577。

72　史論 1：「末世陵遲，大路嶬險，雖持誠行己，不求聞達，而讒勝道消，民怨其上。懼令名之格物，或伐賢以示咸；假仁義以濟欲，或禮賢以自重。於是有顛沛而不得其死，屈辱而不獲其所，此又賢人君子所宜深識遠鑒，退藏於密者也。《易》曰：『無咎無譽』，衰世之道也。若夫潔己而不汙其操，守善而不遷其業，存亡若一，滅身不悔者，此亦貞操之士也。嗚呼！天道之行，萬物與聖賢竝通。及其衰也，君子不得其死，哀哉！」參見〔東晉〕袁宏，周天游（校注）：《後漢紀校注》，頁 58。

73　「是時太學生三萬餘人，皆推先陳蕃、李膺，被服其行。由是學生同聲競為高論，上議執政，下譏卿士。范滂、岑晊之徒仰其風而扇之，於是天下翕然，以臧否為談，名行善惡託以謠言曰：『不畏強禦陳仲舉，天下模楷李元禮。』公卿以下皆畏，莫不側席。又為三君、八俊、八顧、八及之目，猶古之八元、八凱也。陳蕃為三君之冠，王暢、李膺為八俊之首，海內諸為名節志義者皆附其風。」詳見〔東晉〕袁宏，周天游（校注）：《後漢紀校注》，頁 624。

膺此人抱持較為負面的態度。東漢末年發生黨錮之禍當然非李膺一人之
責,追本溯源,乃是統治者失序造成「末世凌遲」後必然的悲劇。然而李
膺自身「好昭人過」的性格,放在平時就已經不合袁宏所謂「古之善人內
修諸己,躬自厚而薄責於人」的標準,遑論是讓自己頂戴著顯赫的名聲,
處於「讒勝道消,民怨其上,懼令名之格物」(史論 1)的末世了。明白
此理,則完全可以領會袁宏史論 45 對於東漢末「肆直之風」弊端的評議,
且此論正是因為「黨錮之禍」的史事而發:

> 崇君親,黨忠賢,潔名行,屬風俗,則肆直之風有益於時矣;然定
> 臧否,窮是非,觸萬乘,陵卿相,使天下之人自置於必死之地,弊
> 亦大矣。[74]

其弊端完全如同此處史論 42 所批評的「執銓提衡,稱量天下之人,揚清
激濁,繩墨四海之士,於是德不周而怨有餘」。如此看來,李膺在平時既
不符合「君子」的極則,處於末世又受到「名」的反噬,與同卷記載他「風
格秀整,高自標持,欲以天下**風教**是非為己任,後進之士有升其堂者皆以
為登龍門」的描述相參,可謂袁宏為「名教」思想安放的一大警鐘。足見
袁宏對「名教」非但多所肯定,同時又警戒會有人為了維護「名教」反而
做出有傷於天下人的事情,那其實也與損害「名教」本身無異。

至於袁宏史論 45 的觸發點,乃因東漢桓帝時「太學生三萬餘人,皆推先
陳蕃、李膺,被服其行。由是學生同聲競為高論,上議執政,下議卿士」,
扣除先前在第參章已經徵引過對於各種流風的論述,最末一段象徵袁宏對
於「黨錮之禍」(他稱為「肆直之風」)的總體批判,同時闡述其理想的
政治情況:

> 古之為政,必置三公以論道德,樹六卿以議庶事,百司箴規諷諫,

---

[74] 〔東晉〕袁宏,周天游(校注):《後漢紀校注》,頁 626-627。

閻閻講肄，以修明業。於是觀行於鄉閻，察議於親鄰，舉禮於朝廷，考績於所涖。使言足以宣彼我，而不至於辯也；義足以通物心，而不至於為佞也；學足以通古今，而不至於為文也；直足以明正順，而不至於為狂也，野不議朝，處不談務，少不論長，賤不辯貴，先王之教也。《傳》曰：「不在其位，不謀其政。」「天下有道，庶人不議。」[75]此之謂矣。苟失斯道，庶人干政，權移於下，物競所能，人輕其死，所以亂也。至乃夏馥毀形以免死，袁閎滅禮以自全，豈不哀哉！[76]

最後所謂「夏馥毀形以免死，袁閎滅禮以自全」，乃指少數最後沒受到「黨錮之禍」所牽連者。就袁宏「古之為政」的理想世界觀之，「黨錮之禍」是上位者和下位者全盤失序的結果，「名教」已失去了維繫上下之效，此時興起的流風，當然遠遜於最理想的、讓萬民各盡其自然情性的「道德仁義之風」（詳見第參章所引史論 45），不應該在表彰之列；再者，即便袁宏也承認此風「有益於時」，但同時也指出了此風「弊亦大矣」，「使天下之人自置於必死之地」。袁宏這樣的態度與價值觀，從緊接在史論 45 之前的史事敘述亦可窺見，他引錄了一段當時之人申屠蟠（字子龍）對太學生風氣的評價以及應對的舉措：

申屠蟠嘗遊太學，退而告人曰：「昔戰國之世，處士橫議，列國之王，爭為擁彗先驅，卒有坑儒之禍，今之謂矣。」乃絕迹於梁、碭

75　《論語·泰伯》：子曰：「不在其位，不謀其政。」《論語·憲問》：子曰：「不在其位，不謀其政。」曾子曰：「君子思不出其位。」《論語·季氏》：孔子曰：「天下有道，則禮樂征伐自天子出；天下無道，則禮樂征伐自諸侯出。自諸侯出，蓋十世希不失矣；自大夫出，五世希不失矣；陪臣執國命，三世希不失矣。天下有道，則政不在大夫。天下有道，則庶人不議。」參見〔清〕劉寶楠、劉恭勉：《論語正義》，頁 304、587、651-654。
76　〔東晉〕袁宏，周天游（校注）：《後漢紀校注》，頁 627。

之間，居三年而滂（案：范滂）及難。[77]

而在〈孝靈皇帝紀下〉，袁宏又言申屠蟠「居無何，而王室大亂，蟠年七十餘，以壽終」，[78]更可見其價值評判與意味深長。

但本書在第參章也曾經提過，袁宏在史論 46 說：「當其治隆，則資教以全生；及其不足，則立身以重教。然則教也者，存亡之所由也。夫道衰則教虧，幸免同乎苟生；教重則道存，滅身不為徒死，所以固名教也。汙隆者，世時之盛衰也。所以亂而治理不盡，世弊而教道不絕者，任教之人存也。」更何況史論 46 就是接在大批「黨錮之禍」要角，繼竇武、陳蕃被殺而遭到株連的史事敘述之後，袁宏所謂「立身以重教」、「滅身不為徒死，所以固名教也」的「任教之人」，實指了李膺、陳蕃等人維繫了「名教」的存在與價值。可見其實在末世陵遲之際，袁宏也認同必須有李膺、陳蕃這樣的人挺身而出，因為「名教」不彰，則聖王之「道」無由彰顯。乍看之下，此論點與前文對於李膺、太學生及其他黨錮之士的微詞相互矛盾，加上袁宏史論 1 又說，當處於末世陵遲之際，士人大可「退藏於密」以躲避殺身之禍。

這樣的矛盾，與其視作袁宏論述的不精之處，不妨看作傳統士人面臨天下混亂之時的無力與糾結，一如春秋末年的孔子，他既言：「天下有道則見，無道則隱」、「君子哉蘧伯玉！邦有道，則仕；邦無道，則可卷而懷之」。但在聽聞桀溺對子路說：「與其從辟人之士也，豈若從辟世之士哉？」不禁又感嘆：「鳥獸不可與同羣，吾非斯人之徒與而誰與？天下有道，丘不與易也。」[79]「天下無道」之時究竟該仕或不仕，一直都是困擾著傳統知識份子的問題所在，袁宏既然身處於偏安江左又有強臣雄踞的東晉朝廷，當然也不可能自外於此。

---

[77] 〔東晉〕袁宏，周天游（校注）：《後漢紀校注》，頁 624。

[78] 〔東晉〕袁宏，周天游（校注）：《後漢紀校注》，頁 714。

[79] 以上三段引文分別出自《論語》的〈泰伯〉、〈衛靈公〉、〈微子〉，參見〔清〕劉寶楠、劉恭勉：《論語正義》，頁 303、617、723。

二、荀彧與「曹魏代漢」的批判——兼論〈三國名臣序贊〉對荀彧的讚頌

　　袁宏在史論 54 具體評價了荀彧（字文若，163-212）此人：

> 袁宏曰：夫默語者，賢人之略也。[80]政卷舒廢興之間，非所謂以智屈伸，貴其多算，權其輕重，而揣難易。君子之行己也，必推其心而達其道，信其誠而行其義。義不違心，故百姓知其無私；道不失順，則天下以為至當。其出也，忠著於時君，仁及於天下。匹夫匹婦，莫不咨嗟者，以其致功之本義和也。若時不我與，中道而廢，內不負心，外不媿物，千載之下，觀其迹而悲其事，以為功雖不就，道將可成也。及其默也，非義而後退，讓謀而後止。蓋取舍不同，故宛龍蟠以求其志，雖仁者之心大存兼愛，授手而陷於不義，君子不為也。苟違斯道，四體且猶致患，而況萬物乎？
>
> 漢自桓、靈，君失其柄，陵遲不振，亂殄海內，以弱致弊，虐不及民，劉氏之澤未盡，天下之望未改。故征伐者奉漢，拜爵賞者稱帝，名器之重，未嘗一日非漢。**魏之平亂，資漢之義，功之尅濟，荀生之謀。謀適則勳隆，勳隆則移漢，劉氏之失天下，荀生為之也。**若始圖一匡，終與勢乖，[81]情見事屈，容身無所，則荀生之識為不智矣。若取濟生民，振其塗炭，百姓安而君位危，中原定而社稷亡，於魏雖親，於漢已疎，則荀生之功為不義也。夫假人之器，乘人之權，既而以為己有，不以仁義之心終，亦君子所恥也。[82]一汙猶有慙色，

---

80 周天游注：「《易・繫辭》曰：『君子之道，或出或處，或默或語。』又曰『默而成之，不言而信，存乎德行』。」從史論下文「其出也」、「及其默也」各自開啟的論述，袁宏確實極有可能化用了《易・繫辭》，且將「語」與「默」作為「出」與「處」的代稱。詳見氏校注：《後漢紀校注》，頁 847。

81 張烈校本作「終與勢乖」，周天游校本作「終與事乖」，參上下文意，應以張烈校本為是，周天游作「事」，恐乃因涉下句「情見事屈」而誤。參見張烈（點校）：《後漢紀：後漢紀》，頁 581。

82 參史論整體寓意，「不以仁義之心終，亦君子所恥也」若作「以仁義之心終，亦君子所恥也」

　　而況為之謀主！功奮於當年，迹聞於千載，異夫終身流涕，不敢謀
　　燕之徒隸者，自己為之功，而己死之，殺身猶有餘媿，焉足以成名
　　也！惜哉，雖名蓋天下，而道不合順，終以憂卒，不殞不與義。故
　　曰非智之難，處智之難；非死之難，處死之難。嗚呼！後之君子，
　　默語行藏之際，可不慎哉！[83]

此段史論評議荀彧在曹操「晉爵國公，九錫備物」的事情上，與之發生齟
齬，最終「以憂死」。袁宏史論首先闡述君子「出處語默」的原則：入世
絕不是利益算計的結果，而是「推其心」與「信其誠」的道德踐履。不過，
假使受限於外在時局，只要「內不負心，外不愧物」，即便是隱居不仕，
依舊合乎「道」的要求，而非強行出仕，最後淪落「授手而陷於不義」的
下場。[84]袁宏以此原則來檢視荀彧，是故下文直言不諱地抨擊荀彧：「荀生
之謀，謀適則勳隆，勳隆則移漢。劉氏之失天下，荀生為之也」、「荀生
之識為不智矣」、「荀生之功為不義也」、「君子所恥也」、「自己為之
功而己死之，殺身猶有餘媿，焉足以成名也」，評價可謂十分尖刻，周天
游認為這是袁宏「拘泥於名教」所導致的結果。[85]

　　然而，袁宏之所以大力抨擊荀彧，其矛頭所指更在取代漢室的曹魏身
上，乃因為讓他深切反感的，並不僅僅停留在曹魏取代漢朝這項表面事實，
而是曹操父子趁著東漢陵遲之際，利用漢朝的「名器」積攢了自身的政治
實力，最後才能順利地取而代之。這就必須回溯袁宏的「名教」思想，方

　　似乎更合乎袁宏對於荀彧的批評：雖然最終心存漢室，因憂而卒，然而在此之前不斷為曹操出
　　謀劃策，仍舊是顛覆漢室的頭號罪人。若作此解，也較合乎第二句「亦」的語氣轉折。

83　〔東晉〕袁宏，周天游（校注）：《後漢紀校注》，頁 845-847。

84　此精神亦和《論語》有所呼應，如：「憲問恥。子曰：『邦有道，穀；邦無道，穀，恥也。』」
　　（〈憲問〉）1、「子曰：『……君子哉蘧伯玉！邦有道，則仕；邦無道，則可卷而懷之。』」
　　（〈衛靈公〉），參見〔清〕劉寶楠、劉恭勉：《論語正義》，頁 553、617。

85　周天游注徵引了《文選》卷四七袁宏〈三國名臣序贊〉對荀彧的稱許，並且說：「所贊較之紀
　　論，語氣平和，而不盡拘泥於名教矣。」參見〔東晉〕袁宏，周天游（校注）：《後漢紀校注》，
　　頁 847。

能明白「名器」之重：如他在史論 2 所說，「名教」（名器與風教）之創制，實乃奠基於先王對萬民「開物成務，正其性命，經綸會通，濟其所欲」之舉，以及萬民對先王油然產生的「愛敬忠信」之情，是故，袁宏認為西漢末的群雄如王郎、盧芳才會假稱漢皇室的後代來作為號召旗幟；同理可證，東漢末年的曹操才能夠行使「奉天子以令不臣」的戰略方針，[86]此即袁宏此處史論所說的「征伐者奉漢，拜爵賞者稱帝」、「魏之平亂，資漢之義，功之剋濟，苟生之謀」。而此論點亦成為支撐了袁宏主張漢末雖然混亂，卻「虐不及民，劉氏之澤未盡，天下之望未改」的首要依據。換言之，他認為曹操奉漢帝的策略之所以能夠奏效，就是漢朝並未完全失卻民心的

---

[86] 「奉天子以令不臣」一語出自《三國志‧毛玠傳》：「玠謂太祖（案：曹操）曰：『今天下分崩，國主遷移，生民廢業，饑饉流亡，公家無經歲之儲，百姓無安固之志，難以持久。今袁紹、劉表，雖士民眾彊，皆無經遠之慮，未有樹基建本者也。夫兵義者勝，守位以財，宜奉天子以令不臣，脩耕植，畜軍資，如此，則霸王之業可成也。』太祖敬納其言，轉幕府功曹。」參見〔西晉〕陳壽，〔南朝宋〕裴松之（注），〔清〕盧弼（集解）：《三國志集解》，頁 1165。而在袁宏《後漢紀》當中，首先提出奉立天子的是袁紹陣營的沮授，但袁紹未能施行：「沮授說紹曰：『公累世輔弼，世濟忠義。今朝廷播越，宗廟毀壞。觀諸州郡，外託義兵，內懷相搞，君有存主卹民者也。今且州域粗定，宜迎大駕，安宮鄴都，挾天子而令諸侯，畜士馬以討不庭，誰能禦之？』紹說，將從之。郭圖、淳于瓊曰：『漢室陵遲，為日久矣，今欲興之，不亦難乎？且英雄據有州郡，動眾萬計，所謂秦失其鹿，先得者王。今迎天子以自近，動輒表聞，從之則權輕，違之則拒命，非計之善也。』授曰：『今迎朝廷，至義也，又於時宜大計也。若不早圖，必有先之者。權不失機，功在速捷，其孰圖之。』紹不能從。」除了沮授之外，《後漢紀》亦載荀彧隨後對曹操提出相似的想法：「……今車駕旋軫，義士有存本之思，百姓懷感舊之哀。誠因此時，奉主上以從民望，大義也；秉至公以服雄傑，大略也；扶弘義以致英儁，大德也。天下雖有逆節，必不能為累明矣。……」參見〔東晉〕袁宏，周天游（校注）：《後漢紀校注》，頁 777、800-801。須注意的是，雖然同樣都是奉天子、迎聖駕的計策，毛玠的「奉天子以令不臣」、荀彧的「奉主上以從民望」就字面上來看，至少比起沮授「挾天子以令諸侯」的「挾」，來得正派而且尊卑得宜，不過，這僅是就字面上來說，若就獻策者「隱含的目的」與「可能造成的後果」著眼，恐怕毛玠、荀彧未必真的能與沮授劃清界線。

這或許也是為何在《三國志》中，只要是曹操的敵對陣營，都以「挾天子」來指稱曹操奉天子的舉措，如〈諸葛亮傳〉中諸葛亮對劉備說：「曹操比於袁紹，則名微而眾寡，然操遂能克紹，以弱為強者，非惟天時，抑亦人謀也。今操已擁百萬之眾，挾天子以令諸侯，此誠不可與爭鋒。……」再如〈周瑜傳〉中說：「曹公入荊州，劉琮舉眾降，曹公得其水軍船步兵數十萬，將士聞之，皆恐懼。權（案：孫權）延見羣下，問以計策。議者咸曰：『曹公，豺虎也，然託名漢相，挾天子以征四方，動以朝廷為辭，今日拒之，事更不順。……』」參見《三國志集解》，頁 2442、3265。

如山鐵證。

　　不過平心而論，袁宏此說難免給人曲意迴護漢室之感，乃因東漢中後期，外戚與宦官迭起造成國家政治的衰敗，君主自當難辭其咎。其弊病所積，也成為曹魏得以取而代之的助緣，可謂「物必先腐也，而後蟲生之」；[87]再者，漢末群雄逐鹿、天下大亂，袁宏單憑曹操能打著漢室旗號號召天下，就完全斷言漢室「虐不及民」，恐怕難以使人信服，試看王粲（字仲宣，177-217）〈七哀詩〉所謂「白骨蔽平原」的慘況便能體會此說的單薄。[88]

　　深究此處史論的用意，博覽諸多東漢史著的袁宏，[89]恐怕也深知除了「名器」的假借之外，在亂世中的「謀略」與「實力」亦是影響政權延續與更迭的根本關鍵，曹操便是其中的佼佼者。在這樣的現實下，如果再加上具有「王佐之才」的荀彧，[90]更是如虎添翼了。如此觀之，方能理解袁宏對荀彧的批判，除了基於他主張亂世之中君子應當「退藏於密」的基本教條外，為何又懷有如此強烈的反感。其關鍵因素就在於，他恐怕深知東漢的「名器」即便有用，也已經逐漸衰頹至微乎其微。否則根據他過往的史論，「末世」之時「民怨其上」，既然百姓已經對朝廷心生不滿與不信任，遑論有人能夠以其「名器」作為號召天下的大纛了，更別說是「虐不及民」與「劉

---

[87] 語出〈論項羽范增〉（或作〈范增論〉、〈論范增〉），參見〔北宋〕蘇軾：《蘇軾文集》（北京：中華書局，2013 年 7 月），頁 163。

[88] 王粲〈七哀詩〉：「西京亂無象，豺虎方遘患，復棄中國去，遠身適荊蠻，親戚對我悲，朋友相追攀，出門無所見，白骨蔽平原。路有飢婦人，抱子棄草間。顧聞號泣聲，揮涕獨不還。『未知身死處，何能兩相完？』驅馬棄之去，不忍聽此言。南登霸陵岸，迴首望長安，悟彼下泉人，喟然傷心肝。」參見俞紹初（輯校）：《建安七子集》（北京：中華書局，2012 年 7 月），頁 86-87。

[89] 袁宏〈後漢紀序〉：「予嘗讀後漢書，煩穢雜亂，睡而不能竟也。聊以暇日，撰集為《後漢紀》。其所綴會《漢紀》、謝承《書》、司馬彪《書》、華嶠《書》、謝沈《書》、《漢山陽公記》、《漢靈獻起居注》、《漢名臣奏》，旁及諸郡耆舊先賢傳，凡數百卷。前史闕略，多不次敘，錯謬同異，誰使正之？經營八年，疲而不能定。頗有傳者，使見張璠所撰書，其言漢末之事差詳，故復探而益之。……」參見〔東晉〕袁宏，周天游（校注）：《後漢紀校注》，頁 1。

[90] 《三國志‧荀彧傳》：「彧年少時，南陽何顒異之，曰：『王佐才也。』」陳壽在該傳的論贊亦用此讚譽：「荀彧清秀通雅，有王佐之風，然機鑒先識，未能充其志也。」參見〔晉〕陳壽，〔南朝宋〕裴松之（注），〔清〕盧弼（集解）：《三國志集解》，頁 1001、1062。

氏之澤未盡」的判斷。由此或許可以推測，袁宏史論的其中一個用意是為了運用東漢末年的史事以針砭天下之人，即南宋王銍（字性之）在〈《兩漢紀》後序〉中所謂「既啟告當代，而垂訓無窮」。[91]因而在此處史論集中筆力誅伐假借漢獻帝作為「名器」號召的曹操，以及擔任曹操重要謀士的荀彧了。

總之，以袁宏整體的名教思想觀之，此處評議的史事牽連了兩項「名教」的莫大危機：其一，「名教」於末世的衰敗，脫離了創制時被賦予的精神，以致名實分離，促成了萬民的疑懼；其二，因為名實分離，反而成為逆臣得以自我粉飾與號召天下的護身符，加劇了「名教」的隳壞。至於袁宏此處史論認為漢室「虐不及民」，恐怕只是因為對於第二項危機的憂懼大過於前者，或意圖使讀者將矛頭指向任用虛偽「名教」的逆臣（曹操、荀彧等人）而非原初的「名教」本身。如前所述，「名教」在末世的衰敗、造成的動盪，並非聖王創制的「名教」之責，乃是繼體的統治者違背「名教」精神的結果。從這個角度來看，或許就不會單純認為袁宏只是拘泥名教、自相矛盾，或是曲意迴護東漢王朝了。

值得一提的是，歷代對荀彧的評價總是褒貶不一，如陳壽《三國志》的史評和裴松之的史注就出現了分歧。[92]有趣的是，袁宏自己一個人就出現

---

91 王銍：「荀袁二紀（案：荀悅《漢紀》、袁宏《後漢紀》），於朝廷紀綱、禮樂刑政、治亂成敗、忠邪是非之際，指陳論著，每致意焉。故其詞縱橫放肆，反復辯達，明白條暢，既啟告當代，而垂訓無窮，其為書卓矣。」〔東晉〕袁宏，周天游（校注）：《後漢紀校注》，〈附錄四：序跋〉，頁 889。

92 陳壽：「荀彧清通秀雅，有王佐之風，然機鑒先識，未能充其志也。」裴松之提出反駁：「世之論者，多譏彧協規魏氏，以傾漢祚，君臣易位，實彧之由。雖晚節立異，無救運移，功既違義，識亦疚焉。陳氏此評，蓋亦同乎世識。臣松之以為，斯言之作，誠未得其遠大者也。或豈不知魏武之志氣，非衰漢之貞臣哉？良以於時王道既微，橫流已及，雄豪虎視，人懷異心，不有撥亂之資，仗順之略，則漢室之亡忽諸，黔首之類殄矣。夫欲翼讚時英，一匡屯運，非斯人之與而誰與哉！是故經綸急病，若救身首，用能動於嶮中，至於大亨，蒼生蒙舟航之接，劉宗延二紀之祚，豈非荀生之本圖，仁恕之遠致乎？及至霸業既隆，翦漢迹著，然後亡身殉節，以申素情，全大正於當年，布誠心於百代，可謂任重道遠，志行義立。謂之未充，其殆誣歟！」參見盧弼（集解）：《三國志集解》，頁 1062。其他論者的褒貶，盧弼在《三國志集解》列舉甚多，批判荀彧者有：袁宏、翁元圻、顧千里；讚賞荀彧者有：袁宏、范曄、司馬光、唐庚、何焯、李安溪、胡玉縉。詳細內容參見氏著：《三國志集解》，頁 1063-1064。盧弼於裴松之

了對荀彧褒貶不一致的情況：相較於《後漢紀》的尖刻，他在〈三國名臣
序贊〉則對荀彧卻有許多讚頌之辭，[93]兩相對照，簡直是判若兩人。首先在
〈三國名臣序贊〉「序」的部分，他同時評價荀彧與荀攸（字公達，157-214）
這對從兄弟：

> **文若**懷獨見之明，而有救世之心，論時則人方塗炭，計能則莫出魏
> 武，故委面霸朝，豫議世事。舉才不以標鑒，故久之而後顯；籌畫
> 不以要功，故事至而後定。雖亡身明順，識亦高矣。
>
> 董卓之亂，神器逼遷，**公達**慨然，志在致命。由斯而談，故以大存
> 名節。至如身為漢隸，而迹入魏幕，源流趣舍，其亦**文若**之謂。所
> 以存亡殊致，始終不同，將以**文若**既明，[94]**名教**有寄乎？夫仁義不
> 可不明，則時宗舉其致；生理不可不全，故達識攝其契。相與弘
> 道，豈不遠哉！[95]

除了「序」的部分外，「贊」也有一段以荀彧為頌揚對象：

> 英英**文若**，靈鑒洞照。應變知微，探賾賞要。日月在躬，隱之彌曜。

注陳壽「評曰」一段後羅列諸家褒貶。

93 《昭明文選》題作「三國名臣序贊」，《晉書・文苑傳》的袁宏本傳則題作「三國名臣頌」，
且收於「贊」而不收於「頌」一類。關於此問題，程章燦認為：「《晉書》本傳亦錄此文，而
題為〈三國名臣頌〉，多處文字有異同。按頌、贊二體，其名稱雖有區別，其體式實頗多相同
之處，故常混用。劉勰作《文心雕龍》，也將頌、贊二體合而論之，並將贊稱為『頌家之細條』。
他認為贊的文體特徵是：『本其為義，事生獎嘆，所以古來篇體，促而不廣，必結言于四言之
句，盤桓乎數韻之辭，約舉以盡情，昭灼以送文，此其體也。』袁宏於本文中有言：『夫詩頌
之作，有自來矣。或以吟咏情性，或以紀德顯功，雖大指同歸，所托或乖。……故復綴序所懷，
以為之贊。』則此篇實為頌體，故《晉書》稱為〈三國名臣頌〉；而文末復綴以贊語，即劉勰
所謂『結言于四言之句』者，故《文選》仍歸入贊類，而以前半部為贊序。二書可謂各得一端。」
詳見氏著：《世族與六朝文學》，〈陳郡袁宏及其時代：袁宏考〉，頁 146-147。

94 《晉書・文苑傳》袁宏本傳作「將以文若既明且哲」，參見〔唐〕房玄齡 等：《晉書》，頁 2393。

95 〔南朝梁〕蕭統，〔唐〕李善（注）：《文選》，冊 5，頁 2124

> 文明映心，鑽之愈妙。滄海橫流，玉石同碎。達人兼善，廢己存愛。
> 謀解時紛，功濟宇內。始救生人，終明風槩。[96]

所謂「文若懷獨見之明，而有救世之心，論時則人方塗炭，計能則莫出魏
武，故委面霸朝，豫議世事」諸語，根本與他在《後漢紀》史論 54 批評
荀彧不該出仕的態度呈現鮮明的對比。此處甚至還認為因為荀彧的挺身而
出，「名教」方才有了寄託（「名教有寄」），同樣呈現出強烈落差的情
形還有：其一，在〈三國名臣序贊〉稱讚荀彧「懷獨見之明」、「靈鑒洞
照」，在《後漢紀》史論 54 卻又根據「始圖一匡，終與勢乖，情見事屈，
容身無所」批其「不智」；其二，在〈三國名臣序贊〉頌揚荀彧「達人兼
善，廢己存愛」，在《後漢紀》史論 54 卻以荀彧「以憂死」的下場，諄
諄告誡世人「雖仁者之心大存兼愛，授手而陷於不義，君子不為也」；其
三，在〈三國名臣序贊〉稱許荀彧「始救生人，終明風槩」，[97]肯定他拯救
百姓於水火，最後又堅持著正念而死的一生，在《後漢紀》史論 54 卻又
否定掉這兩項舉措的意義：「若取濟生民，振其塗炭，百姓安而君位危，
中原定而社稷亡，於魏雖親，於漢已疏，則荀生之功為不義也」，同時又
強烈批判荀彧：「殺身猶有餘媿，焉足以成名也！」總而言之，袁宏在〈三
國名臣序贊〉大力稱許荀彧的出仕造就了「謀解時紛，功濟宇內」的莫大
功績；在《後漢紀》史論 54 則批判荀彧的出仕根本是依附篡逆，必須背
負「劉氏之失天下」的頭號罪責。由於〈三國名臣序贊〉與《後漢紀》寫
定的確切時間無可稽考，難以判斷何者更貼近他的最終想法，[98]不過與其追

96　〔南朝梁〕蕭統，〔唐〕李善（注）：《文選》，冊 5，頁 2127-2128。

97　唐代李善徵引了《三國志》和《魏氏春秋》所載的荀彧下場注解此句，不過其引《三國志》僅
止於「彧病，留壽春」，未及原文中的「以憂薨，時年五十」，卻採用了《魏氏春秋》的說法：
「太祖饋彧食，發之，乃空器也，於是飲藥而卒。」詳見〔南朝梁〕蕭統，〔唐〕李善（注）：
《文選》，冊 5，頁 2128。

98　曹道衡認為，〈三國名臣序贊〉據史載寫於桓溫北征以前，是故不晚於永和十二年；《後漢紀》
則難以確考，但從反對桓溫覬覦帝位看，較可能寫定於桓溫死後。且透過袁宏生平經歷與評價
荀彧的辭氣相參，他認為〈三國名臣序贊〉中的「荀彧」乃是自喻：「他曲折地通過荀彧、荀
攸和曹操的關係隱喻自己入桓溫幕之心。」而《後漢紀》史論 54 中的「荀彧」則是在影射桓

求他對荀彧的蓋棺論定，這樣的「差異」本身或許更具有探討的價值，乃因它真實反映了袁宏與荀彧各自的複雜性及其時代因素。

回到袁宏在兩處對荀彧評價的巨大差異，其原因可能在於：首先，一個人本就有可能同時對於一位歷史人物作出正反不同的評價或描述，司馬遷《史記》中的「互見」法即反映了這種情況，[99]且透過不同角度更清楚地描摹出歷史人物的真實樣貌；再者，興許是受到「表現形式」影響的結果，「序贊」與「史論」作為殊異的寫作體式，造就的基調與內容自然不同，前者力主頌揚，後者本就有褒有貶；其三，兩篇文字的「寫作目的」本就不同，前者是為了使偏安江南者能夠遙契三國時代「君臣相遇」的美好榮光，[100]遂精心刻劃三國名臣的風貌，而荀彧確實遇見了懂得欣賞他才華的曹操；後者則立志闡發「名教之本，帝王高義」，是故以此角度評點東漢一代的歷史，面對其衰敗之世，可謂批評與針砭層出不窮，曹操既是篡逆，為他出謀獻策的荀彧當然也是罪無可逭。不過以上都僅僅是就完全殊異的角度去恣意切割荀彧，切割的角度與部位不同，得出的結論自然也不一樣，各有其理，殊難統合。

然而袁宏在二處的褒貶之異，也並非沒有可以涵攝彼此的切入點可

　　溫的「謀主」郗超。分析在理，可備一說。詳見氏著：〈論袁宏的創作及其《後漢紀》〉，頁 26-29。

[99] 朱自清〈「史記菁華錄」讀法指導大概〉：「『互見』的體例不只在避免重複，又常用來寄託作者對於歷史人物的褒貶。作者認為某人物該褒，便在關於其人的篇章裏，專述其人的長處，作者認為某人物該貶，便在關於其人的篇章裏，專述其人的短處；遇到該褒的人確有短處，無可諱言，該貶的人確有長處，不容不說的時候，便也用『互見』的辦法，都給放到另外的篇章裏去。」收入〔清〕姚祖恩：《史記菁華錄》（臺北：聯經出版事業股份有限公司，2013 年 10 月），頁 11-12。

[100] 〈三國名臣序贊〉的序：「夫時方顛沛，則顯不如隱；萬物思治，則默不如語。是以古之君子，不患弘道難，遭時難，遭時匪難，遇君難。故有道無時，孟子所以咨嗟；有時無君，賈生所以垂泣。夫萬歲一期，有生之通塗；千載一遇，賢者之嘉會。遇之不能無欣，喪之何能無慨？古人之言，信有情哉！余以暇日，常覽《國志》，考其君臣，比其行事，雖道謝先代，亦異世一時也。」參見〔南朝梁〕蕭統，〔唐〕李善（注）：《文選》，頁 2123-2124。袁宏在《後漢紀》史論 5 亦展露出相同的感嘆和想望：「自三代已前，君臣穆然，唱和無間，故可以觀矣。五霸、秦、漢，其道參差，君臣之際，使人瞿然。有志之士，所以苦心斟酌，量時君之所能，迎其悅情，不干其心者，將以集事成功，大庇生民也。雖可以濟一時之務，去夫高尚之道，豈不遠哉！」參見〔東晉〕袁宏，周天游（校注）：《後漢紀校注》，頁 105。

言，這個切入點應該就在史論 54 所謂的「百姓安而君位危」上，它正好概括了荀彧對於漢室投射的光亮，以及連帶造成的陰影，構成袁宏對他既讚揚又批判的立體影像。細言之，〈三國名臣序贊〉顯然重在「百姓安」一端，所以對於荀彧功績的稱讚都沒有逸出此一範圍；《後漢紀》史論 54 則顯然重在「君位危」一端，因此所有的批判與嘲諷皆環繞此一歷史事實展開。這就呼喚出《後漢紀》的終極立場：「名教」理應由「君主」與真實擁戴他的臣民共同護持與推展，若這樣的君主與統治階層不在，「名教」當然也形同失去了生命泉源。推演袁宏的思維，在東漢末年的困境下若要合乎「名教」精神，唯有兩種出路：其一，輔佐漢室，重建漢朝「名教」在萬民心中的地位與效能；其二，從安頓萬民之心出發，建立專屬於曹魏自己的「名教」，而絲毫不假借漢室之名義。曹氏自然是對兩者都無所搭掛，無怪乎「百姓安而君位危」成為袁宏批判荀彧的口實，但這並不代表袁宏不看重「百姓安」的一面，否則不會有〈三國名臣序贊〉對荀彧的贊語，而是他既看重「百姓安」又看重「君位不危」，其理想中的「名教」之因果也必須緊扣在「百姓」與「君位」兩者皆安的情況來說，否則只是讓「名教」繼續淪於虛假與崩壞的境地，這當然是立志以《後漢紀》掘發「通古今而篤名教」之義的袁宏所不樂見的。總之，〈三國名臣序贊〉與《後漢紀》史論兩相比照，雖乍見許多看似矛盾之處，卻反倒顯現出複雜的時局下，袁宏與荀彧彼此具有的豐富性，以及袁宏在思索「名教」時反覆走出了細緻而幽深的路程。如前一節提及的李膺，一方面在袁宏史論 42 受到暗諷：「末世陵遲，臧否聿興，執銓提衡，稱量天下之人，揚清激濁，繩墨四海之士，於是德不周而怨有餘」；另一方面在史論 46 又被歸於「所以亂而治理不盡，世弊而教道不絕者，任教之人存也」的讚賞之列，也是相似的基調。細微的差別只在於，在末世之時，「李膺」象徵了以「批判」角度，期望將朝廷拉回正軌的士人代表，以滌除影響君主掌權的亂臣賊子；「荀彧」則象徵了以「合作」角度，悉心為朝廷效力的箇中翹楚，而不論實際掌權者是否為君主本身。兩者一正一反，恰好共同投射出士人在「末世」面臨的艱困抉擇。

第伍章

結論：一個「失落」的東晉儒者

　　透過以上的探討，袁宏作為紹繼聖王與《五經》精神的「儒者」，證據可以說是斑斑可考、俯拾即是，也顯見在過往「魏晉玄學史」的研究框架下，袁宏《後漢紀》史論中蘊含的思想，始終難以受到真正的認識與關注。無論是在學術史、思想史中直接省略，或是被總結為「正始玄風」、「王弼思想」的回歸，都可謂無足輕重，形同映證了「東晉」一朝在學術史、思想史上的隱而不彰，一如龔鵬程所謂的「失落的儒學史」。

　　不過，本書真正的嘗試與目的，並不是將袁宏從過往習稱的「玄學家」翻轉為「儒者」就宣告完成，也不是認為「儒學」勝於「玄學」，因而在詳細論證袁宏為「儒者」後就認為他價值斐然。而是從〈緒論〉所說的問題意識作為開端，透過袁宏《後漢紀》史論及其思想，可以嘗試反思三方面的問題。

　　其一是「魏晉玄學史框架的有效性」，此研究框架被學者理所當然地援用，反而造就某些學術、思想的真相受到掩蓋或曲解，[1]袁宏就是一個鮮

---

[1]　關於此一情況，楊立華已提出深刻的質疑與反思：「清談是魏晉風度的骨幹，換言之，清談作為那個時代的一般風尚，為我們將魏晉這個歷史時段表象為一個有著某種統一氣質的時代提供了可能。但這一統一的表象，並不能為魏晉思想的玄學化帶來充分的保障。換言之，以清談為中介，將魏晉思想的主體視為『以「三玄」為重要研究對象』、『以辯論「有無」問題為中心課題』、『以討論名教與自然的關係問題為其哲學的根本目的』的玄學思想，是不無疑問的。而如果一定要用玄學這一思想史敘述模式貫穿魏晉思想的各個側面，就必須經過對思想史本來脈絡的切斷、扭轉、移置和嫁接。為了維持最基本的連續性，常常要採用不同敘述策略。有時是僅僅突出和強調問題的連續性：比如對於裴頠，只強調他對有無問題的關注，就簡單地將其納入到玄學的視野當中，而完全忽略了玄學範式的其他方面，完全忽略了裴頠既不以《老》《莊》為關注的對象、也不以《老》《莊》為其基本資源的儒學背景；又如對於歐陽建，只是

明的例子。我們當然不一定要接受、讚賞袁宏的思想價值，因為實際從他的史論觀察，其思想也不脫於先秦儒家的範圍。就「獨創性」上來看，他或許確實不及魏晉新興而起的「玄學」，只是對於聖王的「名教」有較多的追溯與呼告而已，而這樣的追溯與呼告在以往玄風大暢、而今又偏安江左的「東晉」時局來看，自有其歷史意義。無論如何，盡可能釐清研究對象的真實面目，仍舊是不容鬆脫的根本態度。「魏晉玄學史」的研究視野，在袁宏《後漢紀》史論這塊材料上造成了一定程度的遮蔽，的確是不爭的事實。

其二是「自然與名教論題的學術性質」，過去湯用彤、余敦康先後認為，「自然」與「名教」之間的關係是「魏晉玄學」十分重要的主題，以致若有士人在魏晉涉及這兩者的討論，都逕被視為受到了「玄學」的影響，或是被歸為理所當然的「玄學家」，袁宏正是一個顯著的例子。然而，透過袁宏史論對於「自然」與「名教」二詞的使用，可以發現他轉化了這兩者在「玄學」脈絡下的意義與優劣，大大賦予了「儒家」角度的新義，這個「新」是相對於「玄學」在魏晉由來已久的論述來說，由此亦可知，「自

強調他的〈言不盡意論〉與魏晉玄學中言意之辨的關聯，而完全忽略了他對言意問題的回答，其實在根本上是其『北人學問』的表現。歐陽建『世為冀方右族』，其家世承習的學術傳統應當屬於『大河以北流行的漢儒經說傳注』。因此歐陽建對『言不盡意論』的駁斥，正是舊學對新學的反彈。當問題的連續性並不像表面上看上去那樣明顯時，魏晉風度這一含糊其辭的概念的中介作用就發揮出來了：比如對於如何也繞不過去的阮籍和嵇康，阮籍有關於《老》《莊》的文章，而嵇康則討論過自然與名教的關係，多多少少與玄學範式有些關聯，而二者行為方式上清虛曠達的一面更與玄學虛玄的特質達成了某種想當然的一致性，至於作為嵇康思想骨幹的那些話題——聲無哀樂、養生和難宅無吉凶與玄學的敘述框架的不相容，也在這種抽象的一致性下順理成章地得到了安置。在用漢不相關的眼光將一切裂縫、突起和歧出的枝節統統抹平之後，魏晉思想的平面地圖就終於繪製完成了。如果我們嚴格地按照玄學的範式來衡量，那麼在魏晉玄學的譜系裡真正可以立足的大概就只有王弼和郭象了。而嵇康和阮籍這樣作為時代標榜的人物，卻反而只能以殘缺和變形的方式，勉強地得到一個含糊的位置。由此，我們不能不從根本上質疑：究竟是什麼賦予了玄學話語以這樣的力量，以致我們始終被籠罩在其特定的真理敘述之下，完全失去了超越其細化格柵，重新探索思想史本來脈絡的欲望？」參見氏著：〈玄學之外的可能：魏晉思想研究中的玄學話語〉，收入氏著：《郭象《莊子注》研究》（北京：北京大學出版社，2010 年 2 月），頁 236-237。惟須注意的是，此文中的「只是強調他的〈言不盡意論〉與魏晉玄學中言意之辨的關聯」的〈言不盡意論〉，應作〈言盡意論〉，或為楊氏不慎誤植。

然」與「名教」在魏晉其實並不是專屬於「玄學」的勝場。所以當我們在面對魏晉士人的言論之時，就不能再單純以余敦康所歸納的「名教本於自然」、「越名教而任自然」、「名教即自然」等幾種「玄學」思想型態進行切分與歸類，如周大興對袁宏史論做出的結論，而是應該仔細甄別該名士人對於「自然」與「名教」的界定，以及他所承襲的學術養分，即便在思想上的創新不及「玄學」，也能真實地反映時代的不同樣貌。

其三是「不同於玄學思維的價值」，如袁宏與王弼在面對「名教」時天差地別的態度，本書嘗試歸納為「積極名教觀」與「消極名教觀」，對應在「名教本於自然」的思維上，袁宏為「建構型」，目的在於「名教」的完善，不允許「自然」的放任，因此善於觀察、安頓民性的聖王便不可或缺；王弼則為「消解型」，目的在於「自然」的保存，時時提防「名教」的戕害，上位者無需太多的施化，只要因任萬民的自然即可。倘若仿照鄭吉雄使用「一多」觀念來探討古人的思維差異，袁宏與王弼正是「多之一」與「一之多」的差別。[2]而從長期以來「魏晉玄學史」的研究視野與價值取向來看，王弼對於「道體」與「自然」的重視與推崇，其映證與效益的路徑，無須像袁宏要安置「聖王」於萬民之上方能完成，就士人在動盪時代的身心歸宿來說，重視一己「自然」可以反映整全「道體」的王弼思想，比起需要「聖王」於其上或士人挺身捍衛「名教」的袁宏思想，當然來得更為簡易而且安頓人心，還能進一步開出個人身心修養的工夫論述。況且，儘管袁宏型態的「名教本於自然」自有其現實價值，但就政治的運作情況來看，「名教」的拍板定案者只能是君主而非士人，唯獨能作為士人和君權角力的利器，便是歷史積澱已久、作為聖人遺教的《五經》。總之，從各方面著眼，袁宏思想比起王弼，顯然更容易遇上現實的重重險阻，然而，袁宏的思想不但重新凝聚了「君主」、「名教」和「經典」這三者在儒家

---

2 「一多關係」，即「唯一真理」與「殊別萬物」之間的關係，至於鄭吉雄之說詳見第參章第四節〈「名教本於自然」的兩種型態：王弼的「消解型」與袁宏的「建構型」〉，茲不贅述。他以王弼、程朱理學為「一之多」思想架構的代表，以裴頠、戴震為「多之一」思想架構的代表。

傳統中相輔相成、休戚與共的關係。[3]比起王弼的思維，他恐怕更能解答作
為統治階層，倘若遇上各種情性的萬民無法和諧相處的窘境時，該如何從
制度上進行解決，而非「因物自然，不立不施」的原則便能一筆帶過。[4]至
於「名教」，就是袁宏認為在歷史與現世經驗的地基上，足以作為萬民最
大公約數的人造空間。[5]袁宏與王弼的不同，或許在「魏晉玄學史」的視角
下不值一提，抑或是價值上較遜一籌，如西晉裴頠與郭象在「崇有論」上
的差別，[6]但從整體的思想史來看，袁宏與王弼間的差異，由於和其他時代

---

[3]　此處的思想和日本江戶儒者荻生徂徠的《辨名‧序》頗能相應：「自生民以來，有物有名。名
故有常人名者是，是名於物之有形者已。至於物之亡形者，則常人之所不能睹者，而聖人立
焉名焉，然後雖常人可見而識之也，謂之名教。故名者教之所存，君子慎焉。孔子曰：『名不
正則言不順。』蓋一物紕繆，民有不得其所者焉，可不慎乎？……故欲求聖人之道者，必求《六
經》以識其物，求諸秦漢以前書以識其名，名與物不舛而後聖人之道可得而言焉已，故作《辨
名》。」參見：〔日〕井上哲次郎、蟹江義丸（編）：《日本倫理彙編》冊6，頁29。

[4]　《老子‧四十一章》「建德若偷」句下注，參見〔魏〕王弼，樓宇烈（校釋）：《王弼集校釋》，
頁112。

[5]　此類思維，可參楊儒賓之說：「他們（案：指葉適、荻生徂徠等人）都反對建立在超越面上的
性善說，而支持『用氣為性』的傳統。因為他們關懷的『人』不是以『天道性命相貫通』為導
向的人，而是在現實的制度中如何各得其所的社會人或政治人。社會人——政治人所關心的問
題是如何在各種社會條件下取得總體生活之所需，這樣的人的存在是建立在生物性——歷史性
——社會性基礎上的人格，它必然預設著分殊性，而不能是本體論意義下的普遍性。用傳統的
話講，只有建立在氣質之性上的人才可以追求一種公道的政治生活。為了保住每個人的差異性，
他們甚至反對『變化氣質』的理論，因為對他們說來，氣變的差異乖桀【舛】，變化多端，正
是價值之所在。學者所當努力的，絕不是張載所說的變化氣質，而是如何在自己的『德』上（得
於道，謂之德），充分的發揮自己的氣質。」參見楊儒賓：〈葉適與荻生徂徠——皇極之學的
開展〉，《異議的意義：近世東亞的反理學思潮》（臺北：國立臺灣大學出版中心，2012年11
月），頁394-395。

[6]　馮達文：「與郭象生活於同一年代的另一位思想家裴頠（公元267-300年）亦主『崇有』，且
直接以〈崇有論〉為題撰寫過文章。……但是裴頠並不認為每一各別物類、各別之『有』具自
足性。在裴頠看來，每一各別之『有』在稟生過程中必有所『偏』，『偏無自足』，故需要『憑
乎外資』。但其所憑乎的『外資』又並不是某一獨立於萬有之外、之先的『本源』或『本體』，
而只是別一些物類，別一些『有』者。……依裴頠的這種『本體』觀，當然不是每個個別事物
或個人，而是個別事物或個人的聯繫，具有更重要的意義。在人與社會的領域裡，這種聯繫是
借公共禮法、借『名教』去落實與維繫的。因此，裴頠的〈崇有論〉的理論歸旨是要確保公共
禮法或『名教』的至當性。然而郭象與裴頠的理論宗旨不同。他的以『有』為『本』的主張側
重於確認個體自我的絕對地位，然後再提出一個『性分』的概念，來延伸出他的關於公共建構
的理念。所謂『性分』，在郭象那裡，是指的每一事物、每個個人之先天稟賦所得。……我之
『自為』構成對他人之『互濟』，也沒有任何共同的標尺以作判準，而只以自我的自足性為認

的思維差異分別有所對應，正尋回了思想史多音複沓的真實景象。

　　總之，透過袁宏《後漢紀》史論及其思想，能夠發現他學術性質上的特殊：從篇幅上看，一反過去短小且作為「史事敘述」附庸的「史論」，成為一萬七千多字的長篇巨製，長度甚於王弼的《老子注》；從性質上看，「說理」又遠勝於「評史」，幾乎可以躋身於諸子之林。在史學的角度下，袁宏的「史論」恐怕只是一種標新立異的歧出，但對於東晉學術思想的研究來說，袁宏可謂碩果僅存的瑰寶，也得以反思上述的「魏晉玄學史框架的有效性」、「名教與自然論題的學術性質」與「不同於玄學思維的價值」三方面的議題。不過本書並不是自詡能畢其功於一役，只是希望透過類似的嘗試，正視過往研究進路與結論的可能問題，同時管窺東晉時代有別於曹魏、西晉的樣態，或許尚能發掘像袁宏一樣「失落的儒者」。

　　袁宏的「失落」，不僅僅是在東晉「主弱臣強」時局下的一種心情焦灼，也是現代人學術建構下的一種無心遺棄，其「名教」思想的意義，或許成為了映射這兩種情境的一縷光源。

準。在這點上，郭象區別於裴頠所謂『品而為族，則所稟者偏，偏無自足，故憑乎外資』的主張。裴頠由於否認每個個體的自足性，必強調公共關係的至上性並由之而確認『名教』的絕對性，在郭象這裡，『自我』依然是至上的。」參見馮達文、郭齊勇（主編）：《新編中國哲學史》（北京：人民出版社，2010 年 8 月），上冊，〈道家的新發展與魏晉玄學〉，頁 294-297。
牟宗三：「『至無者，無以能生。故始生者，自生也』（案：語出裴頠〈崇有論〉）。此兩語，表面觀之，與郭象注『齊物論』之天籟云：『無既無矣，則不能生有。有之未生，又不能為生。然則生生者誰哉？塊然而自生耳』語意全同。然實會之，雙方語句之思想背景完全不同。……裴頠說此語句，則並無超越虛靈之境之涵蓋。故其語句與向郭之語句決不可同論。彼只是客觀之實在論之態度，直接從物類之存在說有，而即以此有窮盡一切，有而外即是無，而此無只是一不存在之死無，有類於西方哲學中所謂『非有』（non-being）者。……故裴頠之『無』只是一個邏輯概念之『非有』。此決非道家所言之無也。兩不相應，則無由對治。然彼雖不能觸及道家立言之旨趣，而其『崇有』之理路確可開一接觸存在問題而重『客觀性』之哲學。」參見氏著：《才性與玄理》，〈自然與名教：自由與道德〉，頁 368-369。

附　錄

袁宏《後漢紀》五十五則史論原文

說明：史論原文主要採周天游的《後漢紀校注》的點校成果，同時參校張烈所點校的《兩漢紀：後漢紀》，若有爭議，擇善而從，並加注說明去取之由。另，為清耳目，原文頁數請參見本書第貳章的〈表1：《後漢紀》「史論」與「史事敘述」的關係整理表〉，此處不再加注。

〈光武皇帝紀卷三〉

史論 1

袁宏曰：夫名者，心志之標牓也。故行著一家，一家稱焉；德播一鄉，一鄉舉焉。故博愛之謂仁，辨惑之謂智，犯難之謂勇，因實立名，未有殊其本者也。太上，遵理以修實，理著而名流。其次，存名以為己，故立名而物懟。最下，託名以勝物，故名盛而害深。故君子之人，洗心行道，唯恐德之不修，義之不高。崇善非以求名，而名彰於外；去惡非以邀譽，而譽宣於外。夫然，故名盛而人莫之害，譽高而世莫之爭。末世陵遲，大路巘險，雖持誠行己，不求聞達，而讒勝道消，民怨其上。懼令名之格物。或伐賢以示威；假仁義以濟欲，或禮賢以自重。於是有顛沛而不得其死，屈辱而不獲其所，此又賢人君子所宜深識遠鑒，退藏於密者也。《易》曰：「無咎無譽」，衰世之道也。若夫潔己而不汙其操，守善而不遷其業，存亡若一，滅身不悔者，此亦貞操之士也。嗚呼！天道之行，萬物與聖賢竝通。及其衰也，君子不得其死，哀哉！

　　史論 2

袁宏曰：夫天生蒸民而樹之君，所以司牧羣黎而為謀主。故權其所重而明之，則帝王之略也。因其所弘而申之，則風化之本也。夫以天下之大，羣生之眾，舉一賢而加于民上，豈以資其私寵，養其厚大！將開物成務，正其性命，經綸會通，濟其所欲。故立君之道，有仁有義。夫崇長推仁，自然之理也。好治惡亂，萬物之心也。推仁則道足者宜君，惡亂則兼濟者必王。故上古之世，民心純樸，唯賢是授，揖讓而治，此蓋本乎天理，君以德建者也。夫愛敬忠信，出乎情性者也。故因其愛敬，則親疎尊卑之義彰焉；因其忠信，而存本懷舊之節著焉。有尊有親，則名器崇矣；有本有舊，則風教固矣。是以中古之世，繼體相承，服膺名教，而仁心不二。此又因於物性，君以義立者也。然則立君之道，唯德與義，一民之心，莫大於斯。先王所以維持天下，同民之極，陳之千載，不易之道。昔周秦之末，四海鼎沸，義心絕於姬氏，干戈加於嬴族，天下無君，六合無主，將求一時之傑，以成撥亂之功，必推百姓所與，以執萬乘之柄。雖名如義帝，彊若西楚，焉得擬議斯事乎？由是觀之，則高祖之有天下，以德而建。逮於成、哀之間，國嗣三絕，王莽乘權，竊有神器。然繼體之政，未為失民，劉氏德澤，實繫物心。故立其寢廟，百姓覯而懷舊；正其衣冠，父老見而垂泣，其感德存念如此之深。如彼王郎、盧芳，臧獲之儔耳，一假名號，百姓為之雲集，而況劉氏之冑乎？于斯時也，君以義立。然則更始之起，乘義而動，號令稟乎一人，爵命班乎天下。及定咸陽而臨四海，清舊宮而饗宗廟，成為君矣。世祖經略，受節而出，奉辭征伐，臣道足矣。然則三王作亂，勤王之師不至；長安猶存，建武之號已立，雖南面而有天下，以為道未盡也。

　　史論 3

袁宏曰：夫天地之性，非一物也；致物之方，非一道也。是以聖人仰觀俯察，而備其法象，所以開物成務，以通天下之志。故有神道焉，有人道焉。微顯闡幽，遠而必著，聰明正直，遂知來物，神之所為也。智以周變，仁

以博施，理財正辭，禁民為非，人之所為也。故將有疑事，或言乎遠，必神而明之，以一物心。此應變適會，用之神道者也。辯物設位，官方授能，三五以盡其性，黜陟以昭其功，此經綸治體，用之人道者也。故求之神物，則著策存焉；[1]取之人事，則考試陳焉。是〔故〕善為治者，必體物宜，參而用之，所以作而無過，各得其方矣。若夫讖記不經之言，奇怪妄異之事，非聖人之道。世祖中興，王道草昧，格天之功，實賴臺輔。不徇選賢，而信讖記之言，拔王梁於司空，委孫臧於上將，失其方矣。苟失其方，則任非其人，所以眾心不悅，民有疑聽，豈不宜乎？梁實負罪不暇，臧亦無所聞焉。《易》曰：「鼎折足，覆公餗。」此之謂也。

史論 4

袁宏曰：夫帝王之道，莫大於舉賢。舉賢之義，各有其方。夫班爵以功，試歷而進，經常之道也。若大德奇才，可以光昭王道，弘濟生民，雖在泥塗，超之可也。傅巖磻溪之濱，頃居宰相之任，自古之道也。卓公之德，既已洽於民聽，光武此舉，所以宜為君也。

〈光武皇帝紀卷第四〉

史論 5

袁宏曰：桓譚以疎賤之質，屢干人主之情，不亦難乎？嘗試言之：夫天下之所難，難於干人主之心。一曰性有逆順，二曰慮有異同，三曰情有好惡，四曰事有隱顯，五曰用有屈伸，六曰謀有內外，七曰智有長短，八曰意有興廢。夫順之則喜，逆之則怒；同之則欣，異之則駭；好之則親，惡之則疎；過之欲隱，善之欲顯；屈者多恥，伸者多怒；語伏在內，志散在外；所長必矜，所短必；愛之欲興，憎之欲廢，此皆人君非必天下之正也。人臣所以干人君者，必天下之正也。然而八者之間，禍福不同，不可不察也。夫一人行之，萬人議之，雖人君之所資，亦人君之所惡也。百姓有心，一

1　周天游校本原作「著策存焉」，似應作「著策存焉」，依張烈校本逕改。

人制之，雖百姓之所賴，亦百姓之所畏。而干人君之所惡，求其必入，天下所難也。縱不致患，於其胸中，固未能帖然也。故有道之君，知所處之地，萬物之所不敢干也，故柔情虛己，布其腹心，引而盡之，常恐不至，而況抑而劫之，使其自絕哉！自三代已前，君臣穆然，唱和無間，故可以觀矣。五霸秦漢，其道參差，君臣之際，使人瞿然。有志之士，所以苦心斟酌，量時君之所能，迎其悅情，不干其心者，將以集事成功，大庇生民也。雖可以濟一時之務，去夫高尚之道，豈不遠哉！

〈光武皇帝紀卷第五〉

史論 6

袁宏曰：夫金剛水柔，性之別也；員行方止，器之異也。故善御性者，不違金水之質；善為器者，不易方員之用。物誠有之，人亦宜然。故肆然獨往，不可襲以章服者，山林之性也；鞠躬履方，可屈而為用者，廟堂之材也。是以先王順而通之，使各得其性，故有內外隱顯之道焉。末世凌遲治亂多端，隱者之作，其流眾矣。或利競滋興，靜以鎮世；或時難迍邅，處以全身；或性不和物，退以圖安；或情不能嘿，卷以避禍。凡此之徒，有為而然，非真性也。而有道之君，皆禮而崇之，所以抑進取而止躁競也。嗚呼！世俗之賓，方抵掌而擊之，以為譏笑，豈不哀哉！

史論 7

袁宏曰：夫萬物云為趣舍不同，愛惡生殺，最其甚大者也。縱而不一，亂亡之道。故明王制設號令，所以一物心而治亂亡也。今誅惡之臣，內懼私憾，不慮其弊，從而易之，是下用情而法不一也。不一則多變，多變則害生，故王者之所保，在於法一而不變乎！

〈光武皇帝紀卷第六〉

史論 8

袁宏曰：夫讒之為害，天下之患也。闇主則理固然矣，賢君而讒言不絕者，

豈不哀哉！夫人君之情，不能太形於外。　夫好惡是非之情形於外，則愛憎
毀譽之變應於事矣。故因其所好而進之，因其所惡而退之，因其所是而美
之，因其所非而疾之。惡而於無嫌之地，而人主不必悟者，讒人之所資也。
夫讒人之心，非專在傷物，處之不以忠信，其言多害也。何以知其然？夫
欲合主之情，必務求其所欲，所惡者一人，所害者萬物，故其毀傷，不亦
眾乎？若夫聲色喜怒之際，虛實利害之間，以微售其言，焉可數哉？是以
古之明君，知視聽之所屬，不能不關於物也；知一己之明，不能不滯於情
也。求忠信之人，而置之左右，故好惡是非之情，未嘗宣於外，而愛憎毀
譽之言，無由而至矣。

史論 9

袁宏曰：謙尊而光，於是信矣。馮異能讓，三軍賴之。善乎，王之言謙也。
楊朱有言：「行賢而去自賢之心，無所往而不美。」因斯以談，聖莫盛於
唐虞，賢莫高於顏回。《虞書》數德，以克讓為首；仲尼稱顏回之仁，以
不伐為先。郤至矜善，兵在其頸；處父上人，終喪其族。然則克讓不伐者，
聖賢之上美；矜善上人者，小人之惡行也。《司馬法》曰：「苟不伐則無
求，無求則不爭，不爭則不相掩。」由此言之，民之所以和，下之所以順，
功之所以成，名之所以立者，皆好乎能讓而不自賢矣。夫人君者，必量材
任以授官，參善惡以毀譽，課功過以賞罰者也。士苟自賢，必貴其身，雖
官當才，斯賤之矣。苟矜其功，必蒙其過，雖賞當事，斯薄之矣。苟伐其
善，必忘其惡，雖譽當名，斯少之矣。於是怨責之情，必存於心，希望之
氣，必形於色，此矜伐之士，自賢之人，所以為薄，而先王甚惡之者也。
君子則不然。勞而不伐，施而不德；致恭以存其德，下人以隱其功；處不
避汙，官不辭卑；惟懼不任，唯患不能。故力有餘而智不屈，身遠咎悔而
行成名立也。且天道害盈，而鬼神福謙。凡有血氣，必有爭心。功之高者，
自伐之責起焉。故宋公三命，考父傴僂；晉師有功，士燮後歸；孟側殿軍，
策馬而入；三卿謀寇，冉有不對。其所以降身匿迹，如此之甚也何？誠知
民惡其上，眾不可蓋也。夫逆旅之妾，惡者自以為惡，主忘其惡而貴焉；

美者自以為美，主忘其美而賤焉。夫色之美惡，定於妾之面；美惡之情，變於主之心，況君子之人，有善不敢識，有過不敢忘者乎！其為美，亦以弘矣。故楊子之言足師，逆旅之妾足誡也。

史論 10

袁宏曰：夫世之所患，患時之無才也；雖有其才，患主之不知也；主既知之，患任之不盡也。彼三患者，古今所同，而御世之所難也。觀寇恂之才，足居內外之任，雖暫撫河內，再綏潁川，未足展其所能也。及在汝南，延儒生受《左氏》，何其閑也！晚節從容，不得預於治體。夫以世祖之明，如寇生之智能，猶不得自盡於時，況庸主乎！

史論 11

袁宏曰：自古在昔，有治之始，聖人順人心以濟亂，因去亂以立法。故濟亂所以為安，而兆眾仰其德。立法所以成治，而民氓悅其理。是以有法有理，以通乎樂治之心，而順人物之情者。豈可使法逆人心，而可使眾兆仰德，治與法違，而可使民氓悅服哉！由是言之，資大順以臨民，上古之道也。通分理以統物，不易之數也。降逮中世，政繁民弊。牧之者忘簡易之可以致治，御之者忽逆順之所以為理，遂隳先王之大務，營一時之私議。於是乎變詐攻奪之事興，而巧偽姦吏之俗長矣。陵遲至於戰國，商鞅設連坐之令以治秦，韓非論捐灰之禁以教國。而修之者不足以濟一時，持之者不能以經易世。何則？彼誠任一切之權利，而不通分理之至數也。故論法治之大體，必以聖人為準格；聖人之所務，必以大道通其法。考之上世，則如彼；論之末世，則如此。然則非理分而可以成治者，未之聞也。若乃變詐攻奪之事興，而飾智謀權冊以勝之；巧偽姦利之俗長，而設禁網陷穽以餌之；患時世之莫從，懸財賞行罰以驅之；毒為下之訐逆，厚威網殺伐以服之。斯所謂勢〔利〕（力）苟合之末事，焉可論之以治哉？先王則不然，匡其變奪，則去其所事；救其巧偽，則塞其淫情。人心安樂，乃濟其難以悅之，又何不從之有焉？人情惡侵，則正其分以齊之，又何訐逆之有

焉？推此以治，則雖愚悖凶戾者，其於身也，猶知法治所以使之得所而安其性者也。故或犯治逆順亂倫反性者，皆眾之所疾，而法之所以加。是警一人而千萬人悅，則法理之分得也。夫然，則上下安和，天下悅服，又何論於法逆於理，理與法違哉？

〈光武皇帝紀卷第七〉

史論 12

袁宏曰：古之明君，必降己虛求，以近輔佐之臣，所以寄通曡方，和睦天人。古之賢臣，必擇木棲集，以佐高世之主。主務宣明，不以道勝而不招；臣務對敫，不以時艱而不進。及其相遇，若合符契，功高而尊禮其人，師喪而不咎其敗。此三代君臣，所以上下休嘉，比德天地。末世推移，其道不純，務己尚功，釁自外入，君臣之契，多不全矣。唯燕然和樂，終始如一，風塗擬議，古之流矣。高祖之興，蕭公之力也，且暫亡，若失左右手。及天下已定，無所用之，賴鮑生之說，以濟其身，狼顧塗跡，卒入囹圄。子房玄算，高祖之蓍龜也，始者相得，非子房不謀也。海內既安，杜門不出，假託神仙，僅乃獲免。光武之在河北，未知身首安寄也。鄧生杖策，深陳天人之會，舉才任使，開拓帝王之略。當此之時，臣主歡然，以千載俄頃也。洎關中一敗，終身不得列于三公，俛首頓足，與夫列侯齊伍。嗚呼！彼諸君子，皆嘗乘雲龍之會，當帝者之心。鞠躬謹密，猶有若斯之難，而況以勢相從，不以義合者乎？

史論 13

袁宏曰：夫壽夭窮達，有生之分也；得失悲欣，萬物之情也。故推分而觀，帝王之與布衣，竹栢之與朝菌，焉足言哉？以情而誤，一顧之與蹔毀，傾蓋之與脫驂，猶尚可為歡戚，而況大斯哉？夫能與造化推移，而不以哀樂為心者，達節之人也。自斯以還，屬於方域。得之不能不欣，喪之不能不戚。故原得失之大，而天下所必同者，莫尚於通塞乎？然才高者宜通，而懷寶以之陸沈；德薄者必卑，而鄙夫以之竊位。是則通塞可得而遇，否泰

難得而期也。君子或因風雲之勢，以建山岳之功；乘日月之末光，以成一匱之業。雖著功美於當年，猶欣一遇於千載。若夫版築漁釣，織箔鼓刀，輼檟胸懷，與之朽爛者，焉可數哉！至如樂毅之遇於燕昭，屈原之事於楚懷，白起之用於秦王，范增之奉於項籍，雖終同顛沛，猶一申其志，誠未足以語夫通塞者乎！白首抱關，轉死溝壑者，何殊間哉！夫以鄧生之才，參擬王佐之略，損翮弭鱗，棲遲刀筆之間，豈以為謙，勢誠然也！及其遇雲雨，騰龍津，豈猶吳漢之疇，能就成天之構，馬武之徒，亦與鸞鳳參飛。由此觀之，向之所謂通塞者，豈不然乎？

史論 14

袁宏曰：《書》稱：「協和萬邦」，《易》曰：「萬國咸寧」。然則諸侯之治，建於上古，未有知其所始者也。嘗試言之曰：夫百人聚，不亂則散；以一人為主，則斯治矣。有主則治，無主則亂。故分而主之，則諸侯之勢成矣；總而君之，則王者之權定矣。然分而主之，必經綸而後寧；總而君之，必統體而後安。然則經綸之方，在乎設官分職，因萬物之所能。統體之道，在乎至公無私，與天下均其欲。故帝王之作，必建萬國而樹親賢，置百司而班群才。所以不私諸己，共饗天下，分其力任，以濟民事。《周禮》：天子之田方千里，公之田方五百里，侯伯子男降殺之，謂之五等。雖富有天下，綜理不過王畿；臨饗一國，政刑不出封域。故眾務簡而才有餘，所任輕而事不滯。諸侯朝聘，所以述職納賦，盡其禮敬也。天子巡狩，所以觀察風教，知其善惡也。功德著於民者，加地進律；其有不善者，則明九伐之制。是以世祿承襲之徒，保其富厚，而無苟且之慮，修績述官之疇，務善其禮，不為進取之計。故信義著而道化成，名器固而風俗淳，推之百世，可久之道也。爰自唐虞，至于三代，文質相因，損益有物，諸侯之制，存而不革，長世育民，所由遠矣。及王略不震，諸侯違度，官失其序，民移其業。然而眾國扶持，大小相制，雖彊毅之國，不能擅一時之勢，豪杰之士，無所騁嘯咤之心。昔周室微弱，政教陵遲，桓文翼戴，二國是賴。憂勤王室，則諸侯慕而率從；振而驕之，則九國判而不至。楚恃江、

漢，秦據崤、函，心希九鼎，志存神器。然畏迫宗姬，忌憚齊晉。歷載八
百，然後降為庶人。豈非列國扶疏，根深難拔，已然之效哉！戰國之時，
志在兼并，伐國而貪其民，得邑而置其私，而郡縣之勢萌矣。秦有天下，
覽周之弊，毀廢五等，因而用之。傾天下之珍，以奉一身之欲；舉四海之
務，以關一人之聽。故財有餘而天下分，怨不理而四海叛。高祖既帝，鑒
秦之失，分裂膏腴，封殖子弟。至於將相功臣，租稅而已，郡縣之官，即
而弗改。夫畫土分民，止於親戚，班爵施勞，不逮功賢。猶賴宗室之固，
以折諸呂之難，況萬國親賢兼樹者哉！文帝時，賈誼言曰：「夫欲天下之
安，莫若眾建諸侯而少其力。使海內之勢，若身之使臂，臂之使指。則諸
國之君，莫有異心，輻湊並進，而歸命天子矣。」文帝不從，卒有吳、楚
之變。忿而懲之，大懼諸侯。推恩以分其國，因事以削其邑，枝葉既落，
本根從焉，遂使王莽假託恩道，揖讓稱帝，豈不易哉！光武中興，振而復
之，奄有天下，不失舊物，而建封略，一遵前制。諸侯禁網，日月增密，
末世衰微，遂以卑弱。宗室懼於罪敗，同姓挫於庶民，一夫攘臂，故以能
亂天下矣。由此觀之，五等之治，歷載彌長，君臣世及，莫有遷去。雖元
首不康，諸侯不為失政；一國不治，天下不為之亂。故時有革代之變，而
無土崩之勢。郡縣之立，禍亂實多。君無常君之民，尊卑迭而無別，去來
似於過客。人務一時之功，家有苟且之計。機務充於王府，權重并於京師。
一人休明，則王政略班海內；元首昏闇，則匹夫擬議神器。是以閫闥不淨，
四海為之鼎沸；天網一弛，六合為之窮兵。夫安危之勢，著於古今，歷代
之君，莫能創改，而欲天下不亂，其可得乎？嗚呼！帝王之道，可不鑒歟？

史論 15

袁宏曰：少游之言有心哉！人之性分，靜躁不同。或安卑素，守隱約，顧
視榮名，忽若脫履。彼二塗者，終之以道，亦各一家之趣也。然功業難就，
而卑素易從。古今之士，莫不自託於功務，而莫肯於閑逸者，將自負其才，
顧眾而動乎！然則榮名功業，非為不善也。千載一遇，處智之地難也。若
夫安素守隱，其於人間之懼，故以易而無累矣。然苟非夷塗，外物難必，

螻蟻且能為害，而況萬物乎？故久處貧賤，誠有志者之所恥也。歸終而言，取保家之主乎？

史論 16

袁宏曰：夫建太子以為儲貳，所以重宗統，一民心也。非有大惡於天下，不可移也。世祖中興後漢之業，宜遵統一之道，以為後嗣之法。今太子之德未虧於外，內寵既多，適子遷位，可謂失矣。然東海歸藩，謙恭之心彌亮；明帝承統，友于之情愈篤。雖長幼易位，興廢不同，父子兄弟，至性無間。夫以三代之道處之，亦何以過乎！

〈光武皇帝紀卷第八〉

史論 17

袁宏曰：馬援才氣志略，足為風雲之器，躍馬委質，編名功臣之錄，遇其時矣。天下既定，偃然休息，猶復垂白，據鞍慷慨，不亦過乎！嘗試言之：所以保才者，智也。才智之用，通物為貴。苟才大者濟，智小者獨善，則涉乎通濟者，其智彌廣矣。夫觀雲梯之功，則知班匠之巧；覩太平之業，則悟聖人之明。降斯以還，參差百品，雖智效一官，功覆一簣，亦才力之所會也。古之君子，遇有為之時，不能默然而止，擊節驅馳，有事四方者，蓋為斯也。然自非賢達，不能量也。遭命世之君，傍日月餘光，廢興指授，稟其規略，故功名保全，身有餘地。若不值其主而獨任其心，得一旅而志一邑，得一邑而圖一國，故事捷而攻之者眾，勳立而日就於難，又況顛沛嶮巇不測之慮哉！夫才智有餘，功名不足者有矣；事業未半，而勳過者有矣；所乘之勢異，而難易之功殊也。而有為之人，幸而要之，雖徼一時之功，暴居視聽之右，外有駭物之患，內懷思慮之憂爾。中路悵然，欲退無途，其勢然也。善為功者則不然，不遇其主，則弗為也。及其不得已，必量力而後處。力止於一戰，則事易而功全；勞足於一邑，則慮少而身安。推斯以往，焉有毀敗之禍哉？馬援親遇明主，動應銜轡，然身死之後，怨謗並興，豈非過其才，為之不已者乎？

史論 18

袁宏曰：夫天地者，萬物之官府；山川者，雲〔雨〕（氣）之丘墟。萬物
之生遂，則官府之功大；雲雨施其潤，則丘墟之德厚。故化洽天下，則功
配于天地；澤流一國，則德合于山川。是以王者經略，必以天地為本；諸
侯述職，必以山川為主。體而象之，取其陶育；禮而告之，歸其宗本。《書》
云：「東巡狩，至于岱宗，柴。」《傳》曰：「郊祀后稷，以祈農事。」
夫巡狩觀化之常事，祈農撫民之定業，猶潔誠殷薦，以告昊天，況創制改
物，人神易聽者乎！夫揖讓受終，必有至德於〔天下〕（萬物）；〔征伐
革命，則有大功於萬物〕。是故王者初基，則有封禪之事，蓋以其成功，
告於神明者也。夫東方者，萬物之所始；山嶽者，靈氣之所宅。故求之物
本，必於其始；取其所通，必於所宅。崇其壇場，則謂之封；明其代興，
則謂之禪。然則封禪者，王者開務之大〔禮〕（體）也。德不周洽，不得
擬議斯建；功不弘濟，不得髣髴斯禮。曠代一有，其道至高。故自黃帝、
堯、舜，至于三代，各一封禪，未有中修其禮者也。雖繼體之君，時有功
德，此蓋率復舊業，增修前政，不得仰齊造國，同符改物者也。夫神道貞
一，其用不煩；天地易簡，其禮尚質。故藉用白茅，貴其誠素；器用陶匏，
取其易從。然則封禪之禮，簡易可也。若夫石函玉牒，非天地之性也。

史論 19

袁宏曰：夫越人而臧否者，非憎於彼也。親戚而加譽者，非優於此也。處
情之地殊，故公私之心異也。聖人知其如此，故明彼此之理，開公私之塗，
則隱諱之義著，而親尊之道長矣。古之人以為先君〔之〕體，猶今（為）
君之體，推近以知遠，則先後之義均也。而況彰其大惡，以為貶黜者乎？

〈孝明皇帝紀卷第九〉

史論 20

袁宏曰：夫民之性也，各有所稟，生其山川，習其土風。山川不同則剛柔
異氣，土風乖則楚夏殊音。是以五方之民，厥性不均，阻險平易，其俗亦

異。況乃殊類絕域，不賓之旅，以其所稟受，有異於人。先王知其如此，故分其內外，阻以山川，戎狄蠻夷，即而序之。夫中國者，先王之桑梓也，德禮陶鑄，為日久矣。有一士一民，不行先王之道，必投之四裔，以同殊類。今承而內之，以亂大倫，違天地之性，錯聖人之化，不亦弊乎！昔伊川之祭，其禮先亡，識者觀之，知其必戎。況西羌、北狄，雜居華土。嗚呼！六夷之有中國，其漸久矣。

史論 21

袁宏曰：昔聖人興天下之大利，除天下之大患，躬親其事，身履其勤，使天下之民，各安性命，而無夭昏之災。是以天下之民，親而愛之，敬而尊之。夫親之者，欲其閒敞平懌，而無疾苦之患也，故為之宮室，衛以垣牆，重門擊柝，以待暴客。敬之者，欲其崇高榮顯，殊異於眾。故為之旗旌，表以服章，陛級懸絕，不可得而逾也。後之聖人，知其如此，自民之心，而天下所欲為。故因而作制，為之節文，始自衣裳，至于車服、棟宇、垣牆，各有品數，明其制度，盡其器用，備物而不以為奢，適務而不以為儉。大典既載，陳于天下，後嗣因循，守其成法。故上無異事，下無移業，先王之道也。末世之主，行其淫志，恥基堂之不廣，必壯大以開宮；恨衣裳之不麗，必美盛以修服；崇屋而不厭其高，玄黃而未盡其飾。於是民力殫盡，而天下咸怨，所以弊也。故有道之主，覿先王之規矩，察秦漢之失制，作營建務求厥中，則人心悅固，而國祚長世也。

史論 22

袁宏曰：樂之為用，有自來矣。《大章》、《簫韶》於唐虞，《韶濩》、《大武》於殷周，所以殷薦上帝，饗祀宗廟，陳之朝廷，以穆人倫，古之道也。末世制作，不達音聲之本，感物乖化，失序乎情性之宜。故雖鐘鼓不足以動天地，金石不足以感人神。因輕音聲之用，以忽感導之方，豈不惑乎？善乎！嵇生之言音聲曰：古之王者，承天理〔物〕，必崇簡易之教，仰無為之理，君靜於上，臣順於下，大化潛通，天下交泰。羣臣安逸，自

求多福，默然化道，懷忠抱義，而不覺其所以然也。和心足於內，則美言
發於外。故歌以敘志，舞以宣情，然後文之以采章，昭之以《風》《雅》，
播之以八音，感之以太和，導其神氣，養而就之，迎其悅情，致而明之，
使心與理相順，言與聲相應，合乎會通，以濟其美。故凱樂之情，見於金
石，含弘光大，顯於音聲也。若此以往，則萬國同風，芳榮齊茂，馥如秋
蘭，不期而信。大道之隆，莫盛於茲，太平之業，莫顯於此，故曰「移風
易俗，莫善於樂」。然樂之為體，以心為主。故無聲之樂，民之父母也。
夫音聲和，此人情所不能已者也。是以古人知情不可放，故抑其所通；知
慾不可絕，故因以致殺，故為可奉之禮，制可遵之聲也。口不盡味，耳不
極音，揆〔終〕始〔之宜〕，〔度賢愚〕之中，為之檢則，使遠近同風，
〔用〕而不竭，亦所以結忠信，著不遷也。故鄉教庠序，革不修之，使絲
竹與俎豆並存，羽旄與揖讓俱用，正言與和聲同發。使將聽是聲也，必聞
此言；將觀是容也，必崇此禮。猶賓主升降，然後酬酢行焉。[2]於是言語之
節，音聲之度，揖讓之宜，動止之致，進退相須，共為一體。君臣用之於
朝，士庶用之於家，少而習之，長而不怠，心安志固，從善日遷，此先王
用樂之意也。故朝宴聘享，嘉樂必存。是以國史採風俗之盛衰，寄之樂工，
宣之以管絃，使言之者無罪，聞之者足以自戒，此〔又〕先王用樂之意也。

史論 23

袁宏曰：古之人明救卹之義，開取與之分，所以周急拯難，通乎人之否泰
也。廉范厲然獨行，以任所重，其身殆亡，而親柩幾喪，非全通之道也。

〈孝章皇帝紀上卷第十一〉

史論 24

袁宏曰：夫物有方，事有類。陽者從陽，陰者從陰。本乎天者親上，本乎
地者親下，則天地人物各以理應矣。故干其一物，是虧其氣，所犯彌眾，

2　周天游校本原作「然後酢行焉」，依張烈校本增補「酬」字。

所以寒暑不調，四時失序，蓋由斯也。古之哲王，知治化本於天理，陶和在於物類。故導之德禮，威以刑戮，使賞必當功，罰必有罪，然後天地羣生，穆然交泰。[3]故斬一木，傷一生，有不得其理，以為治道未盡也，而況百姓之命乎？夫致之也有物，則病之也必深；化之也有由，則穰之也有術。是以炎夏餘虐，以成水旱之災也。堯湯矍撫，足免黎民之患。由斯觀之，自三代以下，刑罰失中，枉死無辜幾將半，而欲陰陽和調，水旱以時，其可得乎？若能寬以臨民，簡以役物，罰懼其濫，雖不能萬物調暢，同符在昔，免夫甚泰之災固遠矣。

史論 25

華嶠曰：孔子稱：「孝莫大於嚴父，嚴父莫大於配天，則周公其人也。」子路曰：「傷哉貧也！生無以養，死無以葬。」子曰：「啜菽飲水，孝也。」鍾鼓非樂云之本，而器不可去；三牲非孝養之主，而養不可廢。夫務器而忘本，樂之過也；崇養以傷行，養之累也。故〔言〕（定）以道養，周公之禮，致四海之祭；〔言〕（定）以義養，則仲由之粥，無驕慢之性。夫患啜菽粥之麤，干祿以求養，是以〔恥〕祿親也。孜孜於致孝，孝成而祿厚者，此能以義養也。孔子稱：「孝哉閔子騫，人不間於其父母兄弟之言。」言其孝皆合於道，莫可復間也。先代石氏父子稱孝，子慶相齊，人慕其孝而治。此殆所謂「孝乎？惟孝，友于兄弟，施於有政，是亦為政」也。若二子者，推至誠以為行，行信於心而感於人，以成名受祿，可謂能孝養也。

史論 26

袁宏曰：夫剛健獨運，乾之德也；柔和順從，坤之性也。是以制教者本於斯，男有專行之道，女有三從之義。君尊用專，故人子不加爵於其父；優柔體順，故國君可得崇禮於其母，古之道也。能封賈氏之號，不盡名稱之極，求之典籍，異乎《春秋》之義也。

3　周天游校本原作「穆然文泰」，應誤，從張烈校本改。

史論 27

袁宏曰：章帝尊禮父兄，敦厚親戚，發自中心，非由外入者也，雖三代之
道，亦何以過乎？嘗試言之曰：夫不足則相資，相資則見足，見足則無求，
無求則相疏，常人之性也。何以知其然乎？夫終朝之飯，糟糠不飽，壺餐
之饋，必習其鄰人者，甘所不足也。貴為王侯，富有國家，聲色之娛，而
忘其親戚者，安其餘也。故處不足，則壺餐豆羹不忘其鄰人，安其有餘，
徒鈞天廣樂必遺其親戚，其勢然也。故親戚之弊，常在於富貴，不在於貧
賤，其可知矣。夫同陰以憨，眷然相應者，一遇之歡也；同生異處，敖然
相忘者，不接之患也。故形神不接，雖兄弟親戚，可同之於胡越；交以言
色，雖殊塗之人，猶有眷恨之心。由斯觀之，王侯貴人乘有餘之勢，處不
接之地，唯意而欲恩情含暢，六親和睦，蓋以鮮矣。古之聖人，懼其如此，
故明儉素之道，顯謙恭之義，使富者不極其欲，貴者不博其高，里老且猶
矜愛，而況兄弟乎？朝會以敘其儀，燕享以篤其親，聘問以通其意，玉帛
以將其心，故欲不滿而和愛生，情意交而恩義著也。嗚呼！有國有家者，
可不親乎？

〈孝章皇帝紀下卷第十二〉

史論 28

袁宏曰：堯舜之傳賢，夏禹、殷湯授其子，此趣之不同者也。夏后氏賞而
不罰，殷人罰而不賞，周人兼而用之，此德刑之不同者。殷人親盡則婚，
周人百世不通，此婚姻之不同也。立子以長，三代之典也，文王廢伯邑考
而立武王，廢立之不同者也。「君親無將，將而必誅。」周之制也；《春
秋》殺君之賊，一會諸侯，遂得列於天下，此褒貶之不同者。彼數聖者，
受之哲王也，然而會通異議，質文不同，其故何邪？所遇之時異。夫奕者
之思，盡于一局者也；聖人之明，周於天下者也。苟一局之勢未嘗盡同，
則天下之事豈必相襲哉！故記載廢興，謂之典謨；集敘歌謠，謂之詩頌；
擬議吉凶，謂之易象；撰錄制度，謂之禮儀；編述名迹，謂之《春秋》。
然則經籍者，寫載先聖之軌迹者也。聖人之迹不同如彼，後之學者欲齊之

如此，焉可得哉！故曰「《詩》之失愚，《書》之失誣，《易》之失賊，
《禮》之失煩，《春秋》之失亂」，不可不察。聖人所以存先代之禮，兼
六籍之文，將以廣物慴心，通於古今之道。今去聖人之世，幾將千年矣，
風俗民情，治化之術，將數變矣。而漢初諸儒，多案《春秋》之中，復有
同異。其後殷書禮傳，往往間出，是非之倫，不可勝言。六經之道可得詳，
而治體云為遷易無度矣。昔仲尼沒而微言絕，七十子喪而大義乖，諸子之
言紛然殽亂。太史公談判而定之，以為六家；班固演其說，而明九流。觀
其所由，皆聖王之道也，支流區別，各成一家之說。夫物必有宗，事必有
主，雖治道彌綸，所明殊方，舉其綱契，必有所歸。尋史談之言，以道家
為統；班固之論，以儒家為高。二家之說，未知所辯。嘗試論之曰：夫百
司而可以總百司，非君道如何情動，動而非已也。虛無以應其變，變而非
為也。夫以天下之事，而為以一人，即精神內竭，禍亂外作。故明者為之
視，聰者為之聽，能者為之使，惟三者為之慮，不行而可以至，不為而可
以治，精神平粹，萬物自得，斯道家之大旨，而人君自處之術也。夫愛之
者，非徒美其車服，厚其滋味，必將導之訓典，輔其正性，納之義方，閑
其邪物。故仁而欲其通，愛而欲其濟，仁愛之至，於是兼善也。然則百司
弘宣，在於通物之方，則儒家之算，先王教化之道。居極則玄默之以司契，
運通則仁愛之以教化。故道明其本，儒言其用，其可知也矣。夫大道行，
則仁愛直達而無傷；及其不足，則抑參差而竝陳。患萬物之多惑，故推四
時以順，此明陰陽家之所生也。懼天下擾擾，竟故辯加位以歸真，此名家
之所起。畏眾寡之相犯，故立法制以止殺，此法家之所興也。慮有國之奢
弊，故明節儉以示人，此墨家之所因也。斯乃隨時之迹，總而為治者也。
後之言者，各演一家之理，以為天下法，儒道且猶紛然，而況四家者乎！
夫為棺槨，遂有厚葬之弊；喪欲速朽，亦有棄尸之患。因聖人之言迹，而
為支辯之說者，焉可數哉？故自此以往，略而不論。

史論 29

袁宏曰：非古也。《易》稱：「地道無成而代有終。」禮有婦人三從之義。

然則后妃之在於欽承天敬恭中饋而已。故雖人母之尊，不得令於國，必有從於臣子者，則柔之性也。夫男女之別，自然之理；君臣酬咨，通物所因也。故百司竝在，相與率職，必祠焉而後行。故有朝會享燕之禮，造膝請問之事，此蓋內外之分，不可得而同者也。古之王者，必闢四門，開四聰，兼親賢而聽受焉，所以通天下之才，而示物至公也。自母后臨朝，必舅氏專權，非疎賢而樹親暱也。蓋管其號令者，必寄外氏，是實違天封，而訓民以私，政之所階。〔國〕家制教，關諸盛衰，建百司，修廢官，設冢卿以任權，重〔牧〕（收）……，[4]王薨君幼，百官執事，總己思齊，聽於冢宰，所以大明公道，人自為用，上下竟業，而名器已固，三代之道也。

〈孝和皇帝紀上卷第十三〉

史論 30

袁宏曰：夫禮也，治心軌物，用之人道者也。其本所由在於愛敬自然，發於心誠而揚於事業者。聖人因其自然，而輔其性情，為之節文，而宣以禮物，於是有尊卑親疎之序焉。推而長之，觸類而申之，天地鬼神之事，莫不備矣。古者民人淳樸，制禮至簡，汙樽抔飲，可以盡歡於君親；黃桴土鼓，可以致敬於鬼神。將之以誠，雖微物而可重，獻之由心，雖蒲質而可薦。此蓋先王制禮之本也。中古損益，教行文質。范金合土，而棟宇之制麗矣；繪采集色，而衣裳之度彰矣；比聲諧音，而金石之品繁矣。夫簡樸不足以周務，故備物以致用；卑素不足以崇高，故富以成業。此又先王用禮之意也。夫尊卑長幼不得而移者也，器服制度有時而變者也。小則凶荒殊典，大則革伏異禮，所以隨用合宜，易民視聽者也。此又先王變禮之旨也。是故王者之興，必先制禮，損益隨時，然後風教從焉。故曰「殷因於夏禮，所損益可知也；周因於殷禮，所損益可知也」。漢興撥亂，日不暇給，禮儀制度闕如也。賈誼曰：「夫立君臣，等上下，使綱紀有序，六親

4　周天游：「此有脫文，恐系重牧守以治民之類語。」見氏著：《後漢紀校注》，頁 356。張烈校本作「設冢卿以任權重，收王君薨幼」，見氏著：《兩漢紀：後漢紀》，頁 241。

和睦，此非天之所設也，人之所為，不修則壞。宜定制度，典禮樂，使諸侯軌道，百姓素樸。」乃草具儀，寢而不行。後之學者，董劉之徒，亦言禮樂之用，而不能詳備其制度。夫政治綱紀之禮，哀樂死葬之節，有異於古矣，而言禮者必證於古，古不可用，而事各有宜，是以人用其心，而家殊其禮，起而治之，不能紀其得失者，無禮之弊也。曹褒父子慨然發憤，可謂得其時矣。然褒之所撰，多案古式，建用失宜，異於損益之道，所以廢而不修也。

史論 31

華嶠曰：《論語》稱「夫子溫良恭儉讓以得之」行首乎？故嘗請論之：孔子曰：「太伯其可謂至德也已矣，三以天下讓，民無德而稱焉。」孟子曰：「聞伯夷之風者，貪夫廉，懦夫有立志。」然則太伯出於不苟得，未始有於讓也。是以太伯稱賢人，後之人慕而徇之。夫有徇則激詭生，而取與妄矣。故夫鄧彪、劉愷讓其弟以取義，使弟非服而己享其名，其於義不亦薄乎？又況乎于有國之紀，而使將來者妄舉措哉！古之君子立言，非〔苟顯其理〕，將以啟天下之方悟者；立行，非獨善其身，將以訓乎〔天下之方動者〕哉！原丁鴻之心，其本主於忠愛，何其終悟而從義也？以此殆知其徇尚異於數世也。

〈孝和皇帝紀下卷第十四〉

史論 32

袁宏曰：古之有天下者，非欲制御之也，貴在安靜之。故修己無求於物，治內不務於外。自小至大，自近及遠，樹之有本，枝之有葉。故郊畿固而九服寧，中國實而四夷賓。夫唐虞之盛，德澤之濃，正朔所及，五千而已。自此以外，羈縻而弗有也。三代建國，弗勤遠略。岐、邠、江、淮之間，習其故俗；朔野、遼海之域，戎服不改。然而冕旒端委，南面稱王，君臣泰然，不以區宇為狹也。故能天下乂安，享國長久。至于秦漢，開其土宇，

方于三五之宅，故以數倍矣。然顧瞻天下，[5]未厭其心，乃復西通諸國，東略海外。故地廣而威刑不制，境遠而風化不同，禍亂薦臻，豈不斯失！當世之主，好為身後之名；有為之人，非能守其貧賤。故城外之事興，徼倖之人至矣。夫聖人為治，貴英才，安天下，資羣才，故徼倖之人，王制之所去也。班超之功，非不謂奇也，未有以益中國，正足以伏四夷，故王道所不取也。

〈孝安皇帝紀上卷第十六〉

史論 33

袁宏曰：昔王侯身能衣而宰設服，足能行而相者導進，口能言而行人稱辭，閑之有禮，輔之有物。少而習之，長而不改，和睦之性，與教之淳，淫僻之心，無由得生。若縱而任之，不為師保，恣其嗜慾，而莫之禁禦，性氣既成，不可變易，情意流蕩，不可收復。故動之凶德而國殄身亡也。

〈孝安皇帝紀下卷第十七〉

史論 34

袁宏曰：夫吉凶由人，而存亡有地，擇地而處，君子所以無咎也。長木之摽，其勢必顛，勢極故也。勢極則受患，故無全物焉。然則貴盛之極，傾覆之所由也，外戚則尤甚焉。得之不以至公，宰割之日久也。夫人君之勢，非不高且極也，置君於無過之地，萬人莫之計。人臣則不然，比肩而立，相與一體也，操大權於天下，萬物之所惡也。周公且猶狼狽，而況其餘乎？夫憑寵作威，以取傾覆，理用等矣。若乃推心向善，而不免闇昧之誅，所處之地危也。死而不異二者，自處之道，然未達擇地之方。昔楚人三世殺其君，將立王子搜，搜逃之丹穴。楚人承以玉輿，燻之以薪，乃出。故曰王子搜非惡為王，惡其為己患也。然則外戚之患也，非徒一己焦爛，而歷代貴寵，未有不患其為患，豈不哀哉！

5　周天游校本原作「顏瞻天下」，張烈校本則作「顧瞻天下」，似較前者合理。

史論 35

袁宏曰：古之帝王所以篤化美俗，率民為善者也。因其自然而不奪其情，民猶有不及〔者〕，而況毀禮止哀，滅其天性乎！

史論 36

袁宏曰：夫生而樂存，天之性也；困而思通，物之勢也；愛而效忠，情之用也。故生苟宜存，則四體之重不可輕也；困必宜通，則天下之欲不可去也，愛必宜用，則北面之節不可廢也。此三塗者，其於趣舍之分，則有同異之辨矣。統體而觀，亦各天人之理也。是以君子行己業，必所託焉。古之道術，有在於此者：明夷隱〔遯〕，[6]困而不恥，箕子之心也，璩甯聞其風而悅之；舍否之通，利見大人，微子之趣也，叔孫通聞其風而行之；諫以弼君，死而不貳，比干之志也，楊震聞其風而守之。此數賢者，雖行其所聞，殉託不同，皆終始之道，而不內媿於心者也。是以聖人知天理之區別，即物性之所託，混眾流以弘通，不有滯於一方，然後品類不失其所，而天下各遂其生矣。然君子之動，非謀於眾也，求之天地之中，款之胸懷之內。苟當其心，雖殺身糜軀，未為難也。苟非其志，雖舉世非之而不沮也。

〈孝順皇帝紀上卷第十八〉

史論 37

袁宏曰：夫飢而思食，寒而欲衣，生之所資也。遇其資則粳糧縕袍，快然自足矣。然富有天下者，其欲彌廣，雖方丈黼黻，猶曰不足，必求河海之珍，以充耳目之玩，則神勞於上，民疲於下矣。夫萬物之性，非能自止者也。上之所為，民之準的也。今以不止之性，而殉準的於上，是彌而開之，使其侈競也。古之帝王不為靡麗之服，不貴難得之貨，所以去華競，以嘿

止喧也。夫上苟不欲，則物無由貴；物無由貴，則難得之貨息；難得之貨息，則民安本業；民安本業，則衣食周，力任全矣。夫不明其本而禁其末，不去其華而密其實，雖誅殺日加，而奢麗逾滋矣。

史論 38

華嶠曰：漢之十葉，王莽簒位，聞道術之士西門君惠、李守等多稱讖云「劉秀為天子」。自光武為布衣時，數言此，及後終為天子，故甚信其書。鄭興以忤意見疏，桓譚以遠斥憂死。及明、章二帝祖述此意，故後世爭為圖緯之學，以矯世取資。是以通儒賈逵、馬融、張衡、朱穆、崔寔、荀爽之徒，忿其若此，奏皆以為虛妄不經，宜悉收藏之。惟斯事深奧，善言古者必有驗於今，善言天者必有驗於人，而托云天之曆數、陰陽、占候，今所宜急也。占候、術數，能仰瞻俯察，參諸人事，禍福吉凶既應，引之教義，亦有著明。此蓋道術之有益於後世，為後人所尚也。

史論 39

袁宏曰：夫謀事作制令，以經世訓物，使必可為也。古者四十而仕，非謂彈冠之會，必將是年也。以為可仕之時，在於彊盛，故舉大限，以為民表。且顏淵、子奇曠代一有，而欲以斯為格，豈不偏乎！

〈孝質皇帝紀卷第二十〉

史論 40

袁宏曰：若李固者，幾古之善人也。將立昏闇，先廢李固；李固若存，則明必建而天下弗違也。嘗試言之曰：夫稱善人者，不必無一惡；言惡人者，不必無一善。故惡惡極有，時而然善，惡不絕善，中人皆是也。善不絕惡，故善人務去其惡；惡不絕善，故惡人猶貴於善。夫然故惡理常賤，而善理常貴。今所以為君子者，以其秉善理也。苟善理常貴，則君子之道存也。夫善殊積者物逾重，義殊多者世逾貴。善義之積，一人之身耳，非有萬物之助，而天下莫敢違，豈非道存故也。古之帝王恐年命不長，懼季世之陵

遲，故辨方設位，明其輕重，選羣臣之善，以為社稷之寄，蓋取其道存，能為天下正。嗚呼！善人之益，豈不大哉！

〈孝桓皇帝紀上卷第二十一〉

史論 41

袁宏曰：觀崔寔之言，未達王霸之道也。常試言之：夫禮備者德成，禮順者情泰。德苟成，故能儀刑家室，化流天下；禮苟順，故能影響無遺，翼宣風化。古之聖人，知人倫本乎德義，萬物由乎化風，陶鑄因乎所受，訓導在乎對揚。崇軌儀於化始，必理備而居宗；明恭肅以弘治，則理盡而向化。斯乃君臣尊卑之基，而德和洽之本也。是以大道之行，上下順序，君唱臣和，其至德風教，繫乎一人，政化行於四海，無犯禮而王迹彰矣。及哲王不存，禮樂凌遲，風俗自興，戶皆為政，君位且猶未固，而況萬物乎！於斯時也，臣子自盡之日，將守先王之故典，則元首有降替之憂，欲修封域之舊職，則根本無傾拔之慮。故忠奮之臣，推其義心，不忍其事，思屏王室。故有自下匡上之功，以卑援尊之事，雖失順序之道，然效忠之迹也。欲齊王體，則異乎承宣之美；欲同之不順，而終有翼戴之功。故聖人因事作制，以通其變，而霸名生焉。《春秋》書齊晉之功，仲尼美管仲之勳，所以括囊盛衰，彌綸名教者也。夫失仁而後義，必由於仁；失王而後霸，以致於霸，必出於忠。義誠仁之不足，然未失其為忠也。推斯以觀，則王霸之義於是見矣。

史論 42

袁宏曰：鍾生之言，君子之道。古之善人，內修諸己，躬自厚而薄責於人。至其通者，嘉善而矜不能；其狹者，正身而不及於物。若其立朝，為不得已而後明焉。事至而應之，非司人之短者也。如得其情，猶復託以藜蒸，使過而可得悔，失而自新之路長。君子道廣，而處身之塗全矣。末世陵遲，臧否聿興，執銓提衡，稱量天下之人，揚清激濁，繩墨四海之士，於是德周而怨有餘。故君子道亢，而無必全之體；小人塗窮，而有害勝之心。

風俗彫薄，大路險巇，其在斯矣。

袁宏曰：寇榮之心，良可哀矣，然終至滅亡者，豈非命也哉！性命之致，古人豈肯明之，其可略言乎？《易》稱「天之所助者〔順，人之所助者〕信」，然則順之與信，其天人之道乎，得失存亡，斯亦性命之極也。夫向之則吉，背之則凶，順之至也。推誠則通，易慮則塞，信之極也。故順之與信，存乎一己者也。而吉凶通塞，自外而入，豈非性命之理，致之由己者乎？夫以六合之大，萬物之眾，一體之所棲宅，猶秋毫之在馬背也。其所資因，小許處耳。而賢者順之以通，不肖者逆之以塞，彼之所乘，豈異塗轍哉？致之在己，故禍福無門之殊應也。夫松竹貞秀，經寒暑而不衰；榆柳虛橈，盡一時而零落。此草木之性，修短之不同者也。廉潔者必有貪濁之對，剛毅者必遇彊勇之敵。此人事之對，感時之不同者也。咸自取之，豈有為之者哉？萬物之為，莫不皆然，動之由己，應之在彼，猶影響形聲，不可得而差者也。故君子之人，知動靜，為否泰，致之在己也。繕性治心，不敢違理，知外物之來，由內而至，故得失吉凶，不敢怨天。夫然遇泰而不變其情，遭否而不慍其心，未嘗非己，夫何悲哉！

袁宏曰：夫欲之則至，仁心獨行，人君之所易，人臣之所難也。動而有悔，希意循制，人臣之所易，人君之所難也。古之君臣，[7]必觀其所易，而閑其所難。故上下恬然，莫不雍睦。逮於末世，斯道不存，君臣異心，上下乖違，各行所易，不顧其所難，難易之事交，而諫爭之議生也。夫諫之為用，政之所難者也。處諫之情不同，故有三科焉。推誠心言之於隱，貴於誠入，不求其功，諫之上也。率其所見，形於言色，面折庭爭，退無後言，諫之中也。顯其所短，明其不可，彰君之失，以為己名，諫之下也。夫不吝其

7　周天游校本原作「右之君臣」，應誤，依張烈校本改。

過,與眾攻之,[8]明君之所易,庸王之所難。觸其所難,暴而揚之,中諫其猶致患,而況下諫乎?故諫之為道,天下之難事,死而為之,忠臣之所易也。古之王者,辯方正位,各有其事。在朝者必諫,在野者不言,所以明職分,別親疏也。忠愛心至,釋耒而言者,王制所不禁也。無因而去,處言之地難,故君子罕為也。

〈孝桓皇帝紀下卷第二十二〉

史論 45

袁宏曰:夫人生合天地之道,感於事〔而〕動,性之用也。故動用萬方,參差百品,莫不順乎道,本乎情性者也。是以為道者清淨無為,少思少欲,沖其心而守之,雖爵以萬乘,養以天下,不榮也。為德者言而不華,默而有信,推誠而行之,不媿於鬼神,而況於天下乎!為仁者博施兼愛,崇善濟物,得其志而中心傾之,然忘己以為千載一時也。為義者潔軌迹,崇名教,遇其節而明之,雖殺身麋軀,猶未悔也。故因其所弘則謂之風,節其所託則謂之流。自風而觀,則同異之趣可得而見;以流而尋,則好惡之心於是乎區別。是以古先哲王,必節順群風而導物,為流之途而各使自盡其業。故能班敍萬物之才以成務,經綸王略,直道而行者也。中古陵遲,斯道替矣。上之才不能以至公御物,率以所好求物。下之人不能博通為善,必以合時為貴,故一方通而群方塞矣。夫好惡通塞,萬物之情也;背異傾同,世俗之心也。中智且猶不免,而況常人乎?故欲進之心,斐然向風,相與矯性違真,以徇一時之好,故所去不必同而不敢暴,則風俗遷矣。春秋之時,禮樂征伐,霸者迭興,以義相持。故道德仁義之風,往往不絕,雖文辭音制,漸相祖習,然憲章軌儀,先王之餘也。戰國縱橫,彊弱相陵,臣主側席,憂在危亡,無不曠日持久,以延名業之士,而折節吐誠,以招救溺之賓。故有開一說而饗執珪,起徒步而登卿相,而遊說之風盛矣。高祖之興,草創大倫,解赭衣而為將相,舍介冑而居廟堂,皆風雲豪傑,屈

8　周天游校本原作「與眾功之」,應誤,依張烈校本改。

起壯夫，非有師友淵深，可得而觀，徒以氣勇武功彰於天下，而任俠之風盛矣。逮乎元、成、明、章之間，尊師稽古，賓禮儒術。故人重其學，各見是其業，徒守一家之說，以爭異同之辯，而守文之風盛矣。自茲以降，主失其權，閹豎當朝，佞邪在位，忠義之士，發憤忘難，以明邪正之道，而肆直之風盛矣。夫排憂患，釋疑慮，論形勢，測虛實，則遊說之風有益於時矣。然猶尚譎詐，明去就，間君臣，疏骨肉，使天下之人專俟利害，弊亦大矣。輕貨財，重信義，憂人之急，濟人之險，則任俠之風有益於時矣。然豎私惠，要名譽，感意氣，讎睚眦，使天下之人，輕犯叙之權，弊亦大矣。執誠說，修規矩，責名實，殊等分，則守文之風有益於時矣。然立同異，結朋黨，信偏學，誣道理，使天下之人奔走爭競，弊亦大矣。崇君親，黨忠賢，潔名行，厲風俗，則肆直之風有益於時矣。然定臧否，窮是非，觸萬乘，陵卿相，使天下之人，自置於必死之地，弊亦大矣。古之為政，必置三公以論道德，樹六卿以議庶事，百官箴規諷諫，閭閻講肆，以修明業。於是觀行於鄉閭，察議於親鄰，舉禮於朝廷，考績於所蒞。使言足以宣彼我，而不至於辯也；義足以通物心，而不至於為佞也；學足以通古今，而不至於為文也；直足以明正順，而不至於為狂也。野不議朝，處不談務，少不論長，賤不辯貴，先王之教也。《傳》曰：「不在其位，不謀其政。」「天下有道，庶人不議。」此之謂矣。苟失斯道，庶人干政，權移於下，物競所能，人輕其死，所以亂也。至乃夏馥毀形以免死，袁閎滅禮以自全，豈不哀哉！

〈孝靈皇帝紀上卷第二十三〉

史論 46

袁宏曰：夫稱至治者，非貴其無亂，貴萬物得所，而不失其情也。言善教者，非貴其無害，貴性理不傷，性命咸遂也。故治之興，所以道通羣心，在乎萬物之生也。古之聖人，知其如此，故作為名教，平章天下。天下既

寧，萬物之生全也。保生遂性，久而安之，故名教之益萬物之情大也。[9]當
其治隆，則資教以全生；及其不足，則立身以重教。然則教也者，存亡之
所由也。夫道衰則教虧，幸免同乎苟生；教重則道存，滅身不為徒死，所
以固名教也。汙隆者，世時之盛衰也。所以〔政〕亂而治理不盡，[10]世弊而
教道不絕者，任教之人存也。夫稱誠而動，以理為心，此情存乎名教者也。
內不忘己以為身，此利名教者也。情於名教者少，故道深於千載；利名教
者眾，故道顯於當年。蓋濃薄之誠異，而遠近之義殊也。統體而觀，斯利
名教之所取也。

〈孝靈皇帝紀下卷第二十五〉

史論 47

袁宏曰：在溢則激，處平則恬，水之性也。急之則擾，緩之則靜，民之情
也。故善治水者，引之使平，故無衝激之患。善治人者〔□□□□，故無
□□□□。不以民心為治者〕，[11]雖不為盜，終歸刻薄矣。以民心為治者，
下雖不時整，終歸敦厚矣。老子曰：「古之為道者，不以明民，將以愚之。
故以智治國，國之賊也。」

史論 48

袁宏曰：布衣韋帶，白首不仕者有矣。結髮纓冠，老而不退者有矣。此二
途者，古今之所同也。久而安之，故無中立之地焉。語曰：「山林之士，
往而不能反；朝廷之士，入而不能出。」往而不反，則能執意；入而不出，
失之遠矣。古之為士，將以兼政，可則進，不可則止。量分受官，分極則

9　周天游校本之句讀原作「故名教之益，萬物之情大也」，張烈校本則無斷句，或可從。

10　周天游：「疑『亂』上脫『政』字。」參見氏著：《後漢紀校注》，頁 645。

11　對照上文「善治水者，引之使平，故無衝激之患」以及對照下文「以民心為治者，下雖不時整，
　　終歸敦厚矣」的結構增補。周天游校本、張烈校本皆作「善治人者雖不為盜，終歸刻薄矣」，
　　意不可通。參見周天游（校注）：《後漢紀校注》，頁 700。張烈（點校）：《兩漢紀：後漢
　　紀》，頁 483。

身退矣。故於仕與不仕之間，[12]有止足焉，不仕則枯槁矣，遂仕則負累矣。若仕能止者，在於可否之間，不同心乎？

史論 49

袁宏曰：丁宮可謂非人矣！以為雖遇伊尹之事，猶將涕泣而從之，而況凌虐其君，而助贊其惡。夫仁義者，人心之所有也。濃薄不同，故有至與不至焉。當其至者，在君親之難，若身首之相衛也；其不至者，猶有兒女之愛焉。無情於斯者，不得豫夫人倫矣。

〈孝獻皇帝紀卷第二十六〉

史論 50

袁宏曰：神實聰明正直，依人而行者也。王者崇德，殷薦以為饗天地，可謂至矣。夫六隱之事，非聖人之道也，匹夫且猶不可，而況帝王之命乎？

史論 51

袁宏曰：光武之繫元帝，可謂正矣。夫君臣父子，名教之本也。然則名教之作，何為者也？蓋準天地之性，求之自然之理，擬議以制其名，因循以弘其教，辯物成器，以通天下之務者也。是以高下莫尚於天地，故貴賤擬斯以辯物；尊卑莫大於父子，故君臣象茲以成器。天地，無窮之道；父子，不易之體。夫以無窮之天地，不易之父子，故尊卑永固而不逾，名教大定而不亂，置之六合，充塞宇宙，自今及古，其名不去者也。未有違夫天地之性，而可以序定人倫；失乎自然之理，而可以彰明治體者也。末學庸淺，不達名教之本，牽於事用，以惑自然之性，見君臣同於父子，謂兄弟可以相傳為體，謂友于齊於昭穆，違天地之本，滅自然之性，豈不哀哉！夫天地靈長，不能無否泰之變；父子自然，不能無夭絕之異。故父子相承，正順之至也；兄弟相及，變異之極也。變則求之於正，異則本之於順，故雖

經百世而高卑之位常崇，涉變通而昭穆之序不亂。由斯而觀，則君臣父子
之道焉可忘哉！

〈孝獻皇帝紀卷第二十七〉

> 史論 52

華嶠曰：臣父〔表〕（袁）每言臣祖歆云，當時人以皇甫嵩為不伐。故汝、
豫之戰，歸功於朱儁；張角之捷，本之於盧植。蓋功名者，士之所宜重。
誠能不爭，天下莫之與爭，則怨禍不深矣。

〈孝獻皇帝紀卷第三十〉

> 史論 53

袁宏曰：夫民心樂全而不能常〔全〕，蓋利用之物懸於外，而嗜慾之情動
於內也，於是有進〔取〕（即）陵競之行。希求放肆不已，不能充其嗜慾
也，則苟且僥倖之所生也。希求無厭，無以〔愜〕（疎）其慾也，則姦偽
忿怒之所興也。先王知其如此，而欲救弊，故先以德禮陶其心，其心不化，
然後加以刑辟。《書》云：「百姓不親，五品不遜，汝作司徒，敬敷五教
在寬。」「蠻夷猾夏，寇賊姦宄，汝作士，五刑有服。」然德刑之設，參
而用之者也。三代相因，其義詳焉。《周禮》：「使墨者守門，劓者守〔關〕
（閽），宮者守內，刖者守囿。」此肉刑之制可得而論也。荀卿亦云：「殺
人者死，傷人者刑，百王之所同，未〔有〕知其所由來者也。」夫殺人者
死，而〔相殺者不已，是〕大辟可以懲未殺，[13]不能使天下無殺。傷人者刑，
而害物者不息，有黥劓可以懼未刑，不能使天下無刑也。故將欲止之，莫
若先以德禮。夫罪過彰著，然後入于刑辟，是將殺人者不必〔死，欲傷人
者不必〕刑也。縱而不〔化〕（死）， 則陷於刑辟矣。故刑之所制，在於

13　周天游校本則作「夫殺人者死，而大辟可以懲未殺，不能使天下無殺」，「而」字下漏「相殺
　　者不已，是」諸字。參下文的對仗句子：「傷人者刑，而害物者不息，有黥劓可以懼未刑，不
　　能使天下無刑也」，可知張烈校本為確，周天游校本之脫漏恐為排印者之誤。參見張烈（點校）：
　　《兩漢紀：後漢紀》，頁 577。

不可移之〔地〕（也）。禮教則不然，明其善惡，所以潛勸其情，消於未〔殺〕（然）也。示以恥辱，所以內化其心，治之未傷也。故過微而不至於著，罪薄而不及於刑也。終入辜辟者，非教化之所得也。故雖殘一物之生，刑一人之體，是除天下之害，夫何傷哉！率斯道也，風化可以漸淳，刑罰可以漸少，其理然也。苟不化其心，而專任刑罰，民失義方，動陷刑網，求世休和，焉可得哉！周之成、康，豈案三千之文，而致刑措之美乎？蓋德化刑清所致，斯有由也。漢初懲酷刑之弊，務寬厚之論，公卿大夫，相與恥言人過。文帝登庸，加以玄默。張武受略，賜金以愧其心；吳王不朝，崇禮以讓其失。是以吏民樂業，風化篤厚，斷獄四百，幾于刑措，豈非德刑〔兼〕用之效哉？世之論者，欲言刑罰之用，不先德教之益，失之遠矣。今大辟之罪，與古同制，免死以下，不過五歲，既釋鉗鑕，復齒於人。是以民不恥惡，數為盜姦，故刑徒多而亂不治也。苟教之所去，一離刀鋸，沒身不齒，鄰里且猶恥之，〔而況於鄉黨乎〕？而況朝廷乎？如此，則夙沙、趙高之儔，無所施其惡，則陳紀所謂「無淫放穿窬之姦」，於是全矣。古者察言觀行，而善惡彰焉。然則君子之去刑辟，固已遠矣。設有不幸，則〔八〕（入）議之所宥也。　若夫卞和史遷之冤，淫刑之所及也。苟失其道，或不免於大辟，而況肉刑哉！又相刑之與枉殺人，其理不同，則死生之論善已疎矣。《漢書》：「斬右趾及殺人先自告；吏坐受〔賕〕（財），守官物而即盜之，皆棄市。」此班固所以謂當生而令死者也。今不忍截刻之慘，而安剿絕之悲，此皆治體之所先，而有國所宜改者也。

史論 54

袁宏曰：夫默語者，賢人之略也。政卷舒廢興之間，非所謂以智屈伸，貴其多算，權其輕重，而揣難易。君子之行己也，必推其心而達其道，信其誠而行其義。義不違心，故百姓知其無私；道不失順，則天下以為至當。其出也，忠著於時君，仁及於天下。匹夫匹婦，莫不咨嗟者，以其致功之本義和也。若時不我與，中道而廢，內不負心，外不媿物，千載之下，觀其迹而悲其事，以為功雖不就，道將可成也。及其默也，非義而後退，讓

謀而後止。蓋取舍不同，故宛龍蟠以求其志，雖仁者之心大存兼愛，授手而陷於不義，君子不為也。苟違斯道，四體且猶致患，而況萬物乎？漢自桓、靈，君失其柄，陵遲不振，亂殄海內，以弱致弊，虐不及民，劉氏之澤未盡，天下之望未改。故征伐者奉漢，拜爵賞者稱帝，名器之重，未嘗一日非漢。魏之平亂，資漢之義，功之尅濟，荀生之謀。謀適則勳隆，勳隆則移漢，劉氏之失天下，荀生為之也。若始圖一匡，終與事乖，[14]情見事屈，容身無所，則荀生之識為不智矣。若取濟生民，振其塗炭，百姓安而君位危，中原定而社稷亡，於魏雖親，於漢已疎，則荀生之功為不義也。夫假人之器，乘人之權，既而以為己有，不以仁義之心終，亦君子所恥也。一汙猶有慙色，而況為之謀主！功奮於當年，迹聞於千載，異夫終身流涕，不敢謀燕之徒隸者，　自己為之功，而己死之，殺身猶有餘媿，焉足以成名也！惜哉，雖名蓋天下，而道不合順，終以憂卒，不殞不與義。故曰非智之難，處智之難；非死之難，處死之難。嗚呼！後之君子，默語行藏之際，可不慎哉！

史論 55

袁宏曰：夫君位，萬物之所重，王道之至公。所重在德，則弘濟於仁義；至公無私，故變通極於代謝。是以古之聖人，知治亂盛衰有時而然也，故大建名教，以統羣生，本諸天人，而深其關鍵。以德相傳，則禪讓之道也；暴極則變，則革代之義也。廢興取與，各有其會，因時觀民，理盡而動。然後可以經綸丕業，弘貫千載。是以有德之興，靡不由之；百姓與能，人鬼同謀，屬于蒼生之類，未有不蒙其澤者也。其政化遺惠，施及子孫，微而復隆，替而復興，豈無僻王？賴前哲以免。[15]及其亡也，刑罰淫濫，民不

14　張烈校本作「終與勢乖」，於義似較佳。

15　周天游點校作「豈無僻王賴前哲以免」，並且加注說：「疑文有脫誤。」然而張烈點校作「豈無僻王，賴前哲以免」確實可通，今採張烈句讀，並且改逗號為問號作「豈無僻王？賴前哲以免」，文氣更為完整。參見張烈（點校）：《兩漢紀：後漢紀》，〈孝獻皇帝紀卷第三十〉，頁 589。

堪命。匹夫匹婦，莫不憔悴於虐政；忠義之徒，無由自效其誠。故天下囂然，新主之望，由茲而言。君理既盡，雖庸夫得自絕於桀、紂；暴虐未極，縱文王不得擬議於南面，其理然也。漢自桓、靈，君道陵遲，朝綱雖替，虐不及民。雖宦豎乘間，竊弄權柄，然人君威尊，未有大去王室，世之忠賢，皆有寧本之心。若誅而正之，使各率職，則二祖、明、章之業，復陳乎目前，雖曰微弱，亦可輔之。時獻帝幼沖，少遭凶亂，流離播越，罪不由己。故老後生未有過也。其上者悲而思之，人懷匡復之志。故助漢者協從，背劉者眾乖，此蓋民未忘義，異乎秦漢之勢。魏之討亂，實因斯資，旌旗所指，則以伐罪為名；爵賞所加，則以輔順為首。然則劉氏之德未泯，忠義之徒未盡，何言其亡也？漢苟未亡，則魏不可取。今以不可取之實，而冒揖讓之名，因輔弼之功，而當代德之號，欲比德堯舜，豈不誣哉！

徵引書目

一、傳統文獻

1. 楊伯峻：《春秋左傳注》（臺北：洪業文化事業有限公司，2007年9月）。

2. 陳鼓應：《莊子今注今譯》（最新修訂重排本）（北京：中華書局，2011年1月）。

3. 〔戰國〕荀況，王天海：《荀子校釋》（上海：上海古籍出版社，2009年10月）。

4. 〔戰國〕韓非，陳奇猷（校注）：《韓非子新校注》（上海：上海古籍出版社，2010年10月）。

5. 〔西漢〕毛亨，〔東漢〕鄭玄，〔唐〕孔穎達：《毛詩注疏》（上海：上海古籍出版社，2015年2月）。

6. 〔西漢〕司馬遷：《史記》（北京：中華書局，2007年6月）。

7. 〔西漢〕賈誼，鍾夏（校注）：《新書校注》（北京：中華書局，2007年10月）。

8. 〔西漢〕劉向，向宗魯（校證）：《說苑校證》（北京：中華書局，2013年10月）。

9. 〔東漢〕班固，〔清〕王先謙（補注）：《漢書補注》（上海：上海古籍出版社，2008年12月）。

10. 〔東漢〕王符，〔清〕汪繼培（箋），彭鐸（校正）：《潛夫論箋校正》（北京：中華書局，2011年2月）。

11. 〔東漢〕何休（解詁），〔唐〕徐彥（疏）：《春秋公羊傳注疏》（上海：上海古籍出版社，2014年11月）。

12. 俞紹初（輯校）：《建安七子集》（北京：中華書局，2012年7月）。

13.〔魏〕王弼，樓宇烈（校釋）：《王弼集校釋》（北京：中華書局，2009年9月）。

14.〔魏〕嵇康，戴明揚（校注）：《嵇康集校注》（北京：中華書局，2014年4月）。

15. 周天游（輯注）：《八家後漢書輯注》（上海：上海古籍出版社，1986年12月）。

16.〔西晉〕陳壽，〔南朝宋〕裴松之（注），〔清〕盧弼（集解）：《三國志集解》（北京：中華書局，2009年11月）。

17.〔西晉〕郭象（注），〔唐〕成玄英（疏）：《南華真經注疏》（北京：中華書局，2011年3月）。

18.〔西晉〕葛洪，楊明照（校箋）：《抱朴子外篇校箋》上冊（北京：中華書局，2011年12月）。

19.〔西晉〕葛洪，楊明照（校箋）：《抱朴子外篇校箋》下冊（北京：中華書局，2012年2月）。

20.〔東晉〕袁宏，周天游（校注）：《後漢紀校注》（天津：天津古籍出版社，1987年12月）。

21.〔東晉〕袁宏，張烈（點校）：《兩漢紀：後漢紀》（北京：中華書局，2005年3月）。

22.〔東晉〕張湛（注），楊伯峻：《列子集釋》（北京：中華書局，2011年9月）。

23. 嚴北溟、嚴捷：《列子譯注》（上海：上海古籍出版社，2006年11月）。

24.〔南朝宋〕范曄，〔唐〕李賢 等（注）：《後漢書》（北京：中華書局，2006年3月）。

25.〔南朝宋〕劉義慶，〔南朝梁〕劉孝標（注），余嘉錫（箋疏）：《世說新語箋疏》（北京：中華書局，2011年3月）。

26.〔南朝宋〕劉義慶，〔南朝梁〕劉孝標（注），龔斌（校釋）：《世說新語校釋》（上海：上海古籍出版社，2012年11月）。

27. 〔南朝梁〕蕭統（編），〔唐〕李善（注）：《文選》（上海：上海古籍出版社，2013年1月）。

28. 〔北齊〕顏之推，王利器（集解）：《顏氏家訓集解》（北京：中華書局，2013年1月）。

29. 〔唐〕歐陽詢：《藝文類聚》（上海：上海古籍出版社，2012年8月）。

30. 〔唐〕房玄齡 等：《晉書》（北京：中華書局，2003年6月）。

31. 〔唐〕李延壽：《南史》（北京：中華書局，2003年6月）。

32. 〔唐〕劉知幾，〔清〕浦起龍（通釋）：《史通通釋》（上海：上海古籍出版社，2013年1月）。

33. 〔唐〕李隆基（注），〔北宋〕邢昺（疏）：《孝經注疏》（上海：上海古籍出版社，2013年10月）。

34. 〔唐〕杜佑：《通典》（北京：中華書局，2012年11月）。

35. 〔唐〕道宣，劉林魁（校注）：《集古今佛道論衡校注》（北京：中華書局，2018年10月）。

36. 〔北宋〕李昉 等：《太平御覽》（北京：中華書局，1998年3月）。

37. 〔北宋〕蘇軾：《蘇軾文集》（北京：中華書局，2013年7月）。

38. 〔南宋〕陸九淵：《陸九淵集》（北京：中華書局，2012年2月）。

39. 〔南宋〕褚伯秀：《莊子義海纂微》（上海：華東師範大學出版社，2014年8月）。

40. 〔南宋〕馬端臨：《文獻通考》（北京：中華書局，2011年9月）。

41. 〔南宋〕葉適，劉公純、王孝魚、李哲夫（點校）：《葉適集》（北京：中華書局，2013年5月）。

42. 〔明〕王廷相，王孝魚（點校）：《王廷相集》（北京：中華書局，2009年2月）。

43. 〔清〕顧炎武，黃汝成（集釋）：《日知錄集釋》（上海：上海古籍出版社，2013年10月）。

44. 〔清〕姚祖恩：《史記菁華錄》（臺北：聯經出版事業股份有限公司，2013年10月）。

45.〔清〕孫希旦：《禮記集解》（北京：中華書局，2015年3月）。

46.〔清〕孫星衍：《尚書今古文注疏》（北京：中華書局，2010年4月）。

47.〔清〕焦循：《孟子正義》（北京：中華書局，2007年5月）。

48.〔清〕劉寶楠、劉恭勉：《論語正義》（北京：中華書局，2012年11月）。

49.〔清〕汪文臺（輯），周天游（校）：《七家後漢書》（石家莊：河北
人民出版社，1987年7月）。

50.〔清〕章炳麟，徐復（詳注）：《訄書詳注》（上海：上海古籍出版社，
2013年2月）。

51.〔清〕張純一：《晏子春秋校注》（北京：中華書局，2014年5月）。

52.〔清〕趙翼，王樹民（校證）：《廿二史劄記校證》（北京：中華書局，
2013年3月）。

53.〔清〕譚獻，范旭侖、牟曉朋（整理）：《譚獻日記》（北京：中華書
局，2014年4月）。

54.〔日〕井上哲次郎、蟹江義丸（編）：《日本倫理彙編》（京都：臨川
書店，1970年）冊6。

二、近人論著

（一）專書

1.〔日〕福原啟郎，陸帥、劉萃峰、張紫毫（譯）：《魏晉政治社會史研
究》（江蘇：江蘇人民出版社，2021年1月）。

2. 王安泰：《再造封建——魏晉南北朝的爵制與政治秩序》（臺北：國立
臺灣大學出版中心，2013年5月）。

3. 王邦雄（主編）：《中國哲學史》（上冊）（臺北：里仁書局，2009年
9月）。

4. 田餘慶：《東晉門閥政治》（北京：北京大學出版社，2013年12月）。

5. 白壽彝：《中國史學史論集》（北京：中華書局，2001年10月）。

6. 任繼愈（主編）：《中國哲學史》（二）（北京：人民出版社，2010年
6月）。

7. 江建俊：《于有非有，于無非無——魏晉思想文化綜論》（臺北：新文豐出版股份有限公司，2009年8月）。

8. 牟宗三：《才性與玄理》（臺北：臺灣學生書局有限公司，2002年8月）。

9. 牟宗三：《名家與荀子》（臺北：臺灣學生書局有限公司，2006年9月）。

10. 余英時：《中國知識階層史論（古代篇）》（臺北：聯經出版事業股份有限公司，2010年3月）。

11. 余敦康：《魏晉玄學史》（第二版）（北京：北京大學出版社，2016年1月）。

12. 吳冠宏：《走向嵇康——從情之有無到氣通內外》（臺北：臺大出版中心，2015年9月）。

13. 卓季志：《《後漢紀》與袁宏之史學及思想》（臺北：花木蘭文化出版社，2009年3月）。修改自氏著：《《後漢紀》與袁宏之史學及思想》（臺中：國立中興大學歷史學研究所碩士論文，王明蓀先生指導，2006年）。

14. 周一良：《魏晉南北朝史論集》（北京：北京大學出版社，2010年6月）。

15. 周大興：《自然·名教·因果——東晉玄學論集》（臺北：中央研究院中國文哲研究所，2004年11月）。

16. 胡適：《中國中古思想史二種》（北京：北京師範大學出版社，2014年1月）。

17. 胡寶國：《漢唐間史學的發展》（修訂本）（北京：北京大學出版社，2014年10月）。

18. 韋政通：《中國思想史》（上冊）（臺北：水牛圖書出版事業有限公司，2005年9月）。

19. 唐長孺：《魏晉南北朝史論叢》（北京：中華書局，2012年3月）。

20. 康中乾：《魏晉玄學》（北京：人民出版社，2008年9月）。

21. 張舜徽：《周秦道論發微》（武漢：華中師範大學出版社，2005年12月）。

22. 張蓓蓓：《中古學術論略》（臺北：大安出版社，1991年5月）。

23. 張蓓蓓：《魏晉學術人物新研》（臺北：大安出版社，2001年12月）。

24. 莊耀郎：《郭象玄學》（臺北：里仁書局，1999年9月）。

25. 許抗生：《魏晉思想史》（臺北：桂冠圖書股份有限公司，1992年12月）。

26. 陳俊偉：《敘述觀點與歷史建構——兩晉史家的「三國」前期想像》（臺北：秀威資訊科技股份有限公司，2015年11月）。修改自氏著：《兩晉史家之敘述觀點與三國前期歷史建構》（花蓮：國立東華大學中國語文學研究所碩士論文，王文進先生指導，2012年3月）。

27. 陳寅恪：《金明館叢稿初編》（北京：生活·讀書·新知三聯書店，2015年7月）。

28. 陳鼓應：《道家易學建構》（北京：商務印書館，2010年3月）。

29. 陳慶元：《東晉士人玄佛道思想與文化》（臺北：文津出版社有限公司，2013年4月）。修改自氏著：《東晉士人階層玄佛道思想與文化研究》（臺中：東海大學中國文學研究所博士論文，唐翼明先生指導，2008年）。

30. 勞思光：《新編中國哲學史（一）》（臺北：三民書局股份有限公司，2010年3月）。

31. 勞思光：《新編中國哲學史（二）》（臺北：三民書局股份有限公司，2015年10月）。

32. 湯一介：《郭象與魏晉玄學》（第三版）（北京：北京大學出版社，2009年11月）。

33. 湯用彤：《魏晉玄學論稿》（北京：生活·讀書·新知三聯書店，2009年12月）。

34. 程章燦：《世族與六朝文學》（哈爾濱：黑龍江教育出版社，1998年）。

35. 馮達文、郭齊勇（主編）：《新編中國哲學史》（北京：人民出版社，2010年8月）。

36. 楊立華：《郭象《莊子注》研究》（北京：北京大學出版社，2010年2月）。

37. 楊儒賓（編）：《自然概念史論》（臺北：國立臺灣大學出版中心，2014年12月）。

38. 楊儒賓：《異議的意義：近世東亞的反理學思潮》（臺北：國立臺灣大

學出版中心，2012年11月）。

39. 雷家驥：《中古史學觀念史》（臺北：學生書局股份有限公司，1990年
10月）。

40. 蒙文通：《中國史學史》（上海：上海人民出版社，2006年5月）。

41. 劉咸炘，黃曙輝（編校）：《劉咸炘學術論集》（史學編）（桂林：廣
西師範大學出版社，2007年7月）。

42. 鄭吉雄：《戴東原經典詮釋的思想史探索》（臺北：國立臺灣大學出版
中心，2008年9月）。

43. 蕭公權：《中國政治思想史》（臺北：聯經出版事業股份有限公司，2011
年3月）。

44. 錢婉約（整理）：《錢穆致徐復觀信札》（北京：中華書局，2020年10
月）。

45. 錢穆：《中國學術思想史論叢（三）》（北京：九州出版社，2011年5
月）。

46. 錢穆：《莊老通辨》（北京：九州出版社，2011年1月）。

47. 羅宗強：《玄學與魏晉士人心態》（天津：天津教育出版社，2006年1
月）。

48. 龔鵬程：《儒學新思》（北京：北京大學出版社，2009年1月）。

（二）期刊論文

1. 汪高鑫：〈論袁宏史學思想的玄學傾向〉，《史學史研究》117期（2005
年第1期），頁15-22。

2. 吳銘輝：〈論葉適的皇極說及其意義〉，《奇萊論衡：東華文哲研究集
刊》第七期（2019年3月），頁27-65。

3. 曹道衡：〈論袁宏的創作及其《後漢紀》〉，《遼寧大學學報》114期
（1992年第2期），頁26-29。

4. 董文武、高秀芬：〈易學與袁宏的歷史觀〉，《福建師範大學學報（哲
學社會科學版）》139期（2006年第4期），頁126-131。

5. 樓宇烈：〈袁宏與東晉玄學〉，《國學研究》第一卷（1993年3月），
頁67-92。

6. 蘇子齊：〈「內在和」與「外在和」：錢穆〈中庸新義〉「中和」說的
淵源與價值〉，《子衿論衡：中正文哲研究集刊》第三期（2018年12月），
頁53-87。

（三）學位論文

1. 王有珍：《袁宏《後漢紀》史學思想研究》（武漢：華中科技大學歷史
研究所，李傳印先生指導，2011年6月）。

2. 王娟：《兩《漢紀》史學思想的比較研究》（濟南：山東大學文史哲研
究院碩士論文，張富祥先生指導，2009年4月）。

3. 田亞瓊：《袁宏《後漢紀》研究》（合肥：安徽大學歷史系碩士論文，
張子俠先生指導，2010年4月）。

4. 段宜廷：《魏晉荀學》（臺北：國立政治大學中國文學研究所博士論文，
劉又銘先生指導，2016年）。

5. 張銳：《從《後漢紀》史論看作者袁宏的史學觀念》（石家莊：河北師
範大學歷史文化學院碩士論文，董文武先生指導，2014年3月）。

6. 楊曉菁：《袁宏之生平與學術研究》（臺南：國立成功大學中國文學研
究所碩士論文，江建俊先生指導，2000年6月）。

7. 葉霞：《范曄《後漢書》和袁宏《後漢紀》之比較研究——以兩者帝紀
材料和史論為例》（廣州：暨南大學中國語言文學系碩士論文，徐國榮
先生指導，2008年5月）。

8. 蔡珮汝：《東晉名教與自然思想之發展——以袁宏、張湛為例》（臺中：
私立靜宜大學中國文學研究所碩士論文，胡森永先生指導，2001年7月）。

後　記

　　這本書是由我2016年碩士畢業的學位論文修改而成，基本論述沒有什麼大改，只修訂了一些錯字、潤飾語意不完善的地方，還增補了一些註腳。除此之外，為了方便讀者瞭解和閱讀袁宏《後漢紀》的五十五則史論，此次新版也加上了〈袁宏《後漢紀》五十五則史論原文〉作為附錄，並對周天游與張烈的點校本各自提出一些疑義，以省去讀者在編年體史書當中翻檢的麻煩。

　　其實之所以會考慮將舊作重新出版，一開始是受到好朋友從聖學弟的啟發與鼓勵，他送了我他在文津出版社修改出版的碩論《顏回形象與儒道人觀探索》，是他的誠懇與心血之作；另一方面，也試圖透過這樣的方式，為「東晉時代」和「學術思想史的進路」正式發出論學的邀請函。邀請對人文學或古典學術感興趣的人，一同瞭解與批判，進而發掘出更多古典與現代、正統與異端、情感與規範、自身與群體之間的辯證與意義。

　　當然，身處現代的臺灣社會，人文價值的思考也未必要從縹緲遙遠的古代中國開出，這塊自由的島嶼本身就承載、鎔鑄了許許多多的文化元素與信仰任人選擇。但，對於 18 歲就踏進中文系的我來說，「希望」雖然帶來了「失落」，也因此孕育出了人文省思與批判性繼承的力量。選擇過往被思想史與魏晉玄學史的「弘大論述」與「主旋律」忽略、箝制、貶抑的東晉袁宏，便是我初步遞交的思考成果。

　　最後，依舊最感謝是兩位指導老師：張蓓蓓老師與吳冠宏老師，他們於百忙之中慷慨贈序，指點拙作的大意與用心，使本書得以增色許多。兩位老師無論在為人與為學上，始終溫和而不失堅毅，是我最好的模範。也感謝回到母校政治大學讀博班後，熟識了易修、秉叡、昀儒、瑾俐、慕櫻

這些好夥伴,你們讓平庸的日子得以充滿笑聲與淚水。無論我們共同、各自面對了什麼樣的人生難題,都能相互扶持,無所畏懼。再者也感謝致知學術出版社願意接納這本尚不成熟的小書,還有排版人員、珊瑜編輯的苦心,讓這本書得以順利誕生。得之於人太多,只有銘感於心,繼續努力與前進。

蘇子齋

2019 年 8 月 5 日記於景美

國家圖書館出版品預行編目(CIP)資料

名教與新經：東晉袁宏<<後漢紀>>的史論及其思想/
蘇子齊著. -- 初版. -- 臺北市：元華文創股份有限
公司, 2022.03
　　面；　公分

ISBN 978-957-711-240-8 (平裝)

1.(晉)袁宏 2.後漢紀 3.學術思想 4.史學 5.研究考訂

622.202　　　　　　　　　　　　　　　110021862

名教與新經：東晉袁宏《後漢紀》的史論及其思想

蘇子齊　著

發 行 人：賴洋助
出 版 者：元華文創股份有限公司
聯絡地址：100 臺北市中正區重慶南路二段 51 號 5 樓
公司地址：新竹縣竹北市台元一街 8 號 5 樓之 7
電　　話：(02) 2351-1607　　傳　　真：(02) 2351-1549
網　　址：www.eculture.com.tw
E - m a i l：service@eculture.com.tw
主　　編：李欣芳
責任編輯：立欣
行銷業務：林宜葶
出版年月：2022 年 03 月 初版
定　　價：新臺幣 400 元

ISBN：978-957-711-240-8 (平裝)

總經銷：聯合發行股份有限公司
地　址：231 新北市新店區寶橋路 235 巷 6 弄 6 號 4F
電 話：(02)2917-8022　　　　傳 真：(02)2915-6275